Kleine Geschichte der MALEREI

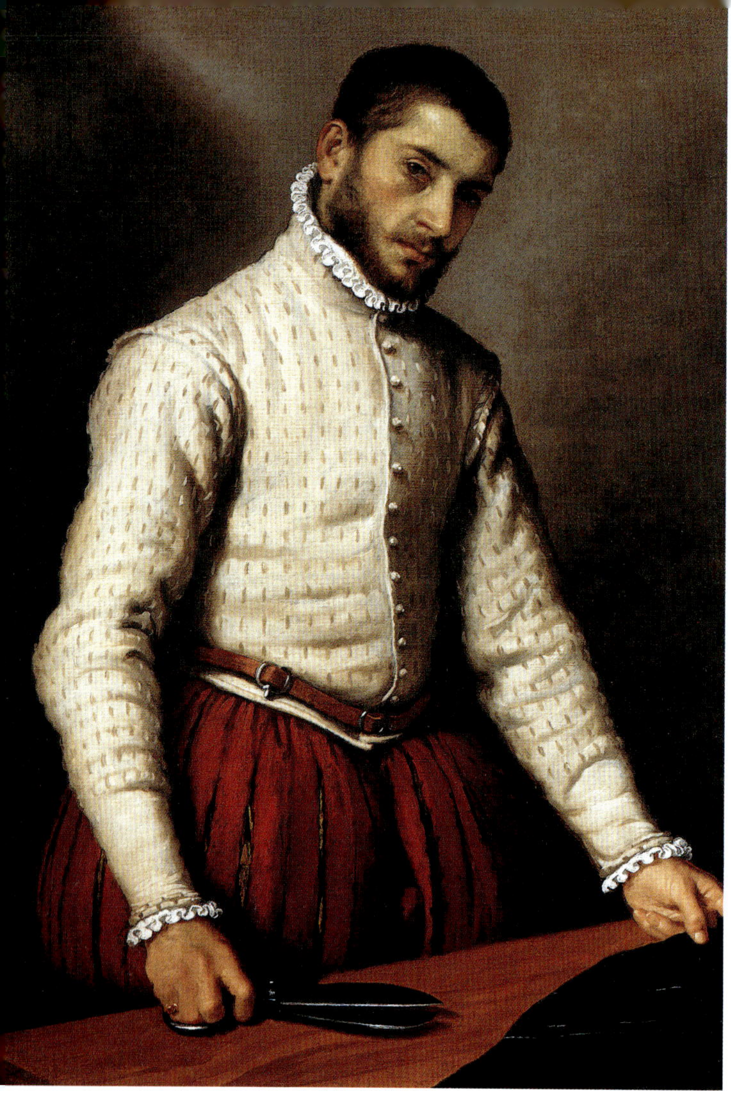

Volker Gebhardt studierte Kunstgeschichte und Medizin in Bochum und London. Promotion in beiden Fächern. Mehrjähriger Forschungsaufenthalt am Warburg Institute in London, dann Arbeit als Arzt. Freischaffender Autor und Journalist. Veröffentlichungen zu Themen der italienischen Renaissance und der deutschen Kunst, bei DuMont der »Schnellkurs Kunstgeschichte – Deutsche Kunst« (2002), »Das Deutsche in der deutschen Kunst« (2004), »Schnellkurs Mozart« (2005).

VOLKER GEBHARDT

Kleine Geschichte der MALEREI

Ein Überblick vom Mittelalter zur Moderne

DUMONT

4. Auflage 2026

Amsterdamer Straße 192, 50735 Köln, info@dumont-buchverlag.de

Erschien 1997 und 2008 unter dem Titel »Malerei. Ein Schnellkurs«

Umschlagabbildung vorne: Claude Monet, Sommer, 1874 (Detail),
Öl auf Leinwand, 57 x 80 cm, Alte Nationalgalerie, Berlin
Umschlagabbildung hinten: Domenico Ghirlandaio, *Die Bestätigung der Ordensregel durch Papst Honorius III.,* um 1482–86, Fresko,
S. Trinità, Sassetti-Kapelle, Florenz
Frontispiz: Giovanni Battista Moroni, *Der Tuchschneider,*
um 1563/66, National Gallery, London
Umschlaggestaltung: Birgit Haermeyer
Lektorat: Anita Brockmann, Köln
Gesetzt aus der Corporate
Druck und Verarbeitung: Print Consult, München
Printed in Czech Republic
ISBN 978-3-8321-6381-5
www.dumont-buchverlag.de

Vorwort

Die »Kleine Geschichte der Malerei« erlaubt einen raschen Überblick über die Abfolge von Stilen und ihren Künstlern und bettet die Entwicklungen in den historischen Zusammenhang ein. Darüber hinaus möchte das Buch aber auch und vor allem Anleitung und Anregung zum Sehen geben. Erst die persönliche Betrachtung mit dem Ergebnis, ob uns ein Gemälde »angreift« oder kalt lässt, macht die Freude und den Gewinn aus, den wir vor den Meisterwerken der Malerei empfinden. Jede Zeit hat darüber hinaus ihren eigenen Blick auf die Kunst gehabt. Menschen des Mittelalters hatten gewiss eine andere Seherfahrung vor einer Altartafel als wir heute vor dem gleichen Bild anlässlich eines Museumsbesuchs. Deshalb muss eine Geschichte der Malerei, mag sie noch so »klein«, auch eine Geschichte des Sehens sein. Und jede Zeit hat ihre eigenen Möglichkeiten entwickelt, die Welt zu betrachten. Der Künstler war zunächst der Handwerker im Dienste seiner Auftraggeber. Er emanzipierte sich in einem langen Prozess seit dem Zeitalter der Renaissance um 1500. Dabei stand er immer vor der grundsätzlichen Frage: Wie gestalte ich ein Thema oder eine Bildidee auf einer zweidimensionalen Fläche mit dem Mitteln der Linie und Farbe, Fläche und Raum, Licht und Schatten. Gelingt es diesem Buch, bei aller Sachlichkeit der Darstellung der kulturellen Rahmenbedingen und Funktionen von Kunst etwas von dieser Magie des Bildes zu vermitteln, hätte der Autor eines seiner vorrangigen Ziele erreicht.

Bereits 1997 als »Schnellkurs Kunstgeschichte – Malerei« erstmals veröffentlicht, ist das Manuskript des Buches über die vielen Jahre immer wieder überarbeitet, sind Abbildungen ausgetauscht oder Künstlerbiographien auf den neuesten Stand gebracht worden. Nun hat sich der DuMont Buchverlag erfreulicherweise entschieden, das Buch in einem neuen Gewand nochmals aktualisiert und auch sprachlich in vielem überarbeitet, unter dem zutreffenderen Titel einer »Kleinen

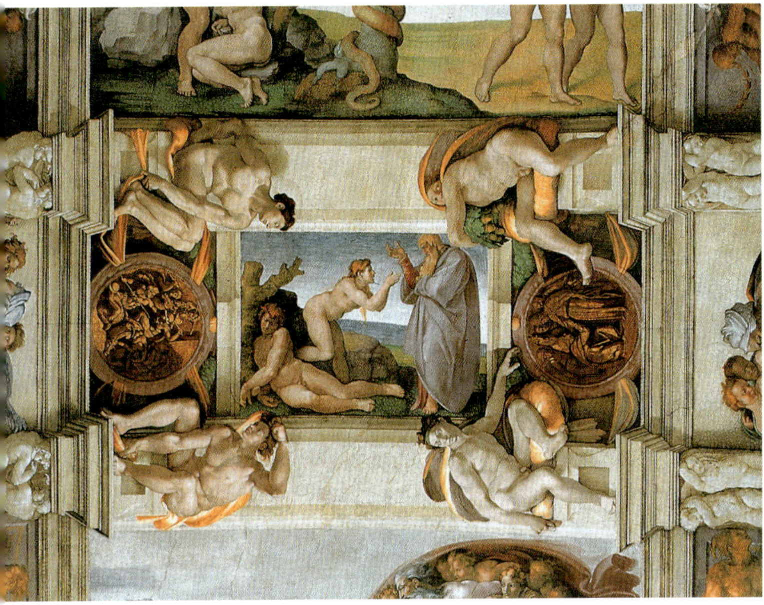

Michelangelo Buonarrotti, **Sixtinische Decke, Erschaffung Evas** (Ausschnitt), 1508–12, Fresko, 13,7 x 39 m, Sixtinische Kapelle, Vatikanstadt. Michelangelo legt ein architektonisches Gerüst als Gliederung auf das Stichkappengewölbe und setzt im mittleren Streifen Felder ein, in denen er Szenen der Genesis und des Alten Testaments merkwürdig unräumlich schildert. Zu beiden Seiten gruppiert er Sibyllen und Propheten, die zu den großartigsten Charakterstudien der Kunst gehören und die Verbindung zu seinen Skulpturen (Moses) herstellen.

Geschichte der Malerei« erneut zu verlegen. Dafür sei den Verlegern, vor allem aber den Mitarbeitern in Lektorat und Herstellung ein herzliches Dankeschön gesagt.

Berlin, im August 2016
Volker Gebhardt

Vorbemerkung

Trotz aller gegenteiligen Beteuerungen wird das Mittelalter im Rahmen einer Geschichte der Malerei immer noch als »dunkle Zeit« beschrieben. Diese Einschätzung geht auf den Florentiner Kunstkritiker Giorgio Vasari zurück (s. S. 56). Er ließ die Geschichte der Malerei erst um 1300 beginnen und schrieb eine Abfolge von Biografien großer Namen. Diese gibt es im Mittelalter tatsächlich noch nicht, auch wenn einige Malermönche ihre Handschriften signierten. Das Material mittelalterlicher Malerei sind in erster Linie diese Handschriften, dann die Wandmalerei in Kirchen. Das bemalte Tafelbild kommt – mit Ausnahme der Ikone – erst um 1250 hinzu. Auch hier fehlen Künstlernamen. Die Kunsthistoriker behelfen sich mit Notnamen, wie »Meister von xy«.

Zusätzlich komplex wird das Bild, weil im Mittelalter die Trennung von Kunst und Kunstgewerbe noch nicht vollzogen wurde. Der Begriff des »Kunstgewerbes« ist ohnehin erst im 19. Jahrhundert entstanden. Skulptur, Goldschmiede- und Emaillekunst, Elfenbeinschnitzerei oder eben die Malerei folgen im Mittelalter ähnlichen ästhetischen Modellen. Die Gemeinsamkeiten sind stärker als die Unterschiede. Auch lässt sich die Stel-

391 n. Chr.
Das Christentum wird Staatsreligion.
395
Teilung in ein ost- und weströmisches Reich
476
Auflösung des weströmischen Reiches
419–711
Westgotenreich in Spanien
490–526
Ostgotenreich in Italien
497 oder 498
Taufe des Merowingerkönigs Chlodwig in Reims
527–565
Regierungszeit Kaiser Justinians, Kodifikation des röm. Rechts (Corpus iuris civilis)
529
Gründung des Klosters Montecassino durch Benedikt von Nursia
568–774
Langobardenherrschaft in Italien
um 570–632
Mohammed begründet den Islam.
610–641
Kaiser Herakleios begründet das mittelbyzantinische Reich.
732
Karl Martell besiegt die Araber in der Schlacht von Tours und Poitiers.
751–768
Pippin Alleinherrscher des Frankenreiches

lung des Künstlers im gesellschaftlichen Umfeld schwer bestimmen. Klar ist, dass er auf dem sozialen Niveau eines gehobenen Handwerkers arbeitete. Seine Erfindungskraft, sein *ingenium*, gilt noch nicht als Ausdruck individueller Begabung. Dies wird erst ab 1500 so gesehen.

Das Kunstwerk steht vielmehr als hoch qualifizierte Dienstleistung für kirchliche oder fürstliche Auftraggeber. Tradition von Bildformeln wird oft höher geschätzt als neuartige Bilderfindung. Die Qualität des Materials und der technischen Ausarbeitung spielt eine hervorgehobene Rolle.

Das Erbe der Antike

Die Künstler der griechischen und römischen Antike beschäftigten sich bereits mit jenen Themen und Darstellungsproblemen, wie sie vom Mittelalter bis zur Renaissance im 16. Jahrhundert schrittweise wieder behandelt wurden. Ihnen gelang die bildliche Erschließung des Tiefenraumes mit Mitteln der Perspektive, wenngleich mit einer anderen als der seit der Renaissance geläufigen Form. Sie entwickelten einen erstaunlichen Realismus bei der Wiedergabe der Bildgegenstände. Alle Gattungen der neuzeitlichen Malerei (Porträt, Genrebild, Stillleben und geschichtliches Ereignisbild) gab es bereits.

Der Künstler genoss einen hohen Ruf, wenn wir den Anekdoten der »Naturalis Historia« von Plinius d. Ä. (24–79 n. Chr.) Glauben schenken dürfen. Als höchstes Ziel der Kunst galt für ihn die perfekte Nachahmung der Natur, die *Mimesis*. So setzen sich lebendige Tauben – wie in einer seiner Schilderungen antiker Malerei berichtet – an einem gemalten Wasserbecken nieder, um zu trinken. Sie flattern also gegen das gemalte Bild, ohne dessen Künstlichkeit zu erkennen, so genau gibt dieses Realität wieder.

Plinius bleibt über das gesamte Mittelalter bis in die Renaissance viel zitiert, auch wenn man lange Zeit keine rechte Vorstellung vom malerischen Charakter

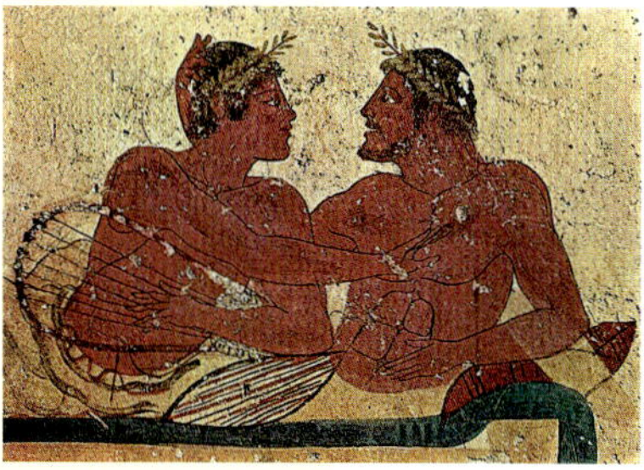

Grab des Tauchers (Ausschnitt), 5. Jh. v. Chr., Museo Archeologico, Paestum.

dieser Kunstwerke hatte. Seine Wertung eines Kunstwerks nach dem jeweils erzielten Realitätsgrad ist bis heute wirksamer Bestandteil aller Polemiken gegen ungegenständliche Kunst.

Es ist die Frage, inwieweit die Zeugnisse antiker Malerei den Künstlern des Mittelalters schon bekannt waren. Was haben die Menschen des Mittelalters andererseits noch an Kunstwerken gesehen, die uns heute unrettbar verloren sind? Wir besitzen nur noch vereinzelt Reste von originaler Malerei aus der griechischen Antike, abgesehen von der überwältigenden Fülle bemalter Vasen, die jedoch erst seit der Renaissance in etruskischen Gräbern Italiens gefunden wurden. Eine Vorstellung von griechischer Malerei vermitteln die römischen Mosaiken und Wandmalereien, die vielfach nachweisbar griechische Vorlagen aufgreifen. Die Entdeckung der ersten antiken Wandmalerei in der *Domus Aurea* Kaiser Neros in Rom um 1500 schlägt sich unmittelbar in den »grotesken« Wanddekorationen der Renaissancemaler um Raffael nieder (s. S. 63).

Raum mit Szenen aus dem Leben des Ixion, 63–79 n Chr., Wandmalerei, Haus der Vettier, Pompeji. Uns heute geläufige Meisterwerke der römischen Wandmalerei in Rom, Pompeji und Herculaneum wie auch die frühchristliche Malerei in den Katakomben sind den Menschen des Mittelalters unbekannt.

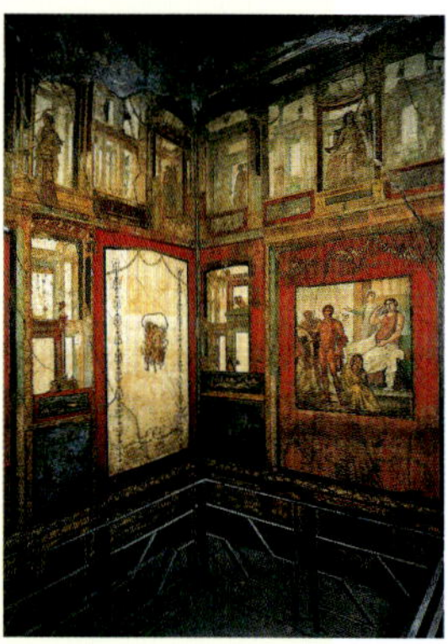

In der mittelalterlichen Wand- und besonders der Buchmalerei sind Elemente antiker Kunst im Sinne eines über Jahrhunderte fortbestehenden kulturellen Gedächtnisses fast durchgehend zu finden. Eine Vermittlerfunktion des antiken Erbes übernehmen die Mosaikdekorationen des 4. bis 6. Jahrhunderts der frühchristlichen Basiliken in Oberitalien, Ravenna, vor allem die auch religionsgeschichtlich wichtigen Bauten in Rom selbst. Möglicherweise sind ebenso Reste antiker oder frühchristlicher Malerei, Mosaike oder Elfenbeinarbeiten in den nördlichen Provinzen des ehemaligen römischen Reiches, welche, so etwa in Trier und Köln, zu Beginn des Mittelalters noch erhalten sind, einflussreich.

Von entscheidender Bedeutung für die nie abbrechende Überlieferung antiker Themen und Inhalte erweisen sich die Schreibstuben (*Skriptorien*) der Klöster. Hier werden antike Texte kopiert und so von Generation zu Generation weitergegeben. Die Mönche greifen griechisch-römische Motive auf, formen diese um und verändern sie entsprechend ihren Bedürfnissen.

Die Frage nach der Malerei von 800 bis um 1300 wird sich deshalb vor allem auf die Buchmalerei, die kirchliche Wandmalerei und dann ab etwa 1100 auf die neu erfundene Glasmalerei konzentrieren.

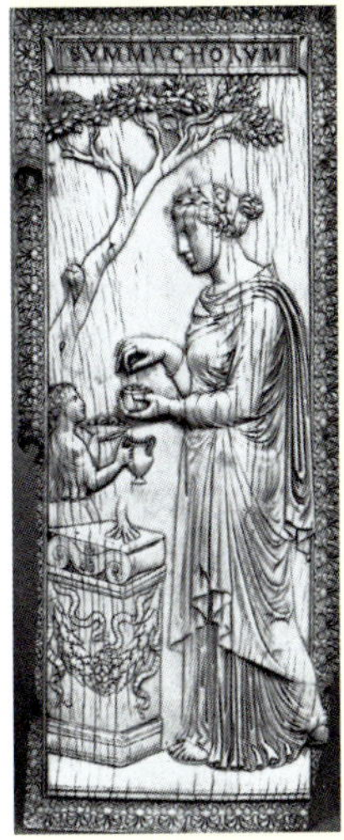

Priesterin, um 400 n. Chr., Elfenbein, 30 x 14 cm, Victoria & Albert Museum, London. Spätantike Elfenbeinschnitzereien werden in den Klöstern und an den Fürstenhöfen als besondere Schatzkammerstücke gesammelt. Im Gegensatz zu den antiken Pergamenten sind sie vom Material her wesentlich haltbarer. Aus beiden Gründen haben sich zahlreiche Elfenbeine dieser Zeit bis heute erhalten. Die Künstler des Mittelalters und der Renaissance entnehmen ihnen viele Motive der antiken Kunst.

Der Bilderstreit – Von der Ikone zum Tafelbild

Die historische Entstehung religiöser, zur Anbetung bestimmter Bildtafeln ist komplizierter als man vielleicht vermuten mag. Zunächst lehnt die christliche Kirche in Abgrenzung zur heidnischen Bildverehrung alle Christusbilder als Andachtsobjekte ab.

Die Konzile von Ephesos (431 n. Chr.; Betonung der göttlichen Natur Christi) und Chalkedon (435 n. Chr.; Festlegung der göttlichen und menschlichen Natur Christi in einer Person) nehmen nachhaltig Einfluss auf die Bilderfrage. Das Bilderverbot löst sich in gewisser Weise durch das von Wundern umrankte Auftauchen der Christus-Ikonen (*Ikone* = Bild) zwischen 450 und 550 n. Chr. in Kleinasien, von denen man behauptet, sie seien nicht von Menschenhand »gemacht«, sondern gleichsam Bild gewordener Abdruck der leiblichen und göttlichen Gestalt Christi. Diese Ikonen werden bald verehrt und in Prozessionen durch das oströmische Reich getragen, wie es bis dahin nur mit den Kaiserbildern geschah, um die Gegenwart und die Autorität des Herrschers auch in entlegenen Gebieten des Reiches zu vermitteln.

Der Konflikt zwischen Kirche und Kaiser ist vorprogrammiert, auch weil die Ikonen durch ihre wunderhafte Entstehung zu Berührungsreliquien mit Heils- und Heilungspotenzial werden.

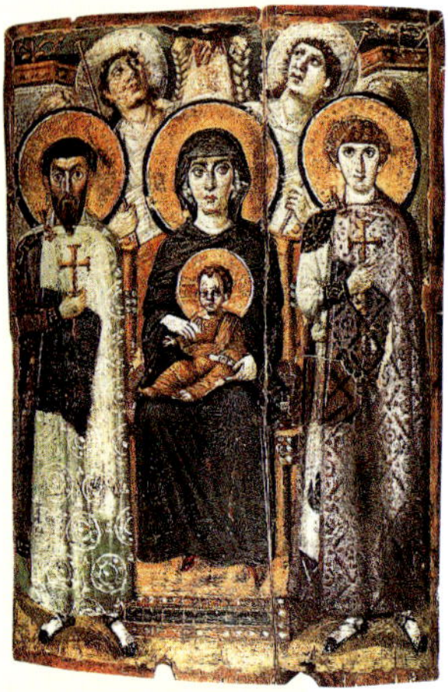

Maria mit Christus und Engeln, frühes 7. Jh., Wachsmalerei (Enkaustik) auf Holz, 68,5 x 69,9 cm, Katharinenkloster, Sinai. Bei den ersten Marienbildern wird seit dem 6. Jh. darauf verwiesen, dass diese vom Evangelisten Lukas persönlich gemalt seien, weshalb die »Lukasmadonnen« in Ost- und Westrom höchste Autorität genießen.

Die wachsende Ikonenverehrung untergräbt die Autorität des oströmischen Kaisers, der weltliche und geistliche Macht in seiner Person vereint (*Caesaropapismus*). Diese Spannung entlädt sich im 8. Jahrhundert im blutigen Bilderstreit, der nach mehreren Siegen der Bilderfeinde (Ikonoklasten) erst im 9. Jahrhundert mit der Anerkennung der religiösen Bilder und genauen Bestimmung von Form und Funktion endet.

In Byzanz wird die Ikone nach dem Bilderstreit als einzig mögliche Form des religiösen Tafelbildes offiziell erneut bestätigt. Themen und Bildvarianten, selbst Einzelheiten der Gestik haben über Jahrhunderte ohne größere Abweichungen Bestand.

Dieses konservative Verhältnis zum Bild mag sich durch den Reliquiencharakter des über Generationen vererbten authentischen Heiligenbildes begründen, dem jede Veränderung seine Wirkkraft rauben würde. Auch in Frankreich und Italien sind Ikonen über das gesamte Mittelalter gegenwärtig, doch anders als in Byzanz, wo sie vorwiegend die *Ikonostasis* (die Trennschranke zwischen Gebet- und Altarraum) schmücken, dienen sie im Westen als Altarbilder.

Die neuen Funktionen des Altarbildes im Verlauf des Hochmittelalters, die zunehmende Subjektivität des Denkens und der Einfluss einer neuen mystischen Strömung im religiösen Leben (*Devotio Moderna*) erfordern um 1300 neue bildliche Mittel.

Der Übergang von der Ikone zum Tafelbild westlicher Prägung ist erst im Spätmittelalter und letztlich dann mit der Frührenaissance ganz abgeschlossen.

Der Beginn der Malerei im Mittelalter

Nach dem Zerfall des weströmischen Reichs am Ende des 5. Jahrhunderts kommt die bildende Kunst fast zum Erliegen. Man richtet sich in den Ruinen der ehemals blühenden Römerstädte ein. Ein höheres kulturelles Niveau wird an den verschiedenen Fürstenhöfen gehalten, die Klöster spielen eine vielleicht noch wichtigere Rolle. Erstaunlicherweise hält sich das antike Erbe in den Randbereichen des ehemaligen römischen Weltreichs am klarsten, etwa bei den Westgoten auf der iberischen Halbinsel, insbesondere aber im Gebiet des heutigen Großbritanniens. Dort vermischt es sich mit keltisch-germanischen Wurzeln, vor allem in den komplizierten kalligrafischen Strukturen der Zierseiten illuminierter Handschriften. Die hoch entwickelte Buchmalerei zeigt sich eindrucksvoll in dem von keltischer Ornamentik gleichsam überwucherten *Book of Lindisfarne* sowie dem vermutlich auf der schottischen Insel Iona entstandenen, grandiosen *Book of Kells* (Ende 8. Jahrhundert, Trinity College Library, Dublin).

Aus dem 6. und 7. Jahrhundert haben sich außerdem erste Wandfresken in Rom erhalten (S. Maria Antiqua), die deutlich frühbyzantinische Züge aufweisen. Ansonsten sind die malerischen Zeugnisse spärlich. Für das Merowingerreich (im heutigen Frankreich) sowie die germanischen Gebiete kann man mit dem Kunstwissenschaftler Erwin Panofsky von einem »kulturellen Vakuum« sprechen.

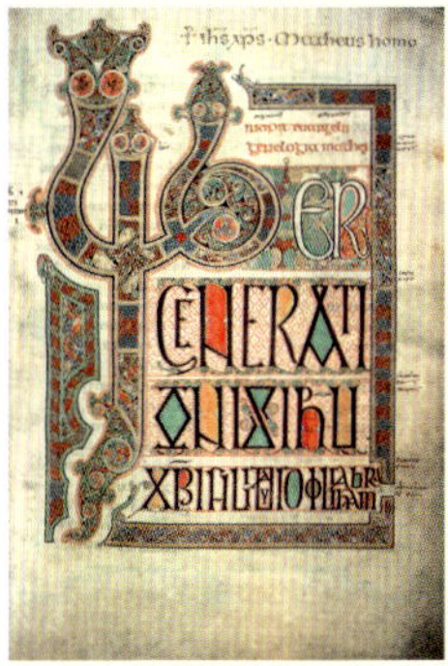

Zierseite vom Anfang des Matthäus-Evangeliums, **Book of Lindisfarne**, Lindisfarne, um 700, Malerei auf Pergament, 34 x 24 cm, British Library, London.

Die karolingische Renovatio

In diesem Vakuum baut Karl der Große sein Reich auf. Wirtschaftlich, verwaltungstechnisch und kulturell orientiert er sich an antiken Vorbildern. Seine Erneuerung des römischen Reiches (*Renovatio Imperii Romani*) umfasst alle Bereiche des öffentlichen Lebens. Mit dem römischen Papst, der bis dahin ebenso viele Kontakte und Einfluss nach Byzanz wie nach Westeuropa gehabt hatte, übt er mit der Kaiserkrönung im Jahr 800 den Schulterschluss. Dies ist eine der folgenreichsten politischen Entscheidungen der europäischen Geschichte, weil damit nicht nur die römische Kirche an das Kaiserreich gebunden wird, sondern diese sich zudem von Byzanz entfremdet. Die Rückbesinnung auf die Antike zeigt sich in der Produktion der sogenannten karolingischen »Hofschule«, die gegründet wird, um die Kultur zentral zu ordnen und die Direktiven dann als künstlerische Produkte oder über die dort ausgebildeten Künstler in die Provinz zu schicken. Mächtigster Ausdruck der karolingischen Renaissance sind Zeugnisse der Architektur (die Pfalzkapelle Aachen als eine Variation der spätantiken Kirche von S. Vitale, Ravenna, oder das Torhaus von Kloster Lorsch).

Die Vier Evangelisten (Ausschnitt), **Schatzkammer-Evangeliar,** Aachen, um 810, Malerei auf Pergament, 30,5 x 24 cm, Domschatzkammer, Aachen. Antike Motive begegnen uns überall in der karolingischen Buchmalerei (wie auch in der hoch entwickelten Elfenbeinkunst). Die Figuren sind in römische Gewänder gehüllt und bewegen sich im dreidimensionalen Raum erstaunlich frei.

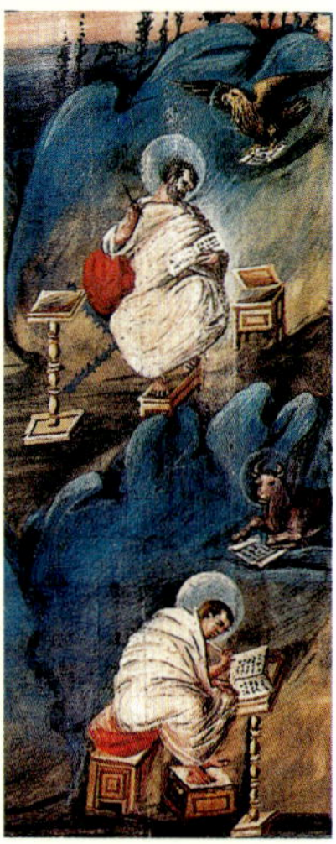

Wichtigstes Bindeglied zur Antike sind jedoch die Werke der Buchmalerei. Der aus gebundenen Pergamentblättern zusammengefügte Codex war erst im 4. Jahrhundert erfunden worden und ersetzte nach und nach die bis dahin übliche Schriftrolle. Die Bildseiten haben keinen künstlerischen Eigenwert, sondern illustrieren in erster Linie die biblischen Texte. Besonders prächtig sind die Anfangsbuchstaben der Evangelien (*Initialen*) gestaltet. Widmungsblätter, Bilder der Evangelisten, eine repräsentative Bildseite mit dem thronenden Christus (*Maiestas Domini*) treten oft hinzu, seltener auch das Porträt des Buchmalers selbst. Landschaftliche Hintergründe und Architekturen rufen ein neues »Goldenes Zeitalter« unter dem Schutz Karls auf. Die bewusste Pflege des antiken literarischen Erbes ist verbunden mit einer Rekonstruktion der antiken Minuskel-Schrift, die zum Vorbild der bis heute geläufigen Antiqua-Schriften wird.

Leider hat sich bis auf Ausnahmen (Kirche von Müstair in Graubünden, Schweiz) kaum monumentale Wandmalerei aus dem 8. und 9. Jahrhundert erhalten. Zeitlich parallel entstandene römische Mosaiken (Zeno-Kapelle, Santa Prassede, Rom) sind stilistisch stärker an byzantinische Bildformeln angelehnt.

Vom 10. zum 12. Jahrhundert – Die Zeit der Romanik

Nach dem Tod Karls des Großen 814 stellt sich in den Wirren der folgenden Reichsteilungen und Kriege – für die der Friede von Verdun 843 mit der Dreiteilung des Reichs nur eine folgenreiche Zwischenlösung bedeutet – ein kultureller Stillstand ein. Erst unter den Ottonen kommt es in Mitteleuropa zu neuer kultureller Blüte. Anregungen aus Byzanz liegen nahe, spätestens nach der Hochzeit Ottos II. (973–983) mit Theophanu, der Nichte des byzantinischen Kaisers.

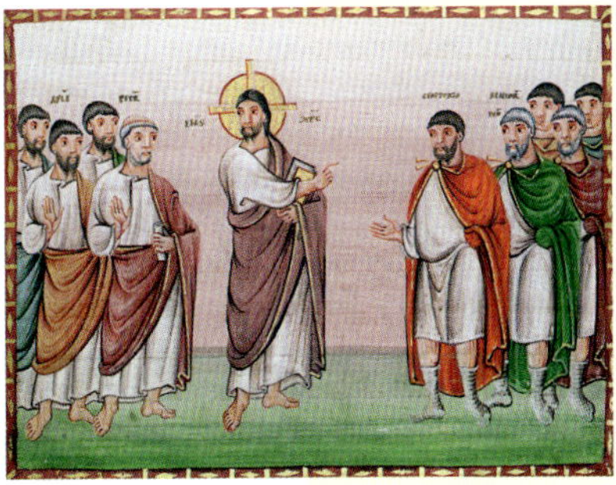

Christus und der Hauptmann von Kapernaum, **Codex Egberti**, Reichenau, um 980, Malerei auf Pergament, 27 x 21 cm, Stadtbibliothek, Trier. Gesten, Blicke und durch die Bilderzählung bedingte Hierarchien dominieren die formal komplexen Bilder. Unverrückbar, aber darin kraftvoll und aussagestark, verteilen die Miniaturmaler die Figuren auf der Bildfläche.

Von höchster Qualität sind die Evangelienbücher und Psalmensammlungen (*Psalterien*), deren prächtigste Beispiele in kaiserlichem Auftrag angefertigt werden. Architekturen werden zu stilisierten Versatzstücken ohne räumliche Integrationskraft. Im Gegensatz zur karolingischen Kunst überwiegen abstrahierende Momente und weniger ein naturalistischer, antikengeschulter Realismus. Zentrale Schulen der Buchmalerei entwickeln sich entlang des Rheins, an der Maas sowie auf der Insel Reichenau im Bodensee. Von ähnlich formaler Strenge sind die erhaltenen Kirchenausmalungen der ottonischen Zeit, allen voran die Kirche Oberzell, ebenfalls auf der Reichenau. Die Einzelbilder sind dort in ein konsequentes System aus antikisierenden Rahmenmustern (*Mäandern*) eingesetzt. Die entweder als Fresko oder in Mischtechniken ausgeführten Wandbilder der romanischen Kirchen sind immer Teil komplexer Ausstattungsprogramme gewesen. Vom skulptierten Portal über die mit biblischen Szenen dekorierten, steinernen Kapitelle bis zur Wandbemalung von Schiffswänden und Chorhaupt entfaltet sich ein umfangreiches theologisches Programm vor den Gläubigen. Die farbige Gesamtwirkung des dunklen Innenraumes wird noch bereichert durch den schimmernden Glanz von Emaille- und Goldschmiedearbeiten, insbesondere den reichen Schreinen, die ab dem späten 11. Jahrhundert vor allem im südlichen

Zentralfrankreich sowie im Rhein-Maas-Gebiet zur Aufnahme von Reliquien geschaffen werden. Im Verlauf des 11. Jahrhunderts kann man eine verstärkte Internationalisierung der Malerei feststellen. Kirchenfresken in S. Angelo a Formis (bei Capua, nördlich von Neapel) oder dem katalanischen S. Clement de Taüll unterscheiden sich nur graduell von deutschen, englischen oder französischen Beispielen. In der romanischen Kunst, dem ersten gesamteuropäischen Stil, sind die Gemeinsamkeiten stärker als regionale Unterschiede.

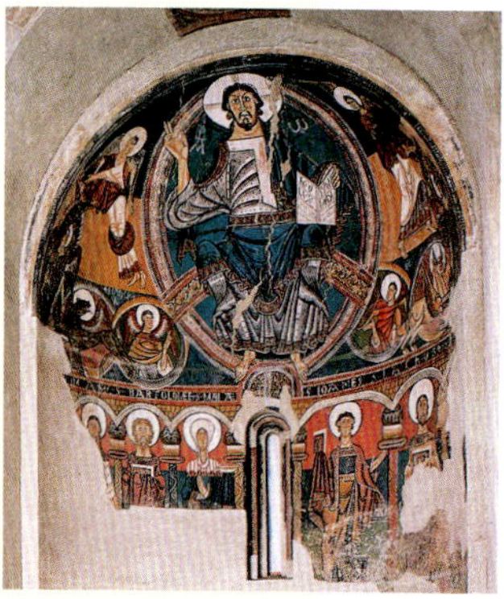

Apsisfresko aus S. Clement de Taüll (abgenommen), um 1120, Museu de Arte Catalunya, Barcelona. In den abgelegenen Hochtälern der katalanischen Pyrenäen haben sich besonders viele Beispiele romanischer Kirchenmalerei erhalten. Christus thront hier als Weltenrichter, umgeben von den Symbolen der vier Evangelisten. In der unteren Etage sind Heilige aufgereiht.

Gründe hierfür sind in der Dominanz des von der Nordsee bis in die Provence und nach Rom ausgedehnten Kaiserreiches zu sehen, welches Wanderungen von Künstlern (z. B. Langobarden, die in Sachsen tätig sind) begünstigt. Zudem entwickeln sich die ersten großen Handelsstädte, wie Köln, Mailand, Venedig, die ebenfalls zu Schaltstellen des kulturellen Austauschs werden. Nicht unterschätzen darf man die Auswirkungen der ersten Kreuzzüge sowie der großen Pilgerwege, die quer durch Europa führen. Am wichtigsten ist in diesem Zusammenhang der Jakobsweg nach Santiago de Compostela. Die Pilgerfahrt erreicht ihren Höhepunkt im 11. und 12. Jahrhundert. Entlang der verschiedenen Varianten des Weges entwickeln sich Kunstzentren. Wanderhandwerker aus ganz Europa lassen sich vielfach auch dauerhaft in Südfrankreich oder Nordspanien nieder. Der romanische Stil wird so immer homogener, auch in der Malerei.

Ein weiterer Beleg der neuen Mobilität sind die Eroberungszüge der Normannen in Unteritalien, Sizilien und England. Mit ihnen breiten sich erneut byzantinische Formen und Motive, die vor allem aus dem arabischen Kulturkreis stammen, über Europa aus, besonders über transportable Kunstwerke wie Textilien, Elfenbein- oder Goldschmiedearbeiten.

Erwin Panofsky: Die Renaissancen der europäischen Kunst. Erwin Panofsky (1892–1968) ist einer der einflussreichsten Kunsthistoriker des 20. Jahrhunderts. Nach seiner Emigration 1933 lehrt er an der Princeton University, New Jersey. Nach Aby Warburg muss er als der Begründer der Ikonologie gelten, einer Forschungsrichtung, bei der die Bildinhalte anhand von literarischen, naturwissenschaftlichen oder historischen Texten aufgespürt werden. In seinem Buch »Die Renaissancen der europäischen Kunst« von 1960 führt er den Nachweis, dass während des gesamten Mittelalters Belebungen der antiken Tradition stattfinden, es also nicht nur die eine bekannte Renaissance in Italien um 1300 bis 1500 gab. Vielmehr sei die Antike seit Beginn des Mittelalters immer gegenwärtig gewesen: in Kunst, Philosophie und den Naturwissenschaften.

Spanien und die Araber

Mit der Gründung des Emirats (später Kalifats) von Cordoba 756 durch den Omajaden Abd Ar-Rahman I. beginnt die lange Herrschaft des Islams auf der iberischen Halbinsel. Die Zeit von 800 bis 1000 darf als eine der größten Blütezeiten europäischer Kultur angesehen werden. Über Spanien gelangen die mozarabische Kultur (die christianisierte, arabische Hofkunst), aber auch antikes Wissen zurück nach Europa. Umfassende Toleranz prägt den Staat, der von Christen, Juden und Muslimen getragen wird. Nach Auflösung der Omajadendynastie 1028 verschärfen sich die Spannungen und eine christliche Rückeroberung (*Reconquista*) der mittlerweile von nordafrikanischen Berberdynastien beherrschten Gebiete setzt ein. Erst 1492 wird das Nasridenreich von Granada durch die katholischen Könige endgültig besiegt. Ein reger kultureller Austausch bleibt erhalten, vor allem über arabische Künstler, welche die christliche Kunst Nordspaniens stark beeinflussen (wie auch die Mosaikkunst und Architektur auf Sizilien). Dies zeigt sich am deutlichsten im arabisierenden Mudéjarstil in Architektur und Kunstgewerbe (Artesonadodecken aus Holzflechtwerk). In der Malerei liegen die Übernahmen vor allem im dekorativen Detail, den flächig aufgefassten Bildgründen mit ihren Flechtwerkmustern sowie den orientalischen Tierdarstellungen (Greifen, Pfauen, Raubtieren). Höhepunkte mozarabischer Buchmalerei sind

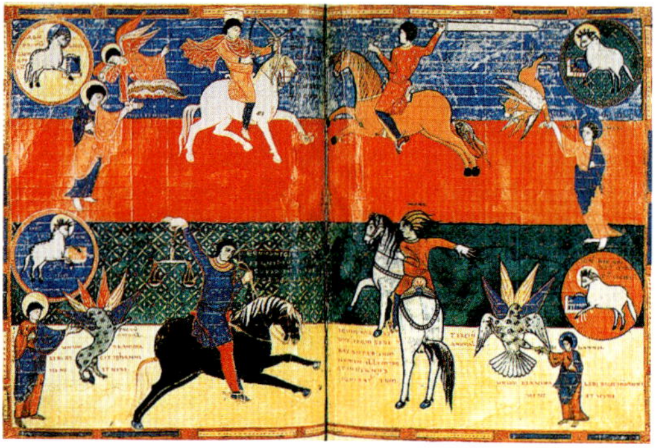

Die Ritter der Apokalypse, **Kommentar des Beatus de Liebana,** Nordspanien, um 1050, Malerei auf Pergament, 36,5 x 28 cm, Bibliothèque Nationale, Paris. In ihrer grellen Farbigkeit und der stilisierten Auffassung von Menschen und Tieren sind sie eine Synthese von romanisch-christlicher und islamischer Kunst. Bei dem vor Fantasie berstenden erzählerischen Reichtum verwundert es nicht, dass Umberto Eco für seinen Roman »Der Name der Rose« viele Beschreibungen von Handschriften den Apokalypsen des Beatus entlehnt.

die *Kommentare der Johannes-Apokalypse* des Beatus de Liebana, die von 975 bis um 1200 entstehen und sich in mehreren Exemplaren erhalten haben.

Das 13. Jahrhundert – Die Zeit der Hochgotik

Das Reich der Hohenstaufen, lange aufgerieben im Kampf gegen das übermächtige Papsttum und einzelne Reichsfürsten, erlischt 1268 mit der Hinrichtung Konradins in Neapel. Gleichzeitig vergrößern England und Frankreich ihren Einfluss. Gerade Frankreich profitiert von der politischen Schwäche der letzten Staufenkaiser.

1182–1226
Franz von Assisi
1209–1229
Albigenserkriege in Südfrankreich
1210–1250
Regierungszeit Friedrichs II. von Hohenstaufen, Bau des Castel del Monte
1214
Sieg des französischen Königs Philipp II. August gegen England und die Welfen
1215
4. Lateranskonzil, Magna Charta in England
1216
Gründung des Dominikanerordens
1223
Bestätigung des Ordens der Franziskaner durch Papst Honorius III.
1225–1274
Thomas von Aquin verfasst die Hauptwerke der scholastischen Philosophie.
1226–1270
Ludwig IX. der Heilige von Frankreich
1259
Friede von Paris, die Einheit Frankreichs wird hergestellt.
1266
Die französischen Anjou besetzen Neapel.
1268
Konradin, der letzte Hohenstaufe, wird in Neapel hingerichtet.
1282
Vertreibung der Anjou aus Sizilien durch Peter III. von Aragon

Die Eroberung Neapels und Siziliens durch das Haus Anjou ist die Folge. Im westlichen Mittelmeer wird das Haus Aragon zur bestimmenden politischen Macht. Glanzvollster Ausdruck künstlerischen Schaffens ist die Kathedrale, deren »Erfindung« eng mit dem erstarkenden französischen Königtum verbunden ist. Ausgehend von der frühscholastischen Philosophie, beschreibt Abt Suger von St. Denis bereits vor 1150 die immaterielle Lichtsymbolik der Kathedralen. Zum ersten Mal in der Geschichte der Kunst wirken Theorie und künstlerische Praxis bei der Begründung eines Stils zusammen. Als Gesamtkunstwerk vereinigt die Kathedrale als aus Stein und Licht gewordenes »Himmlisches Jerusalem« Architektur, Skulptur und Goldschmiedekunst der schimmernden Schreine in sich. Die zunehmende Auflösung der Kirchenwand in Fenster und tragende Architekturglieder bedeutet zugleich, dass die Wandmalerei zugunsten der Glasmalerei an Bedeutung verliert, denn die Wandflächen werden weiter reduziert. Lediglich in Italien, wo die Wand bei Weitem nicht so stark durchfenstert wird wie im Norden, sind weiterhin große Wandflächen mit Freskenzyklen bedeckt. Erste Beispiele von Glasmalerei haben sich aus dem 11. Jahrhundert erhalten. Etwa ab 1160–1180 entstehen in den Kathedralen zusammenhängende Glasfensterzyklen. Farbige, zusätzlich noch bemalte Glasscheiben sind von Bleistegen eingefasst, und diese Technik begünstigt detailliertere Kompositionen als in der romanischen Wandmalerei. Die in großer Höhe angebrachten kleinteiligen Bilder sind auch nicht mehr eigentlich »lesbar«, weil viel zu klein. Damit gewinnt die Durchführung eines abstrakten theologischen Gesamtprogramms mit seiner kalkulierten Überwältigung des gläubigen Betrachters im lichtdurchfluteten Kirchenraum Vorrang vor einer didaktischen Nutzbarkeit. Zentrale Themen sind Heiligenlegenden, das Leben Christi, dies vor allem in Form typologischer Gegenüberstellungen mit Szenen des Alten Testaments.

Gottvater als Erschaffer der Welt, **Bible moralisée**, Champagne (Reims?), Mitte des 13. Jhs., Malerei auf Pergament, 34,4 x 26 cm, Österreichische Nationalbibliothek, Wien. Biblische Illustrationen zeigen auch das Interesse an naturwissenschaftlichen Fragestellungen im Hochmittelalter. Gottvater, der die Welt bei der Erschaffung mit dem Zirkel vermisst: Diese Darstellung belegt die praktische Anwendung der Geometrie, die auch eine Grundvoraussetzung für die Erbauung der Kathedralen war.

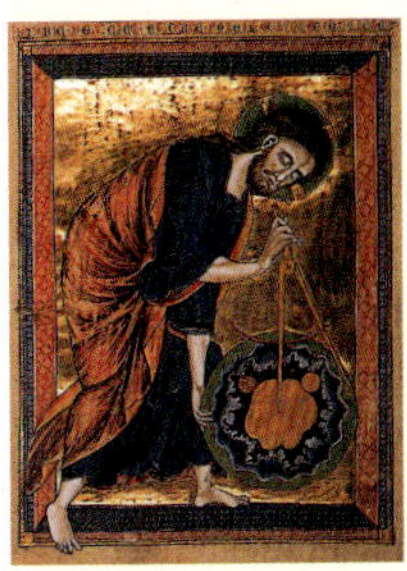

Georges Duby: **Die Zeit der Kathedralen**. Kaum ein Historiker hat unser Bild des Mittelalters und seiner Kunst so geprägt wie **Georges Duby** (1919–1996). In seinen zahlreichen Büchern beschreibt er die Mentalität der mittelalterlichen Menschen und interpretiert die Kunstwerke der Zeit vor dem Hintergrund dieser geistigen Situation sowie der historischen und soziologischen Bedingungen. In einer lebendigen, stets plastischen Sprache ergänzt er wichtige kunsthistorische Standardwerke zur christlichen Symbolik des Mittelalters. Dubys Schriften haben wesentlichen Anteil am starken öffentlichen Interesse, das die Zeit der Kathedralen seit den 1980er Jahren erfährt.

Profane Bildthemen im Mittelalter

Die Künstler des Mittelalters stellen auf verschiedenen Ebenen profane, d. h. nicht-religiöse Gegenstände, Ereignisse oder Erzählungen dar. Zum einen eignet sich eine Reihe von Bibelszenen durchaus dazu, Details aus dem häuslichen oder öffentlichen Leben ins Bild zu bringen, zum anderen wird die handwerkliche Praxis der Künstler selbst bildwürdig. So kann das Bildthema des Turmbaus zu Babel etwa den Vorwand für eine akribisch genaue Schilderung des Baus einer gewaltigen Kathedrale liefern.

Die Ritter pflegen ab dem späten 12. Jahrhundert eine höfische Kultur, die in zahlreichen Ritualen um Begriffe von Ehre und Minne kreist. Der Minnegesang (Walther von der Vogelweide, tätig um 1190–1230) und die höfischen Versepen »Parzival« (Wolfram von Eschenbach, um 1210) sowie »Tristan und Isolde« (Gottfried von Straßburg, um 1210) sind dichterischer Ausdruck der Epoche. Die Handschriften erlauben vielfältige Schilderungen des höfischen Lebens in idealisierter Form. Waren die Figuren biblischer Darstellung in der Früh- und Hoch-

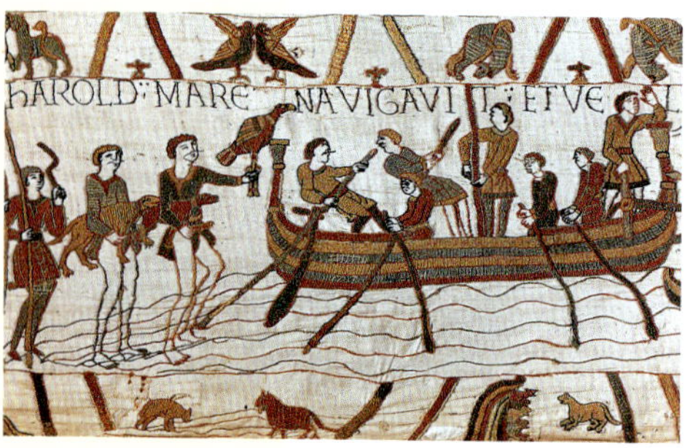

Einschiffung Harolds nach England, **Teppich von Bayeux** (Ausschnitt), um 1080, Wollstickerei auf Leinen, 53 x 6900 cm, Musée de la Tapisserie de la Reine Mathilde, Bayeux.
Als einzigartiges Historienbild schildert der Teppich bis ins kleinste Detail die Eroberung Englands durch die Normannen im Jahr 1066. Selbst Hunde und ein Falke werden als Zeichen höfischer Kultur mit an Bord genommen. Text und Bild ergänzen sich wie in einem Comicstrip. Das Besondere des Teppichs ist außerdem, dass ein Ereignis der Zeitgeschichte dargestellt wird. Die Künstler konnten sich deshalb nicht an bewährte Vorlagen halten, sondern mussten jedes Bild tatsächlich neu erfinden.

romanik noch im weitesten Sinn antikisierend gekleidet, so ändert sich dies im 13. Jahrhundert: die Ritter der Zeit bevölkern die biblischen Bilder und transportieren die Szenen in die Gegenwart.

Wichtiges Medium bildlicher Darstellung sind Weltkarten und Atlanten, vor allem aber naturwissenschaftliche (medizinische, botanische oder zoologische) und astrologische Handschriften.

Die Illustratoren der antiken oder scholastischen Texte müssen hier oft Bilder zu Texten erfinden, zu denen es keine Vorlagen gibt. Deshalb vermitteln gerade Handschriften oder auch Bildteppiche einen guten Einblick in das Gedankengut einer Epoche, ohne deren Bilderfindungen und Bildtraditionen die italienische Renaissance nicht denkbar wäre.

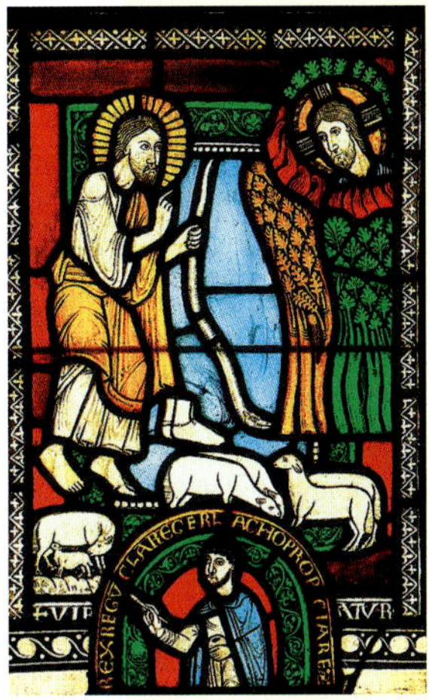

Selbstporträt des Glasmalers Gerlachus, um 1150, Glasmalerei, 52,5 x 50,5 cm, LWL-Museum für Kunst und Kultur, Münster.
Das Selbstbildnis lässt nicht auf eine Emanzipation des Künstlers schließen, der als Handwerker in Werkstätten und Zünfte eingebunden bleibt.

Arbeitsweise und Stellung des Künstlers

Die Bauhütten der Kathedralen sind bestens organisierte Großunternehmen, die Architekten, Steinmetze und Glasmaler beschäftigen. Architekturzeichnungen legen die Bauplanung fest. Die Maler arbeiten mit Musterbüchern, in denen sie ihre Bilderfindungen niederlegen, aber auch andere Vorlagen für ihre Zwecke kopieren und weitergeben. Berühmtes Beispiel ist das *Musterbuch* des Villard de Honnecourt, das die ganze Spannbreite gotischer Malerei vorführt, von Tierdarstellungen bis zu Architekturdetails. Seine Individualität zeigt der meist klösterlich gebundene Buchmaler in kleinen zusätzlichen Malereien auf den Randspalten (*Marginalien*) der Manuskripte. Abseits des religiösen Hauptthemas kann er sich hier freier entfalten und seine Fantasie ausleben. Zunehmend verewigt sich der Künstler selbst im Kunstwerk, sei es in Form einer schriftlichen Signatur, sei es mit einem kleinen Selbstporträt.

Spätmittelalter oder Renaissance?

Italien erfährt im 14. Jahrhundert einen ungeheuren wirtschaftlichen Aufschwung. Republikanisch wie tyrannisch regierte Klein- und Stadtstaaten befinden sich nach dem Niedergang der kaiserlichen Macht militärisch, wirtschaftlich und kulturell im ständigen Wettstreit und Kampf mit- bzw. gegeneinander. Gemeinsam ist dem aufstrebenden Handelsbürgertum der Städte ein pragmatischer Zugang zu Welt und Religion und ein neuer, selbstbewusster Individualismus, wie ihn das Mittelalter nicht gekannt hatte. Beides sind Voraussetzungen für das Aufblühen der Kunst in der italienischen Renaissance.

Diese aufstrebenden Familien, die das neue Patriziat der Städte begründen, umgeben sich gern mit der höfischen Kunst des Nordens, um ihre nichtadlige Herkunft über Anleihen aus der Welt des späten Rittertums aufzuwerten. So verlaufen bis zum Ende des 15. Jahrhunderts verschiedene künstlerische Entwicklungen in Italien parallel, was dem Bild einer zu einseitig auf die der Antike verpflichtete Renaissance in Italien widerspricht.

1275
Marco Polo erreicht China.

1309
Übersiedlung des Papstes nach Avignon, Beginn der »babylonischen Gefangenschaft der Kirche«, Abhängigkeit des Papstes vom französischen König

1309–1343
Robert der Weise aus dem Haus Anjou regiert das Königreich Neapel.

1311–1321
Dante Alighieri schreibt die »Divina Commedia«.

1313–1375
Giovanni Boccaccio

1328–1539
Herrschaft des Hauses Valois in Frankreich nach Aussterben der Capetinger

1339
Beginn des Hundertjährigen Krieges unter König Edward III. von England

1346–1378
Regierungszeit des Luxemburgers Kaiser Karl IV., Blütezeit der böhmischen Hofkultur

1356
Goldene Bulle: Der deutsche König ist gleichzeitig erwählter Römischer Kaiser.

1358
Bund der Hansestädte zur Wahrung ihrer Interessen

1363–1477
Blüte des Zwischenreichs Burgund; mit dem Tod Karls des Kühnen fällt Burgund an Maximilian I.

1378–1417
Großes Schisma der Kirche

1378
Geoffrey Chaucer verfasst die »Canterbury Tales«: Beginn der Dichtung in England.

Der Begriff **Renaissance** findet sich erstmals 1550 bei Vasari, der das »Rinascimento«, die Erneuerung der Malerei nach der barbarischen, dunklen Gotik beschreibt. 1855 prägt ihn der französische Historiker **Jules Michelet** (1798–1874) für die Geschichtswissenschaft neu. Mit seinem Buch **»Die Kultur der Renaissance in Italien«** (1860) bringt **Jacob Burckhardt** diese einem breiten Publikum nahe. Er versteht darunter die Wiedergeburt der Antike in allen Kulturbereichen, also in Literatur, Geschichtsschreibung und Kunst. Burckhardt definierte die Renaissance für das italienische 15. Jahrhundert, wo ihn besonders die Einzelleistungen starker Tyrannen und Alleinherrscher, der großen Kulturträger und Kunstmäzene interessieren. In vielen Details heute widerlegt, bleibt Burckhardts breit angelegtes Panorama jedoch weiter ein Standardwerk der Kunstgeschichte mit großen literarischen Qualitäten.

Im Norden (England, Frankreich, Burgund, Böhmen) erhält die spätmittelalterliche Kunst durch die nachscholastische Philosophie eines **Roger Bacon** (1214–1294) und den Nominalismus **William von Ockhams** (um 1285–1349) eine neue Wendung. Der neue, auf Erfahrung und Experiment gestützte Blick auf die Natur bereitet ein neues Menschenbild vor. Hinzu treten Erfahrungen mit den mystischen Texten des **Meister Eckhart** (gestorben 1327) oder der **hl. Birgitta von Schweden** (um 1303–1373), die eine individuelle Versenkung in das Heilsgeschehen fordern *(Devotio Moderna)* und das religiöse Leben ins Private verlagern.

Der kontemplative und analytische Blick auf die Dinge führt über die sogenannte Internationale Gotik zur spätmittelalterlichen Malerei der Niederlande. Erzählerischer Reichtum und Realismus des Details treffen sich um 1450 mit vergleichbaren Tendenzen der italienischen Renaissance. Es ist bezeichnend, dass sich im Mittelmeerraum, von Florenz bis Spanien, ein reger Import niederländischer Bildwerke und Teppiche entwickelt. Die nordeuropäischen Kunsterzeugnisse werden nicht als Exotika, sondern als logische Ergänzung zur eigenen Kunstproduktion eingekauft.

Eine nur sozialgeschichtliche Analyse vermag es nicht, die regional so verschiedenen künstlerischen Entwicklungen zu erklären. Denn gesellschaftliche Strukturen der großen flandrischen Handelsstädte, wie

Für die Kunstgeschichte Italiens gebräuchliche Bezeichnungen der Jahrhunderte:

Dugento	= 13. Jh.
Trecento	= 14. Jh.
Quattrocento	= 15. Jh.
Cinquecento	= 16. Jh.
Seicento	= 17. Jh.
Settecento	= 18. Jh.

Gent oder Brügge, ähneln durchaus jenen der italienischen Metropolen, ihre künstlerischen Entwicklungen hingegen verlaufen sehr unterschiedlich. Verständlicher wird die höfische Kunst und Kultur im burgundischen Kernland, Böhmen, Frankreich und England, aber auch in Spanien, weil hier das mittelalterliche Feudalsystem seine letzte große Blüte erlebt.

Wird im Folgenden von Spätmittelalter, Frührenaissance oder Renaissance gesprochen, so sind dies historisch gewachsene Hilfsbegriffe, mit denen in jedem Fall zwei gleichwertige Seiten einer Medaille charakterisiert werden.

Giotto

Mit Giotto di Bondone (um 1266–1337) beginnt eine neue Epoche der Kunstgeschichte, was bereits Vasari 1550 in seinen »Viten« erkennt, wenn er ihn als »Vater der Malerei« bezeichnet (s. S. 56). Mit Giotto wird die italienische Malerei zur führenden europäischen Stilrichtung bis ins 17. Jahrhundert.

Als Schüler Cimabues ist Giotto wohl zunächst in der Oberkirche von San Francesco in Assisi tätig. 1304–10 schafft er den umfangreichen *Zyklus der Cappella degli Scrovegni* in Padua (Arenakapelle). Ab 1311 ist er, von längeren Aufenthalten in Mailand und Neapel abgesehen, in Florenz nachweisbar. Weitere Hauptwerke sind mit den *Fresken der Bardi- und Peruzzikapelle* (nach 1320) in der Florentiner Franziskanerkirche S. Croce in mäßigem Zustand erhalten. Hinzu kommen Altartafeln sowie Giottos Tätigkeit als Architekt (Campanile des Florentiner Doms) – insgesamt ein überschaubares Werk, auch weil viele Fresken zerstört sind.

Schon die zeitgenössischen Dichterfürsten Dante und Petrarca bemerken, dass Giotto der erste Maler sei, bei dem die Realität ins Bild einbricht. Der Vergleich der *Madonnenbilder* Cimabues und Giottos

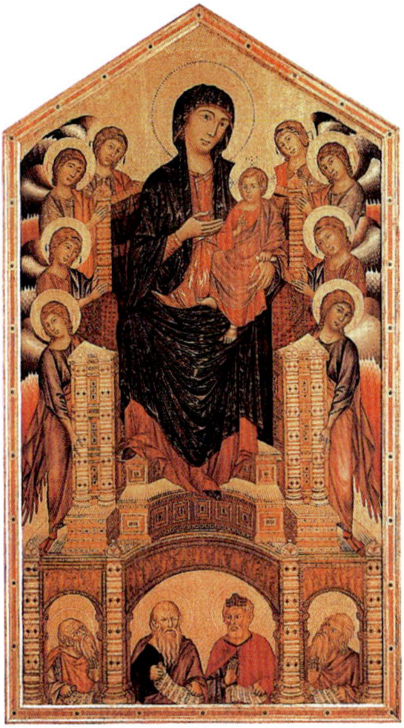

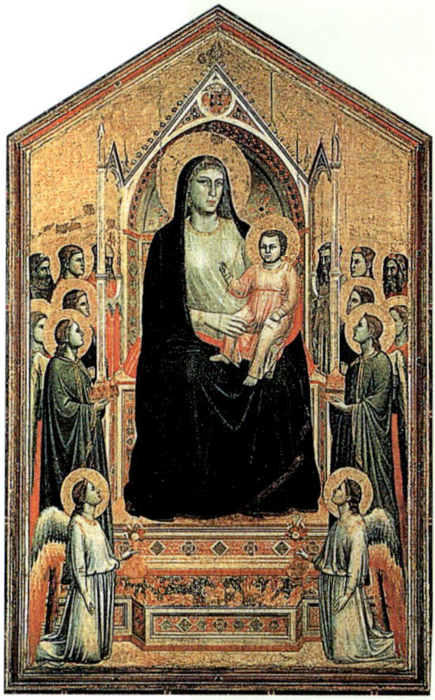

Cimabue, **Thronende Madonna,** um 1280–85, Tempera auf Holz, 385 x 223 cm, Galleria degli Uffizi, Florenz (links).

Giotto, **Thronende Madonna (Madonna Ognissanti),** um 1310, Tempera auf Holz, 325 x 204 cm, Galleria degli Uffizi, Florenz (rechts).

zeigt, dass Giottos Madonna, im Gegensatz zum flächig aufgefassten, aus linearen Ornamenten entwickelten Bild des Lehrers Cimabue, einen nachvollziehbaren Bildraum besetzt und als Person raumgreifende Körperlichkeit ausstrahlt. Die Distanz zum immateriellen Heiligenbild des Mittelalters ist aufgehoben, der Betrachter identifiziert sich mit der Frau auf dem Thron – eine Erfahrung, die an den Grundfesten des religiösen Bildes rüttelt. Giotto malt zum ersten Mal in der Geschichte der neueren Kunst eine Frau, die uns auch im wirklichen Leben begegnen könnte.

Er definiert zudem die Bilderzählung neu, indem er Zeit und Moment simultan schildert. Was der Bibeltext nacheinander erzählt, zieht er oftmals in einem Bildfeld zusammen. Dies ist insbesondere der Fall beim grandiosen Freskenzyklus der Arenakapelle in Padua, der an Bedeutung für die italienische Malerei nur mit den Wandbildern des Piero della Francesca in Arezzo (s. S. 51), der Sixtinischen Kapelle Michelangelos (s. S. 9, 61)

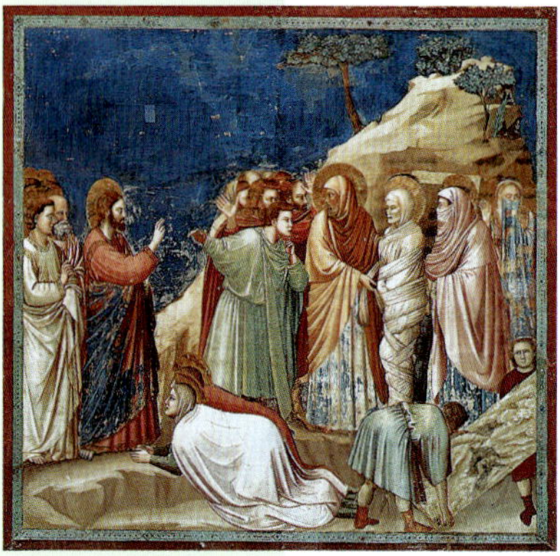

Giotto, **Auferweckung des Lazarus,** 1304–10, Fresko, Arenakapelle, Padua.
Christus veranlasst die anwesenden Helfer mit einer raumgreifenden Geste, den Sarg zu öffnen bzw. erweckt mit der Geste Lazarus zum Leben. Während die Frauen Christus noch um die entscheidende Geste bitten, ist Lazarus bereits zum Leben erwacht, zugleich sind die Helfer noch damit beschäftigt, den Sargdeckel zu entfernen. Verschiedene Zeitmomente der Erzählung werden von Giotto in einem Bild dargestellt. Die Geste Christi wird zudem von der ansteigenden Hügellinie in der Bildfläche nach rechts oben fortgeführt und verstärkt.

sowie den Stanzen Raffaels im Vatikan (s. S. 63) zu vergleichen ist. Bei Giotto sind das Vorher und Nachher der Erzählung gleichzeitig im Eben-Jetzt des Bildes erfahrbar, womit er gleichsam den durch die Realitätsnähe bewirkten Verlust des Bildes an Spiritualität kompensiert. Denn er fordert so vom Betrachter ein intensives Einfühlen in die biblische Erzählung und ihre Struktur. Diese Haltung entspricht den mystischen Texten der Zeit (z. B. des Pseudo-Bonaventura), die das christliche Heilsgeschehen humanisieren.

Als erster Maler unterscheidet Giotto den Außen- und Innenraum im Bild. Zum Betrachter hin fehlt von nun an häufig die Gebäudewand im Bild, stattdessen ergeben sich auf der Bildbühne über Türen und Fenstern Möglichkeiten zur Kommunikation der Personen untereinander. Die Figuren bestimmen mit ihrer körperlichen Präsenz aktiv den sie umgebenden Raum. Erzählt wird meist parallel zur Bildfläche, noch nicht im Vor und Zurück des Bildraums.

Die moderne Kunstgeschichte hat sich Giottos Kunst mit großer Begeisterung angenommen, da dessen komplexe Fläche-Raumstrukturen den modernen Seherfahrungen entgegenkommen.

Die Maler der Giotto-Schule bereichern die Kompositionen des Lehrmeisters um erzählerische Details und entfernen sich zunehmend von dessen Rigorismus. Die wichtigsten Schüler sind **Maso di Banco** (tätig um 1330–1350), der einen besonderen Sinn für abstrakte Flächenwirkungen der Bildarchitektur entwickelt (*Bardi-Vernio-Kapelle*, S. Croce, Florenz, um 1330/40) sowie **Taddeo Gaddi** (um 1300–1366), der zum ersten Mal mit Beleuchtungseffekten im Fresko experimentiert.

Die Alternative in Siena – Duccio und die Brüder Lorenzetti

Die sienesische Malerei des frühen Trecento stand zu Unrecht bei Publikum wie Forschung lange im Schatten Giottos und seiner Schule. Im religiösen Bild lösen sich die Sienesen langsamer von der byzantinischen Tradition, die Giotto mit einem Kraftakt überwunden hatte. Für **Duccio di Buoninsegna** (1250/60–1318) bleibt die Linie beherrschend, während für Giotto das blockhafte Volumen stilbildend wird. Schönlinigkeit und grafische Durchbildung, materieller und farblicher Reichtum von Duccios Kunst sind keinesfalls schwächer zu bewerten; in der fantasievollen Erzählung, mit sensiblen Farbabstufungen und Bild- und Landschaftsräumen von überraschender Tiefe geht er über Giotto hinaus. Dies zeigen die *Szenen aus dem Leben Christi* auf der Rückseite der *Maestà*, dem riesigen ehemaligen Hauptaltarbild des Doms in Siena. Auf der Vorderseite sehen wir Maria im Kreise der Heiligen, eine Vorform der *Sacra Conversazione*, der »heiligen Unterhaltung« – jenem Bildthema, das im florentinischen Quattrocento populär wird.

Duccio, Einzug Christi nach Jerusalem, **Maestà** (Ausschnitt Rückseite), 1308–11, Tempera auf Holz, 103 x 53,7 cm, Museo del Duomo, Siena.

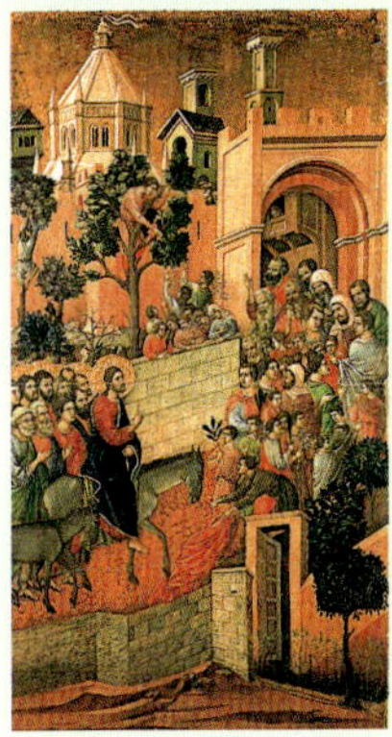

Ein noch breiteres Spektrum an Themen und Stilen präsentiert sein Schüler **Simone Martini** (1284–1344). Er beginnt in Siena ebenfalls mit einer *Maestà* (1315),

Für die **Freskomalerei** (von ital. *fresco*, frisch) wird die Wand mit nassem Kalk bestrichen, dann die Mineralfarbe auf den frischen Putz aufgetragen. Kalk, Wasser und Farben verbinden sich nach dem Trocknen zu einer widerstandsfähigen Schicht. Pro Arbeitstag wird ein bestimmtes Feld vorbereitet, da der Verputz sonst trocknet (*Tagwerk*). Die Vorzeichnung (*Sinopie*) wird mit Kohle oder braunen Erdfarben aufgetragen. Ab dem Trecento beginnt man, einen Karton im Maßstab 1:1 vorzubereiten und die Umrisslinien der Konturen durch den Karton direkt in den frischen Verputz einzustechen. Oft werden Details nach dem Trocknen (*al secco*) ergänzt, und diese Passagen haben sich immer schlechter erhalten. Die Freskomalerei gibt es dort, wo Wände nicht häufig feucht werden. Im kühleren Norden werden bemalte Leinwände zu Deckenbildern zusammengesetzt, die Wände mit Wandteppichen statt mit Fresken geschmückt. Im 16. Jahrhundert breitet sich die Freskotechnik nur zögerlich über Frankreich (Schule von Fontainebleau) auch im Norden aus, wo sie im süddeutschen und österreichischen Barock und Rokoko eine letzte Blüte erfährt.

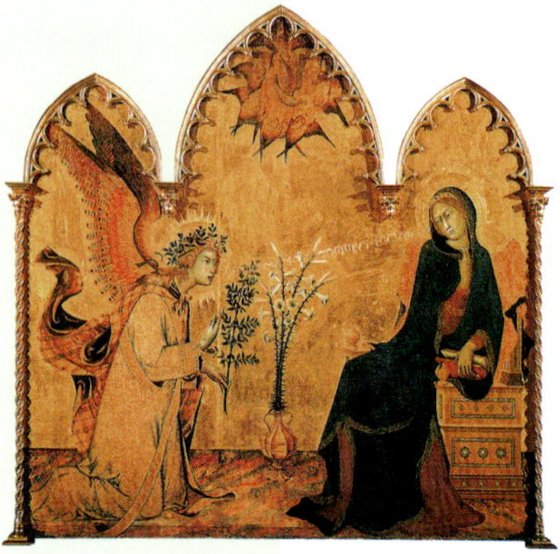

Simone Martini, **Verkündigung an Maria,** um 1333, Tempera auf Holz, 265 x 305 cm, Galleria degli Uffizi, Florenz.

diesmal als Fresko für den Palazzo Publico ausgeführt, eine Art höfische Variante von Duccios Vorderseite des Dombildes. Simones weiteres Schaffen in Italien belegt zunehmend Einflüsse spätgotischer französischer Buchmalerei (er ist seit 1317 Hofmaler Roberts I. von Anjou in Neapel), die er etwa für seine *Fresken der Martinskapelle* in der Unterkirche von S. Francesco in Assisi nutzt (1322/26).

Von Martini erfahren wir über das höfische Leben des Trecento weit mehr als von Giotto, der eine zeitlose, antikisierende religiöse Bildwelt abseits vom täglichen Leben erfindet. Martini gelangt auf Umwegen nach Avignon, die dort entstandenen Werke sind nicht erhalten.

Die Brüder **Ambrogio** (Ende des 13. Jahrhunderts bis 1348) und **Piero** (um 1280–1348) **Lorenzetti** sind vermutlich bei Duccio in die Lehre gegangen. Ihre an Giottos Kunst geschulten Altarbilder und Fresken sind emotionaler und lebendiger als die der Zeitgenossen. Ambrogios Hauptwerk, die monumentale Darstellung des *Guten und Schlechten Regiments*, vermittelt als erstes Landschafts- und Stadtbild der europäischen Kunst in unzähligen Details das Selbstverständnis der Stadtregierung von Siena.

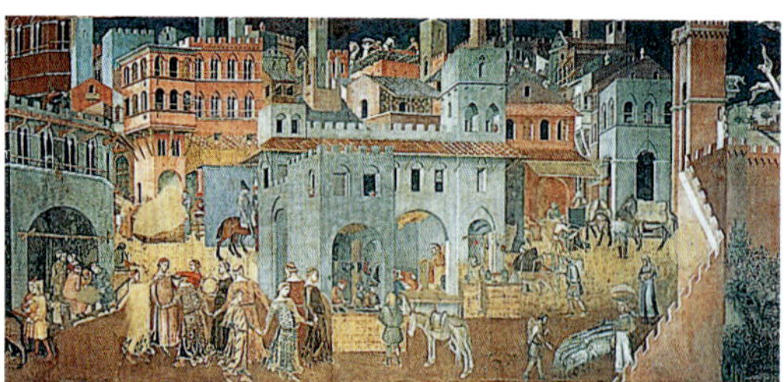

Ambrogio Lorenzetti **Die Folgen des Guten Stadtregiments** (Ausschnitt, linke Hälfte), um 1338–40, Fresko, 2400 x 1400 cm, Palazzo Pubblico, Siena. Der Künstler schildert in seinem allegorischen Bild auch den Alltag einer toskanischen Stadt auf ihren Plätzen und in ihren Gassen. Die einzelnen Gebäude sind mit den Mitteln der Erfahrungsperspektive verkürzt dargestellt. Damit erzeugt der Maler eine plausible Raumtiefe im Häusergewirr der Stadt.

Die Internationale Gotik

Mit diesem Begriff beschreibt die Kunstgeschichte einen Trend in der Malerei von etwa 1370 bis um 1430, der ganz Europa mit England, Frankreich, Burgund, Nord- und Mitteldeutschland, Böhmen, Österreich bis nach Italien in dieser Zeit prägt. Stilmerkmale der Internationalen Gotik finden sich in den Skulpturen der »Schönen Madonnen«, in der Wand-, Tafel- und Buchmalerei sowie der Goldschmiedekunst. Der Begriff umschreibt gemeinsame stilistische Merkmale; es existiert jedoch kein direkter Zusammenhang zwischen einzelnen Werken, die an weit entfernten Orten Europas zeitgleich entstehen. Die verstärkte Mobilität nach der großen Pestepidemie von 1348 sowie der aufstrebende europäische Handel ermöglichen einen raschen Ideenaustausch. Kunstwerke (Plastiken, illuminierte Bücher, Andachtsbilder) werden zum Mittel der Diplomatie und als Geschenke zwischen den Höfen und Regierungen ausgetauscht. Eine verfeinerte Hofkultur, für deren Moden zunächst der böhmische Hof Kaiser Karls IV., später die burgundischen Herzöge europäische Standards setzen, feiert sich in schimmernden Goldgründen, delikat changierenden Farben, subtil bewegten Gewändern, preziösen Gesten und vieldeutig lächelnden Heiligen und Engelsgeschichten. Die Privatkapellen Kaiser Karls im Prager Veitsdom und auf Burg

Johan Huizinga: **Der Herbst des Mittelalters.** Dieses 1919 erschienene Buch des holländischen Historikers und Sprachforschers hat für ähnliches Aufsehen gesorgt wie Burckhardts »Kultur der Renaissance in Italien«. Im Gegensatz zu Burckhardt, der eine optimistische Aufbruchstimmung beschreibt, konstatiert Huizinga im Burgund, Frankreich und den Niederlanden während des späten 14. und 15. Jahrhunderts eine Kultur im Niedergang, die ihre Dekadenz im Prunk zu ersticken sucht. Die Symbole und Ideale des Rittertums seien nun leere Hüllen, die indes mit vollem Pathos immer wieder beschworen werden. Die Angst vor dem Tod sei ständig präsent und dem überbordenden Lebensgefühl in einer Art von Weltuntergangsstimmung entgegengesetzt. In der Kunst der frühen Niederländer sieht Huizinga weniger den Realismus, vielmehr betont er das Interesse vor allem Jan van Eycks am glänzend gemalten Detail und an der Stofflichkeit der Dinge, worunter jedoch die Harmonie des Ganzen leide.

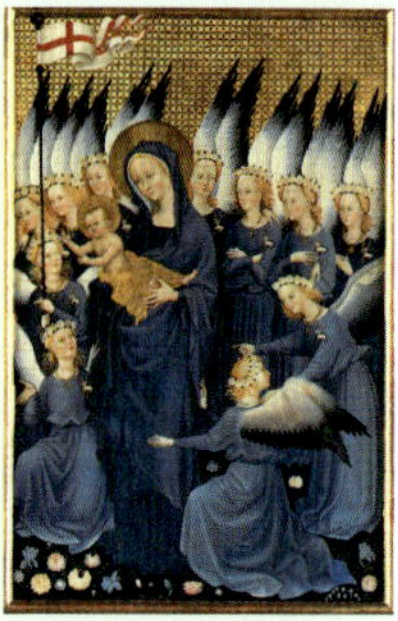

Wilton-Diptychon (rechte Tafel), um 1395–99, Tempera auf Holz, 36,8 x 26,7 cm, National Gallery, London. Kleine Formate erleichtern den Transport von Ort zu Ort und erhöhen die Intimität der Andacht. Diese Privatheit schließt äußerste Raffinesse in Material und Ausarbeitung der Tafeln nicht aus.

Karlstein sind Gesamtkunstwerke der Frühzeit dieses Stils. Edelsteineinlegearbeiten, Tafelbilder, Fresken und liturgisches Gerät addieren sich zu einem exotischen wie luxuriösem Ensemble höfischer Raumausstattung.

Der Mensch des Mittelalters beginnt sich zunehmend als Individuum zu begreifen, weshalb die private Andacht wichtiger wird und vermehrt kleine Altartäfelchen für den Hausgebrauch in Auftrag gegeben werden. Der verschwenderische Reichtum dieser Kunst mag eine Gegenreaktion sein auf das Elend der großen Pest von 1348, die weite Bereiche Europas entvölkert.

Tatsächlich sind in der Kunst von 1350 bis um 1450 Darstellungen von Tod und Vergänglichkeit häufig, die diese existenziellen Erfahrungen reflektieren. Typisch für Frankreich werden doppelte Grabmäler, die den Toten einmal in Amt und Würden in seiner ganzen Pracht zeigen, und darunter diesen als *Transi* darstellen, als von Würmern zerfressenen Leichnam.

Die Künstler konzentrieren sich auf Andachtsbilder mit drastischer Schilderung des Leidens und der erduldeten Martern Christi: von den »Elendskruzifixen« – auch »Pestkreuze« genannt – bis zu Bildtafeln, die Marterwerkzeuge und Szenen der Passion als eine Anhäufung von Zeichen und Symbolen präsentieren. Im Gegenzug vermitteln Bilder verstärkt dogmatische Glaubensinhalte, insbesondere im Umkreis des für die Inquisition zuständigen Dominikanerordens.

Mittelrheinischer Meister, **Paradiesgärtlein,** um 1410, Tempera auf Holz, 26,3 x 33,4 cm, Städelsches Kunstinstitut, Frankfurt.

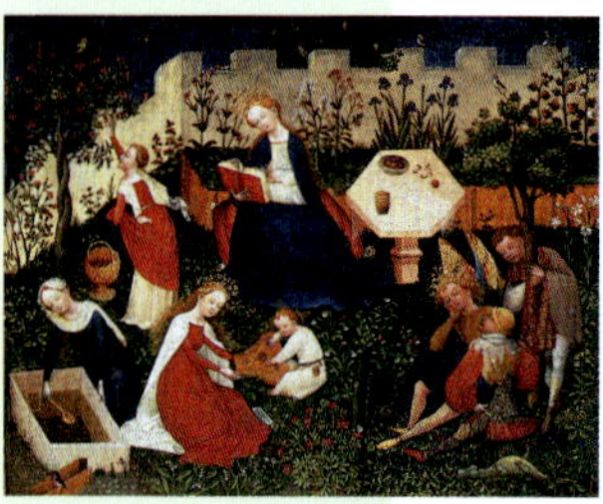

Die späten Werke des *Gotico Internazionale* in Italien entstehen parallel zu den Werken der Frührenaissance und genießen bei den Zeitgenossen eine ähnliche Wertschätzung. Nachwirkungen des Werks von **Lorenzo Monaco** (um 1370–1425) und **Gentile da Fabriano** (um 1360/ 70–1427) sind noch bei Malern wie Fra Angelico oder auch im religiösen Spätwerk Botticellis zu spüren. In

Burgund leitet **Melchior Broederlam** (tätig um 1381–1409) zur niederländischen Kunst des Meisters von Flémalle und Jan van Eycks über. In Deutschland verbinden die Maler der Kölner Schule, allen voran **Stephan Lochner** (um 1400/10–1451) sowie im Norden die **Meister Bertram** (um 1340 – um 1415) und **Francke** (um 1380–nach 1430) Farbigkeit und Linearität der böhmischen Hofkunst mit dem Detailreichtum französischer Buchmalerei und der frühen niederländischen Meister.

Der Triumph der Buchmalerei in Frankreich

Die Papstresidenz Avignon ist gleichsam Umschlagplatz der italienischen, vor allem sienesischer Kunst (Martini) für den Weitertransport Richtung Norden, nach Burgund, Zentralfrankreich und in die Niederlande. Im höfischen Milieu verschmelzen dort spätgotische Naturbeobachtung und Poesie, die Andachtstheologie der *Devotio Moderna* mit italienischer Schönlinigkeit. Die Buchmalerei ist das Medium der Stunde: Luxuriös und leicht im Gepäck unterzubringen, werden illuminierte Bücher zum Sammelobjekt. Sie erhöhen die Würde von Höflingen und Fürsten wie dem Duc de Berry in Bourges (dem Bruder Philipps des Kühnen von Burgund) und dienen zur privaten Andacht.

Aus der Vielzahl hochkarätiger Miniaturisten ragen die **Brüder Limbourg** (um 1375/85–1416) heraus, die im Auftrag Berrys mehrere Stundenbücher aus Pergament anfertigen, darunter *Les belles heures* (Metropolitan Museum of Art, The Cloisters, New York) und *Les très riches heures*, »jene zartesten und feinsten Schöpfungen der Miniaturkunst« (Johan Huizinga).

Wichtige illuminierte Manuskripte der Spätgotik:
Bréviaire de Belleville, von Jean Pucelle, um 1330, Bibliothèque Nationale, Paris
Stundenbuch der Jeanne d'Evreux, von Jean Pucelle, um 1330, Metropolitan Museum of Art, The Cloisters, New York
Stundenbuch des Boucicaut-Meisters, um 1405/10, Musée Jacquemart André, Paris
Stundenbuch des Bedford-Meisters, um 1410/20, The British Museum, London
Stundenbuch des Rohan-Meisters, um 1420/25, Bibliothèque Nationale, Paris

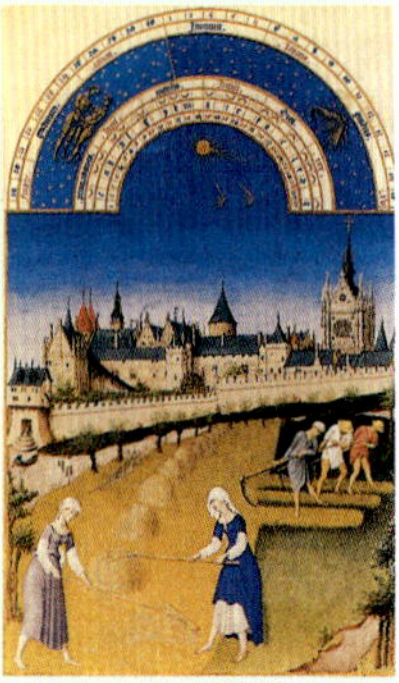

Brüder Limbourg, Kalenderblatt Juni, **Les très riches heures,** um 1416, Malerei auf Pergament, 29 x 20 cm, Musée Condé, Chantilly.

Mit detaillierten Darstellungen der Jahresabläufe, den ersten Zyklen von Genredarstellungen in der Malerei und zukunftsweisenden religiösen Bilderfindungen in tiefen, verschachtelten Innenräumen bereiten die Buchmaler des frühen 15. Jahrhunderts die Kunst der Brüder van Eyck »en miniature« vor.

Tafel- und Wandmalerei zeigen zu dieser Zeit weniger eigenständiges Profil, sieht man von verschiedenen regionalen Schulen, wie der provenzalischen um etwa 1400 ab. **Jean Fouquet** bildet um 1415/20–1477/81 als Miniaturist und Maler von Tafelbildern eine Ausnahme und begründet die französische Malerei.

Renaissance in Florenz – Der Beginn einer neuen Zeit
Die Kunst der florentinischen Renaissance entsteht im Umfeld einer kaufmännisch-städtischen Gesellschaft, deren Mitglieder nicht nur Saldierung und Kontierung im Bankwesen entwickelt haben, sondern auch täglich rechnen und mit der philosophischen und literarischen Diskussion vertraut sind. Hier erfindet der Architekt und Bildhauer **Filippo Brunelleschi** (1377–1446) den antikisierenden Gliederbau für Palast- wie Kirchenarchitektur (S. Lorenzo und S. Spirito). Das römische Pantheon überflügelt er mit der Konstruktion der gewaltigen Florentiner Domkuppel. Als Bildhauer ersetzt **Donatello** (um 1386–1466) die gotische Gewandskulptur durch Freifiguren, die sich in Proportion, Haltung sowie Gewandung eng an antiken Vorbildern orientieren und das genaue Studium der menschlichen Anatomie voraussetzen. Zeitgleich mit **Lorenzo Ghiberti** (1378–1455) erfindet er das sich perspektivisch in die Tiefe entwickelnde malerische Flachrelief *(rilievo schiacciato).* Die erste Generation von Humanisten erarbeitet sich im Rückgriff auf römische, später griechische Muster die literarischen Gattungen wie Lyrik, Geschichtsschreibung, wissenschaftlicher Traktat und Dialog neu.

Das frühe Trecento hatte von 1300 bis 1330 mit den Dichtungen Dantes, Petrarcas und Boccaccios, den

1385–1402
Giangaleazzo Visconti vergrößert den Einflussbereich Mailands.
1389
Schlacht auf dem Amselfeld: Die Osmanen besiegen die Serben.
1401–1464
Nikolaus von Kues (Cusanus) überwindet mit seiner Schrift »De docta ignorantia – Von der gelehrten Unwissenheit« (1440) die Scholastik.
1404
Größte Ausdehnung des Deutschen Ordens von Preußen bis zum Baltikum
1414/13
Konzil zu Konstanz, Beginn einer Reform der Kirche, Beendigung des Schismas mit der Wahl des römischen Papstes Martin V., Verurteilung des Reformators Johan Hus
1431
Hinrichtung der Jeanne d'Arc in Rouen
1434–1464
Cosimo de' Medici regiert die Stadt Florenz indirekt mit republikanischen Gremien und Vertrauensmännern.
1453
Eroberung von Konstantinopel durch den Osmanenherrscher Mehmed I., Ende des byzantinischen Reiches
1455–1485
Rosenkriege der Häuser Lancaster und York in England
1474
Die Katholischen Könige Isabella I. und Ferdinand II. begründen mit der Vereinigung von Kastilien und Aragon die spanische Monarchie
1492
Tod Lorenzo de' Medicis, Kolumbus entdeckt Amerika, Eroberung Granadas durch die Katholischen Könige
1494
Karl VIII. von Frankreich erobert Neapel, Zusammenbruch des italienischen Staatensystems
1498
Der Reformprediger Savonarola wird in Florenz hingerichtet.

Skulpturen **Niccolòs** (um 1220–1278/84) und **Giovanni Pisanos** (um 1250 – nach 1314) sowie den epochalen Neuerungen Giottos und der sienesischen Maler den Boden für diesen konzentrierten Neubeginn bereitet. Und doch bleibt es ein bemerkenswertes Phänomen, dass um 1410 bis 1440 das kulturelle Laboratorium Florenz zeitgleich Innovationen auf allen Gebieten hervorbringt. Die Idee des *uomo universale,* des Universalmenschen, des vielseitig versierten und erfolgreichen Humanisten, Künstlers und Wissenschaftlers, fördert die Produktion noch im Sinne von Konkurrenz: Die Bildhauer Donatello und Ghiberti entwerfen mit der gleichen Selbstverständlichkeit Glasfenster für den Florentiner Dom wie Brunelleschi und Alberti als Architekten die Perspektivtheorie entscheidend vorantreiben.

Innenpolitisch ist Florenz in mehrere Fraktionen zerrissen. Die sich als Republik verstehende Stadt *(commune)*

Leon Battista **Alberti** (1404–1472) erfüllt das Bild des *uomo universale* in idealer Weise. Er ist nicht nur als Architekt bahnbrechend, als Bildhauer und Maler aktiv, sondern fasst in seinen wissenschaftlichen Traktaten zur Malerei, Skulptur und Architektur das Wissen der Renaissance zusammen.
Die Wirkung seiner Abhandlung »De pictura« (1435), auf die Zeitgenossen kann gar nicht hoch genug eingeschätzt werden. Philosophische Diskussionen der Architektur von Brunelleschi fließen mit ein. Albertis Traktat unterscheidet sich von allen Vorgängern darin, dass er die Malerei theoretisiert und vom Handwerk in den Rang einer intellektuellen Wissenschaft erhebt. Im ersten Teil beschreibt er die Prinzipien der Linearperspektive, wie sie Masaccio erstmals praktisch anwendet. Er entwickelt das berühmte Bild vom offenen Fenster, durch das man in die Sehpyramide des zentralperspektivisch organisierten Raumes hineinblickt.
Im zweiten Teil beschäftigt er sich mit dem *disegno,* der Zeichnung, was bei ihm als Begriff sowohl die Umrisszeichnung als auch alle Aspekte bildlicher Komposition umfasst, bis hin zur Wahl und zum Gebrauch der richtigen Farbe. Dieser Teil ist für die Kunstwissenschaft besonders wichtig, weil Alberti jene Begrifflichkeit zur Verfügung stellt, mit der die Bilder von den Zeitgenossen beschrieben werden. Im letzten Teil äußert er sich fundiert zur richtigen Ausbildung des Künstlers.

wird von verschiedenen Großfamilien über demokratische Gremien regiert, die kaum etwas mit unserem heutigen Verständnis von Demokratie zu tun haben. Die führenden Clans nutzen kirchliche Stiftungen, Posten in den Gilden sowie ihre Palastbauten dazu, sich als Mäzene und Sponsoren in einem hochkarätigen Wettbewerb zu profilieren. Der Rückgriff auf die Antike soll ihre Stellung im Stadtstaat aufwerten. Die Avantgarde der Künstler und Literaten vermittelt dies nach innen und über Kulturexport auch frühzeitig nach außen.

Entscheidender Motor dieser Entwicklungen ist der aus einer erfolgreichen Bankiersfamilie stammende **Cosimo de' Medici** (1389–1464). Er erweitert seinen politischen Einfluss, indem er persönlich selten Regierungsfunktionen ausübt, sondern diese einer Vielzahl von Klienten überlässt, die ihm familiär, oder als Schuldner seiner Bank verbunden sind. Damit höhlt er Schritt für Schritt das republikanische System aus und gerät früh in Konflikt mit den einflussreichen Albizzi, die 1433 seine Verbannung durchsetzen. Bereits ein Jahr später kehrt Cosimo im Triumph nach Florenz zurück und festigt in der Folge seine Herrschaft.

Masaccio – Die zweite Revolution der Malerei

Wenn Giottos Malerei rund 100 Jahre früher den Einbruch der Realität in die Malerei markierte, so organisiert **Masaccio** (1401– um 1428) nun in ebenso revolutionärer Weise den Bildraum mit den Mitteln der Perspektive. Ein Schlüsselwerk der Malerei ist das Fresko der *Trinität*. Der Betrachter blickt in einen tonnengewölbten Raum, der sich, mathematisch genau errechnet, in die Bildtiefe hinein verkürzt. Die verschiedenen Ebenen und Schichten des Tiefenraumes werden mit der Linearperspektive, der *costruzione legittima,* über ein relativ einfaches geometrisches Verfahren auf die Bildfläche projiziert. Fluchtlinien leiten den Blick in die Tiefe des (re-)konstruierten Bildraumes, im Fluchtpunkt enden die real existierenden oder virtuellen (Hilfs-) Linien. Der Fluchtpunkt liegt bei der klassischen Zentralperspektive genau auf der Mittelachse des Bildes; dieser kann jedoch auch aus der Achse verschoben sein oder es können zwei Fluchtpunkte angelegt sein (Zweipunktperspektive).

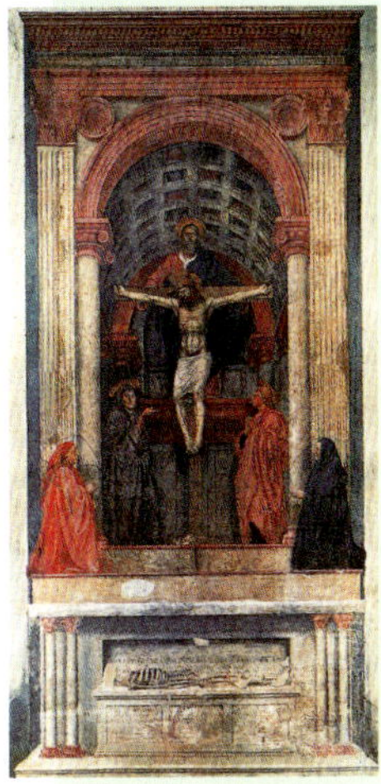

Masaccio, **Trinität,** um 1427, Fresko, 667 x 317 cm, S. Maria Novella, Florenz.
Die Entwicklung und Erweiterung des Bildraums nicht nur in die Tiefe, sondern auch nach vorne zum Betrachter hin, schließt diesen als Betenden in das religiöse Geschehen ein. Die geometrische Bildauffassung bestimmt selbst die Farben: bei Stiftern, Maria, Johannes und Stifterin wechseln Rot und Schwarz als Grundfarben, gespiegelt auf die Mittelachse ab. Selbst für den Mantel Gottvaters ist Rot/Schwarz als Farbe gewählt.

Masaccio entscheidet sich im Trinitätsfresko für die Zentralperspektive mit einem Fluchtpunkt. Im Gegensatz zum erfahrungsmäßig gewonnenen Bildraum der niederländischen Maler, stellt sich ihm das Problem, wie die Figuren im perspektivischen Bild anzuordnen sind, ohne dass dies zu konstruiert erscheint und jene isoliert in einem idealen, gleichsam abstrakten Raumgefüge verloren gehen. Masaccio ordnet die Stifterbildnisse, Maria und Johannes und das Kreuz in verschiedenen Raumschichten hintereinander an. Die Position Gottvaters bleibt unklar und relativiert gewissermaßen die mathematische Perspektive: Er steht auf einer Art Empore am hinteren Ende des Kapellenraumes und umfasst das Kreuz, dessen Basis indes auf dem vorderen Rand der Stufe fußt – mithin auf gleicher Ebene wie Maria und Johannes.

Diese Bereicherung der mathematischen Perspektive um irrationale Momente ist Ausdruck der künstleri-

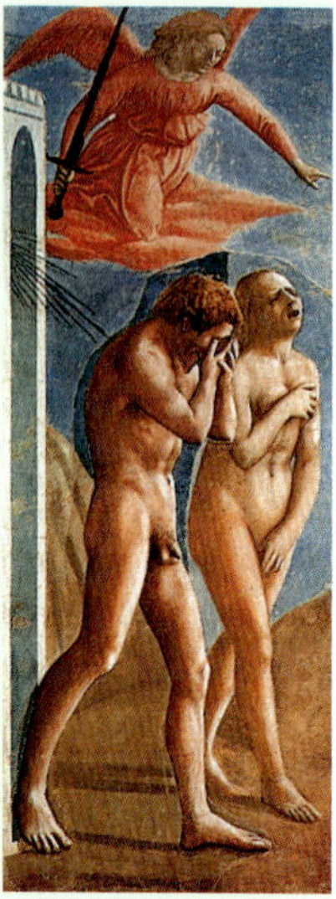

Masaccio, **Vertreibung Adams und Evas aus dem Paradies,** um 1425–27, Fresko, 205 x 90 cm, S. Maria del Carmine, Brancacci-Kapelle, Florenz. Die Darstellung der Reaktion Adams und Evas auf die Vertreibung aus dem Paradies ist menschlich, nicht abstrakt. Die Körper Adams und Evas setzen Studien an lebenden Modellen voraus. Das dunklere Blau rund um den Oberkörper Adams zeigt schön das Tagwerk des Malers, der den Putz für diesen Bereich für den Arbeitstag vorbereitet hat.

schen Freiheit des Malers und demonstriert deren virtuose Beherrschung. Zugleich wird darin ein beurteilender Betrachter vorausgesetzt, der das intellektuelle Spiel auch versteht.

Masaccio ist der erste Künstler, der Giottos Prinzipien der Bildgestaltung mit den aktuellen Möglichkeiten der Perspektive verbindet, was vor allem kleinere Predellentafeln zeigen. Im Hauptwerk der *Brancacci-Kapelle* in S. Maria del Carmine (ab 1424/25) geht er mit seiner Erzählung und Menschenauffassung weit über Giotto hinaus. Masaccio verteilt nicht nur größere Menschenmengen über weite Bildräume, sondern schildert den Menschen in seiner individuellen Kreatürlichkeit – ein revolutionärer Bruch mir der mittelalterlichen Vergangenheit, als man die Menschen noch als Typen darstellte.

Florenz von 1420 bis 1450 – Die Formierung der Avantgarde

Den Nachfolgern von Brunelleschi, Donatello und Masaccio ist gemeinsam, dass sie von Anfang an mit allen Möglichkeiten der Klaviatur »Renaissance« spielen und jeweils persönliche Ausdrucksformen entwickeln.

Die plastischen Gestalten in den Fresken **Andrea del Castagnos** (um 1421/23–1457) wirken wie eine Übersetzung der Skulptur Donatellos in die Malerei. **Domenico Veneziano** (um 1400/10–1461) erkennt dieses Problem und dämpft die Farbigkeit seiner Bilder, um die Bildfiguren auf diese Weise ohne Brüche in den Erzählzusammenhang einzubinden. So gewinnen seine wenigen erhaltenen Altarbilder und Predellen eine bis dahin nicht gekannte atmosphärische Dichte. Erstmals in der italienischen Renaissance erfüllen Luft, Licht und Schatten den Raum der *Pala di S. Lucia* durch die subtile Abstufung der Farbigkeit. Dieses Bild gehört wohl zu den malerisch anregendsten seiner Zeit. Betrachtet man die Tafel vom oberen Rand her, verläuft die Vorderseite der Arkadenarchitektur parallel zur

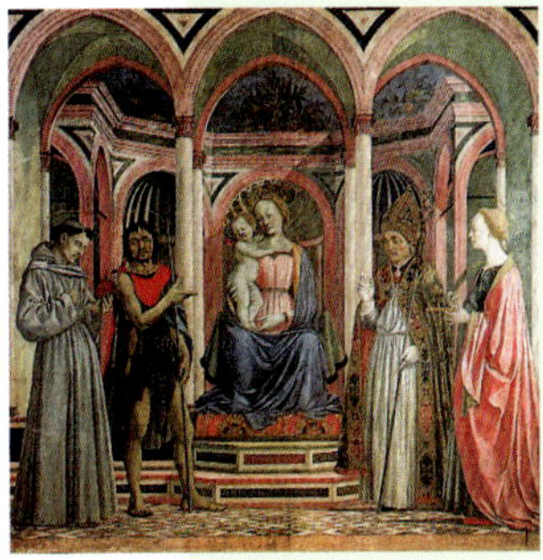

Domenico Veneziano, **Madonna mit Kind und Heiligen (Pala di S. Lucia)**, um 1445, Tempera auf Holz, 208 x 213 cm, Galleria degli Uffizi, Florenz.

Bildfläche und erscheint als vorderste Bildebene. Schaut man aber von unten in das Bild hinein, liegt die Säulenarchitektur erst in einer zweiten Ebene. Davor stehen die Heiligen auf dem kühn verkürzten Fliesenmuster. Wie schon bei Masaccio entwickelt der Maler den Bildraum in den Raum des Betrachters hinein, auch ist Maria auf ihrem Thron nicht eindeutig einer Bildebene zuzuordnen, da Bezugspunkte fehlen. Im Prozess der Anbetung durch die Gläubigen kann sie sich dem Gläubigen nach vorne hin nähern, oder auch distanziert zurückziehen. Den aktiven Teil in diesem Sehvorgang übernimmt einmal mehr der Betrachter.

Der Dominikaner **Fra Angelico** (um 1387–1455) wird oft als lieblicher Madonnenmaler abgetan. Die Popularität seiner im Auftrag Cosimo de' Medicis für das Kloster von S. Marco entstandenen Fresken und der dort im Museum aufbewahrten Werke beim heutigen Publikum ist groß. Die bunte Welt der Heiligen verstellt mit ihrem anekdotischen Detailreichtum den Blick auf diesen durchaus intellektuellen Maler, der auf höchstem Niveau experimentiert. Er bereichert den Bildtypus der Madonna im Kreise von Heiligen, die *sacra conversazione,* um räumlich und figürlich sehr kühn aufgefasste Varianten, in denen erzählerischer Reichtum und fast abstraktes Detail nebeneinanderstehen. Besonders in den Predellentafeln seiner Altarbilder entwickelt er im scheinbar naiven Spiel mit Bildraum, -fläche und -tiefe neue Erzählformen.

Paolo Uccello (1397–1475; s. a. S. 46) gilt seit Vasaris »Viten« als der Exzentriker der Florentiner Renaissance. Tatsächlich hat kaum ein Maler seinen Werken so extreme Perspektivkonstruktionen zugrunde gelegt wie Uccello. Der Künstler weiß aber um die Schwächen der Methode und bindet die figürliche Komposition – darin Masaccio vergleichbar – immer in die Bildfläche ein. Mit Aufträgen für den Florentiner Dom, die Klöster

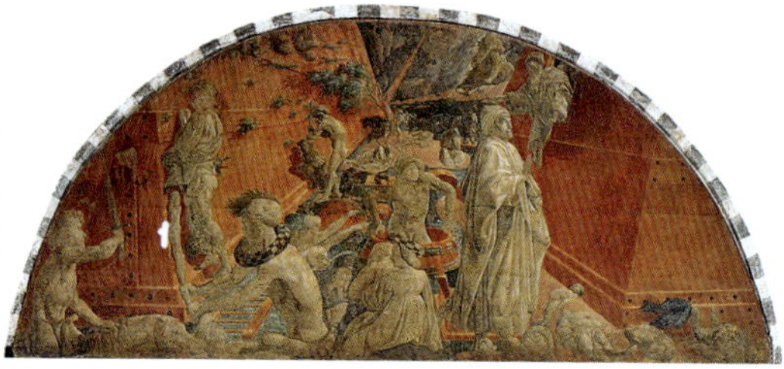

Paolo Uccello, **Sintflut,** um 1444–47, Fresko, 212 x 510 cm, S. Maria Novella, Chiostro Verde, Florenz.
Cosimo de' Medici ist als Ganzfigur rechts eingefügt und wird von Noah, der sich aus der Arche beugt, ähnlich wie Christus durch Johannes getauft. Die neue Welt segnend, die nach dem Zurückfluten des Wassers entsteht, überlebt er im übertragenen Sinn alle Gefährdungen durch innenpolitische Feinde und steht für den Beginn eines »Goldenen Zeitalters« unter dem Patronat der Medici.

der Stadt sowie den Palast der Medici reichlich beschäftigt, gehört er zu den erfolgreichen Malern im Umkreis der Herrscherfamilie. Das berühmte *Sintflut-Fresko* feiert im Untergang der Welt in paradoxer Weise die nochmalige Annäherung vor West- und Ostkirche 1439, kurz vor dem Fall Konstantinopels 1453. Die merkwürdige Präsentation zweier Archen auf einem Bild symbolisiert die Vereinigung beider Kirchen, die im Sog der perspektivischen »Sehpyramide« im Sinne Albertis in äußerster räumlicher Verkürzung zusammenfinden.

Campin und van Eyck – Der Triumph der Ölmalerei

Während man in Italien im Rückgriff auf das Ideal der Antike neue Wege sucht und mit den Möglichkeiten der Perspektive experimentiert, ereignet sich in den Niederlanden eine Revolution ganz anderer Art. Auch hier bricht die Realität ins Bild ein; allerdings keine idealisierte wie in Italien, sondern die konkrete Realität von Gegenständen, häuslichen Innenräumen und der sie bewohnenden Menschen. Im malerischen Werk des »Meisters von Flémalle« steht diese Realität mit einem Mal vor uns. Von der zarten Schönlinigkeit der zeitgenössischen Buchmalerei weit entfernt, sehen wir plastisch aus dem Goldhintergrund herausgearbeitete Heilige, einen schmerzhaft verzerrten Schächer am Kreuz, eine Verkündigung an Maria in dem liebevoll eingerichteten Zimmer.

Roger Campin, **Mérode-Altar,** um 1425–30, Öl auf Holz, 54,5 x 27,4 cm, Metropolitan Museum of Art, The Cloisters, New York.

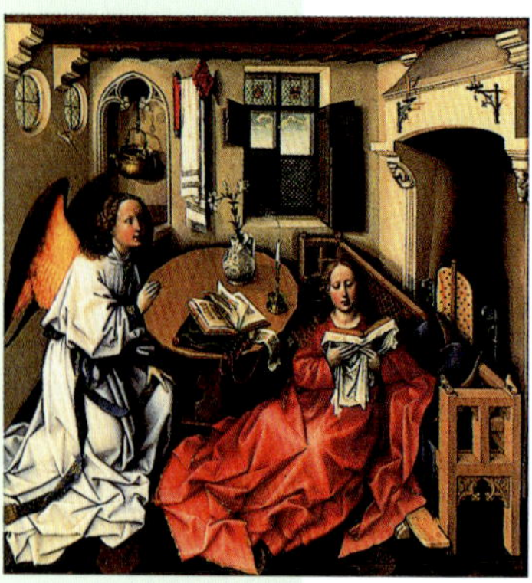

Roger Campin (um 1375–1444), dem Teile der Werke des Meisters von Flémalle heute mehrheitlich zugeschrieben werden, macht Freude und Schmerz der biblischen Erzählung wahr, indem er expressive Gestik und Mimik bis in die kleinste Hautfalte realistisch schildert. Verschwunden ist die symbolgeladene Atmosphäre des mittelalterlichen Bildes. Auch hier stellt sich die Frage nach der Anbetbarkeit eines solchen Gemäldes, da nun alle religiöse Symbole und Zeichen bis ins Detail »ausgemalt« sind. Erwin Panofsky (s. S. 19) gibt eine Antwort hierauf, indem er einen »versteckten Symbolismus« aufspürt.

Gleichzeitig führt **Jan van Eyck** (um 1390–1441), »der sein einsam strahlendes Licht weit über das ganze Jahrhundert wirft« (Jacob Burckhardt), die Miniatur- und insbesondere die Ölmalerei zu einem Höhepunkt. Der Betrachter eines van Eyck'schen Bildes wird immer näher an das Bild herangehen, immer Neues entdecken, aber selbst bei äußerster Nahsicht nicht die Grenze der Auflösung der Gegenstände in Farbflecken erlangen, wie dies später bei Vermeer bewusst eingesetzt wird. Dies ist ein Wunder der brillant eingesetzten technischen Möglichkeiten der Ölmalerei. Die Feinheit der Miniaturmalerei wird bei van Eyck ins Tafelbild übernommen.

Jan van Eyck, **Die Hochzeit des Giovanni Arnolfini,** 1434, Öl auf Holz, 83,7 x 57 cm, National Gallery, London.

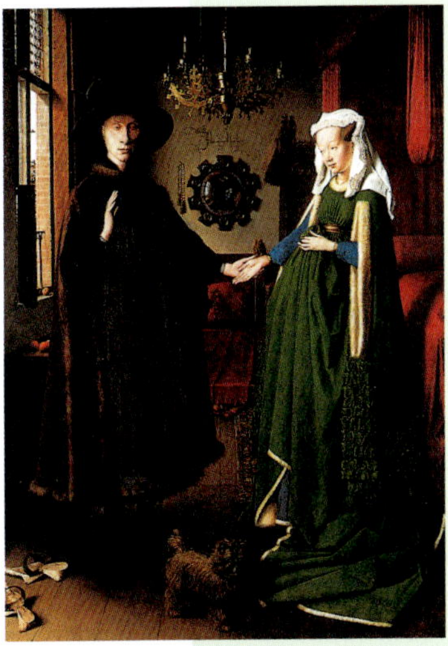

Wenn Details zwar in einem gleichsam meditativen Akt vom Künstler ausgeführt werden, wie Steine, Wolken (die zu den schönsten der Malerei gehören), Bäume, Stoffe, diese aber vom Betrachter gar nicht gesehen werden können (ähnlich wie die Glasfenster hoch oben in der Kathedrale), dann ist dies bei allem Realismus ein zutiefst mittelalterlicher Zug.

In seinen Hauptwerken gelingen van Eyck weite Bildräume, die er über eine Erfahrungsperspektive in die Tiefe entwickelt. Dabei setzt er den Betrachterstandpunkt höher als dieser in den italienischen Bildern der Renaissance angelegt ist. Dies wird eine Eigenart auch der späteren niederländischen Malerei bleiben. So lassen sich relativ viele Gegenstände im Raum abbilden; der Raum selbst wird eher als Ausschnitt eines größeren Raumganzen dargestellt. Der Betrachter fühlt sich so in das Bild hineingezogen und kann sich in den tiefen Räumen umsehen, er wird Zeuge des bildlichen Geschehens. Diese Strategie bildlichen Erzählens wird besonders auf den Tafeln des *Genter Altares* eindrucksvoll erfahrbar, der zu den Hauptwerken der Malerei überhaupt gehört (vollendet 1432, St. Bavo, Gent). Im Konvexspiegel, der auf der Rückwand der *Hochzeit des Giovanni Arnolfini* angebracht ist, erkennt man zwei Personen, eine von ihnen ist möglicherweise der Maler selbst. Zurückgespiegelt müssten sie genau dort in den Raum eintreten, wo der heutige Betrachter steht. Das kühne Vexierspiel der *Las Meninas* des spanischen Malers Diego Velázquez ist hier bereits 200 Jahre vorher angelegt (s. S. 95).

Im Gegensatz zum mittelalterlichen Bild, das sich über Symbole, immer aber primär über das heilige Thema definierte, verleiht van Eyck dem Sehvorgang selbst Andachtscharakter. Das Sehen ist so wichtig wie der Bildgegenstand selbst, und die Kunst des Malers macht dieses »Wunder« möglich. Welche Anteile der Miniaturen des *Turiner Stundenbuchs* (Biblioteca Civica, Turin) sowie einiger Tafeln dem älteren Bruder **Hubert van Eyck** zuzuschreiben sind, bleibt eine ungelöste Frage der Spezialforschung.

Von van der Weyden zu Memling

In der zweiten Generation der frühniederländischen Maler sucht **Rogier van der Weyden** (1399/1400–1464) einen Ausgleich zwischen der monumentalen, expressiven Formensprache seines Lehrers Robert Campin und dem im Prinzip kleinteiligen Detailrealismus Jan van Eycks.

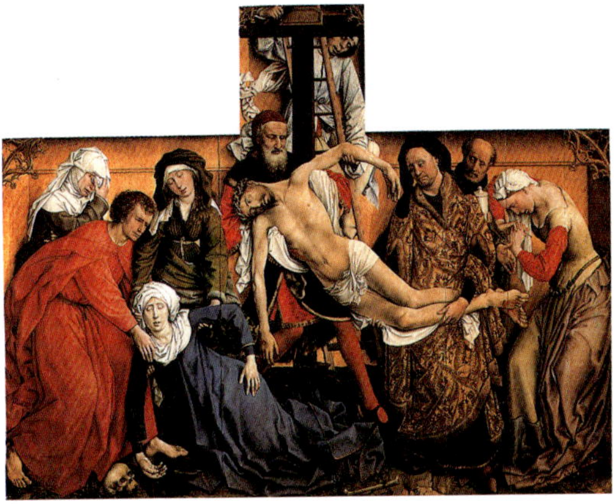

Rogier van der Weyden, **Kreuzabnahme,** um 1435/36, Öl auf Holz, 220 x 262 cm, Museo del Prado, Madrid.

In seinem umfangreichen Werk formuliert Rogier schlüssige Kompositionsschemata, die über Jahrzehnte nördlich und südlich der Alpen nachwirken, so mit monumentalen Entwürfen für das großformatige Altarbild. In seinen kleineren Werken überrascht er mit komplizierten Innenraumfolgen, die der Bilderzählung neue Möglichkeiten der Verknüpfung von Handlungsabläufen bieten.

Die Farbigkeit der Bilder beruhigt sich im Gegensatz zur Überfülle bei van Eyck. Klare Grundwerte von Rot, Blau und Grün setzen sich durch. Ebenso verfestigen

Das **Porträt.** Ein »Bildnis« anfertigen heißt im Mittelalter, die Bedeutung des Porträtierten in seiner gesellschaftlichen Funktion darzustellen, gewährleistet aber nicht unbedingt die Wiedererkennbarkeit der Person. Dies ändert sich mit den Porträts von Roger Campin und Jan van Eyck. Durch Reduktion des Bildausschnitts auf den Kopf oder den Kopf und den Oberkörper kommt das Modell dem Betrachter näher. Haut, Physiognomie und Stoffe sind bis ins kleinste Detail ausgearbeitet. Der Charakter einer Person wird neben ihrer gesellschaftlichen Funktion zum ersten Mal als bildwürdig befunden, was auch ein neu gewonnenes Selbstverständnis der dargestellten Person als Individuum voraussetzt. Inschriften im Bild, beigefügte Attribute oder die Beschriftung der Rahmen (die im Fall Jan van Eycks oft noch original erhalten sind) ergänzen oder verrätseln das Bildnis. Das frühniederländische Porträt bildet die Voraussetzung nicht nur für die Bildniskunst der Dürerzeit, sondern strahlt nach Italien und Spanien aus. Die Porträts von Filippo Lippi, Botticelli, Ghirlandaio und Antonello da Messina sind ohne sie kaum denkbar.

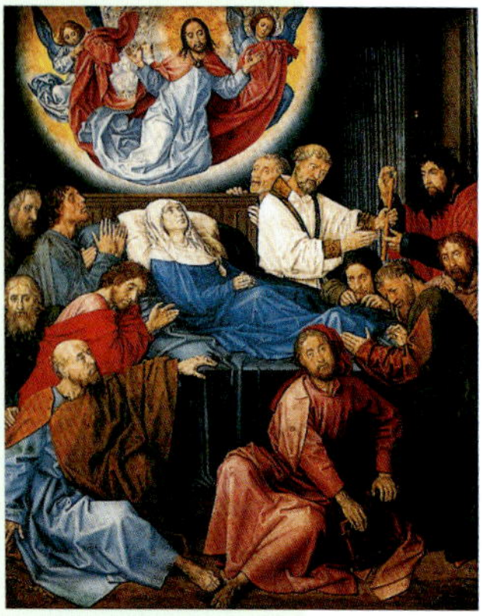

Hugo van der Goes, **Tod Mariens,** um 1473–82, Öl auf Holz, 146 x 121 cm, Stedelijk Museum voor Schoone Kunsten (Groeningemuseum), Brügge.

sich die panoramaartigen »Weltlandschaften« van Eycks zu stillen Bildhintergründen.

Viele Künstler gewinnen in diesem kreativen Umfeld eigenes Profil: **Dirk Bouts** (um 1410/20–1475) rationalisiert Innenräume mit Mitteln der von Italien übernommenen Zentralperspektive *(Abendmahl, 1464–67,* Peterskirche, Leuwen). **Petrus Christus** (um 1410/20–1472/73) liefert eine gleichsam elegant abstrahierende Version der Kunst van Eycks.

Die interessanteste Persönlichkeit der zweiten Jahrhunderthälfte ist zweifellos **Hugo van der Goes** (um 1440–1482), der in seinen Altartafeln und Tüchleinbildern formal die Summe aus Rogier van der Weyden und van Eyck zieht und deren Kunst psychologisch stärker durchdringt. Sein Hauptwerk, der *Portinari-Altar,* der 1485 in Florenz aufgestellt wird, erregt in Italien höchste Bewunderung und wird in Teilen in florentinische Gemälde regelrecht einkopiert (Domenico Ghirlandaio, *Anbetung,* nach 1485, Findelhaus und S. Trinita, Florenz).

Mit **Hans Memling** (1433/40–1494), der ein umfangreiches Werk hinterlassen hat, und seinem Schüler **Gerard David** (um 1463–1523) klingt die altniederländische Malerei aus. Die Kompositionen beruhigen sich, die ausgewogene Farbigkeit und Schematisierung der Gebärden und Mimik deuten auf einen Rückgang künstlerischer Impulse hin.

Die bisher genannten Maler sind im Dreieck Brügge-Gent-Brüssel aktiv; **Geertgen tot Sint Jans** (um 1460/65 aktiv, stirbt 1495) arbeitet als einziger bedeutender Maler in den nördlichen Niederlanden, in Leiden und Haarlem. Was von seinem schmalen Werk erhalten ist, fasziniert in der ihm eigenen Mischung von abstrahierenden Landschafen und wie gedrechselt wirkenden Figuren, deren geschnitzte Gesichter voller Melancholie aus den Bildern blicken.

Piero und Lorenzo de' Medici – Höfische Kunst in Florenz

Ab etwa 1450 setzen sich neue künstlerische Richtungen in Florenz durch. Eine zentrale Rolle spielt die Ausstattung des 1456 vollendeten Familienpalastes der Medici. Nach der Dominanz der jungen Renaissancekunst in der ersten Hälfte des Quattrocento, die den Aufstieg der Medici zur Macht begleitete, treten mit Cosimos Sohn **Piero** (1416–1469) dekorative Auffassungen in den Vordergrund. Die wichtige Handelsniederlassung der Medicis in Brügge erleichtert den Ankauf niederländischer Kunst. Höhepunkte des Kunstimports sind die Ankäufe großformatiger Altarbilder wie des *Portinari-Altars* von Hugo van der Goes oder des *Jüngsten Gerichts* von Hans Memling, welches nach der Kaperung des Transportschiffes durch die Hanse nach Danzig gelangt, wo es noch im Nationalmuseum zu sehen ist.

Flandrische Teppichserien schmücken mit profanen Themen aus der ritterlichen Welt die Wände des Palazzo Medici neben zeitgenössischen florentinischen Kunstwerken. **Benozzo Gozzoli** (1420–1497) trägt dem neuen Trend 1459 mit den farbenprächtigen, goldglänzenden Fresken der Palastkapelle in idealer Weise Rechnung.

Die Brüder **Antonio** (1432–1498) und **Piero del Pollaiuolo** (1443–1496) steuern einen *Herkules-Zyklus* für den Hauptsaal des Palastes bei. Paolo Uccello (s. S. 39) vollendet seinen Zyklus der *Schlacht von San*

Unter **Allegorie** versteht man die Zurschaustellung von eigentlich nicht darstellbaren begrifflichen oder gedanklichen Vorstellungen im Bild. Das Dargestellte wird mit einem Sinn belegt. Der unanschauliche Sinn wird durch die Darstellung illustriert. Seit der Renaissance sind Allegorien ein beliebtes Mittel, um über Rückgriffe auf Themen der antiken Mythologie dem Herrscher zu huldigen. Ein beliebtes Motiv ist das Goldene Zeitalter, das literarisch auf die Metamorphosen des römischen Dichters Ovid zurückgeht. Im Goldenen Zeitalter befindet sich die Menschheit auf der höchsten Stufe der Glückseligkeit, weil die Welt vom weisesten aller Herrscher regiert wird.

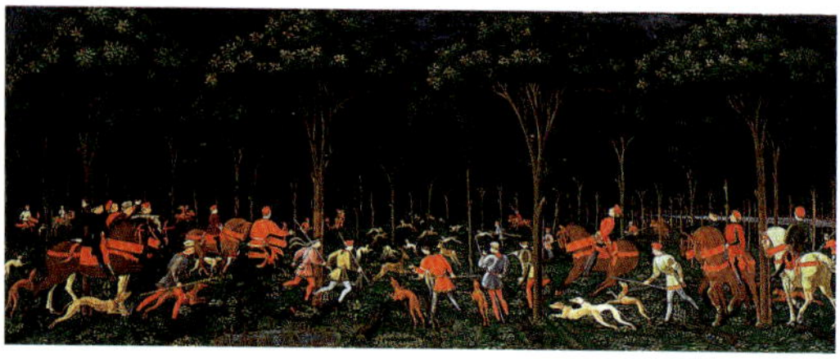

Paolo Uccello, **Die Jagd**, um 1470–75, Tempera mit Öl auf Holz, 75 x 178 cm (Ausschnitt), Ashmolean Museum, Oxford.
Von den Bäumen im Vordergrund erstreckt sich der Bildraum nach konsequent angewandten Regeln der Perspektive. Die quirligen bunten Figürchen, Pferde und Hunde tragen zur heiteren Grundstimmung des Bildes bei. Uccellos Tafel war vielleicht ursprünglich als besonderer Schmuck in die Wandvertäfelung eines Palastzimmers passgenau eingefügt.

Romano (begonnen bereits 1444, vollendet für den Palazzo Medici um 1455; heute National Gallery, London; Uffizien, Florenz; Louvre, Paris), der ein unbedeutendes Scharmützel zwischen Florenz und Siena aus dem Jahr 1432 auf drei Tafeln großformatig in Szene setzt. Entscheidend für die Themenwahl ist, dass die Schlacht einen wichtigen Moment im Aufstieg der Medici zur Macht bedeutet. Uccello trägt dem gewandelten Geschmack Rechnung, indem er die Hintergrundlandschaften wie eine Tapisserie flächig anlegt. Wie bei Gozzoli finden sich auch hier Goldauflagen, die Gewand- und Rüstungsteilen im Kerzenlicht schimmernden Glanz verleihen. In der späten *Jagd*, seinem vielleicht schönsten Bild, gelingt Uccello ein beglückender Ausgleich der atmosphärisch dichten Waldlandschaft und einer konsequent durchgeführten perspektivischen Erschließung der Bildtiefe.

Geistiges Zentrum und nur wenigen Gästen zugänglicher privatester Raum des Medici-Palastes ist neben der Kapelle das *Studiolo:* In dem kleinen Zimmer am Ende der zentralen Raumfolge des Hauses bewahrt der Hausherr humanistische Schriften, antike Münzen, Gemmen und Glasgefäße auf, die er ausgewählten Gästen zeigt. Fast jeder größere Palazzo Italiens verfügt in der Folgezeit über einen solchen Raum; das Studiolo ist die Vorform aller späteren Museen, zugleich aber auch ein Rückzugsort zum Studium und zur philosophischen Diskussion.

Pieros Sohn Lorenzo de' Medici (1449–1492), genannt »Il Magnifico«, »der Prächtige«, vollzieht unter dem Einfluss der neuplatonischen Philosophen **Cristoforo Landino** (1424–1498), **Marsilio Ficino** (1433–1499) und **Pico della Mirandola** (1463–1494) in der Platonischen Akademie die Wende zu einer geradezu antiquarischen Treue der künstlerischen Interpretation. Die frühen Skulpturen Michelangelos, der in diesem Milieu groß wird, zeigen dies. Es ist die Zeit der großen Allegorien **Sandro Botticellis** (um 1415–1510). Über den Lehrer **Filippo Lippi** (um 1406–1469) mit der dekorativen, schönlinigen Tradition des Quattrocento verbunden, wird Botticelli nicht nur mit populären Madonnendarstellungen bald erfolgreich. Im Umkreis der Medici schafft er sich einen Ruf als Illustrator komplizierter humanistischer Programme, die wie im Bild *Primavera (Der Frühling)* bis heute nicht überzeugend entschlüsselt sind. Auch als Buchmaler (Illustration von Dantes »Göttlicher Komödie«, Kupferstichkabinett, Berlin) wie als Porträtist ist Botticelli erfolgreich. Seine *Geburt der Venus* (Ausschnitt auf dem Umschlag des Buches) wurde geradezu eine Ikone aller Italientouristen. Sein Schüler **Filippino Lippi** (um 1457–1504) entwickelt den Stil Botticellis bald in Richtung eines kleinteiligen Manierismus weiter.

Domenico Ghirlandaios (1449–1494) Freskenzyklen wirken bodenständiger, weniger poetisch durchdrungen als das Werk Botticellis. Man sollte sich jedoch nicht täuschen: Die *Fresken in der Sassetti-Kapelle* sind in

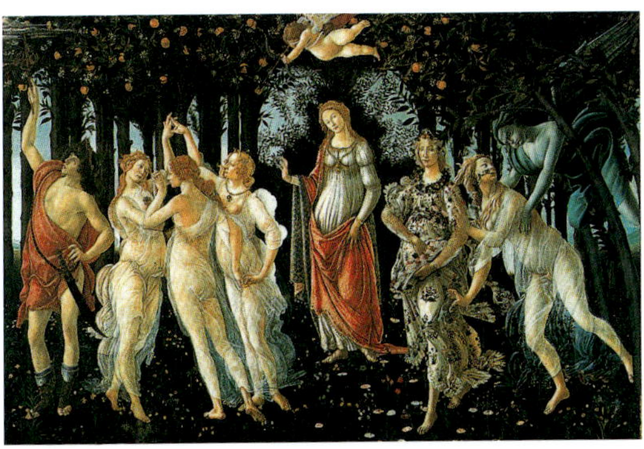

Sandro Botticelli, **Primavera (Der Frühling)** (Ausschnitt), um 1482, Tempera auf Holz, 203 x 314 cm, Galleria degli Uffizi, Florenz. In diesem meisterhaften Tafelbild verbinden sich philosophischer Gehalt, Menschenauffassung der Renaissance und Detailreichtum des Nordens.

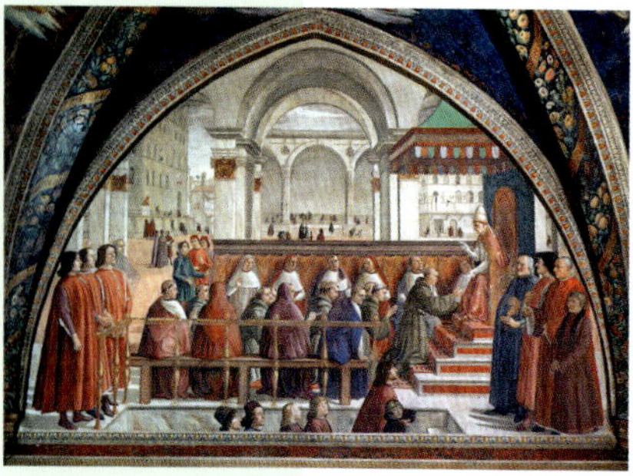

Domenico Ghirlandaio, **Die Bestätigung der Ordensregel durch Papst Honorius III.**, um 1482–86, Fresko, S.Trinità, Sassetti-Kapelle, Florenz.
Für die Zeitgenossen ist Ghirlandaio der Garant für ausgewogene Kompositionen, exzellente Porträts der Florentiner Gesellschaft, die er in seine Wandmalerei integriert, sowie eine zurückhaltend abgestimmte Farbigkeit. Lorenzo de' Medici ist rechts mit schwarzen Haaren dargestellt und empfängt Gäste, genauso wie der Papst hinter ihm dem hl. Franziskus Audienz gewährt - eine ziemlich freche Aktualisierung. Im Hintergrund verweist die Loggia dei' Lanzi auf Florenz und nicht etwa Rom (wie in der Franziskuslegende) als Ort des Geschehens.

der souveränen Ausgestaltung eines ausgeklügelt theologisch-humanistischen Programms ganz auf der Höhe der Zeit. Ghirlandaio versteht es, antike Motive, religiöse Themen und Menschen seiner Zeit unaufgeregt und souverän miteinander zu verbinden. Auch die religiösen Zyklen wirken wie profane Gesellschaftsbilder. Der Kulturwissenschaftler Aby Warburg hat ihr eine ausführliche Studie gewidmet, die zu den Gründungswerken der modernen Kunstwissenschaft zählt (s. S. 172).

Ghirlandaio als Lehrer Michelangelos sowie **Andrea del Verrocchio** (1435–1488) als Lehrer Leonardo da Vincis stehen künstlerisch bereits an der Schwelle zur Hochrenaissance. Politisch markieren zwei Ereignisse das Ende der Frührenaissance in Florenz. Nach dem Tod Lorenzos 1492 wird der Medicipalast geplündert, eine demokratische Stadtregierung vertreibt 1494 die Familie aus Florenz. Als Gegenreaktion auf den Musenhof Lorenzos etabliert der Mönch Savonarola ein theokratisches Regime. Bilder und andere Zeugnisse irdischer Eitelkeit werden verbrannt. Die vergeistigte Strenge seiner Herrschaft, vor allem aber dann die Hinrichtung Savonarolas 1498 wirken traumatisch in der Kunst nach, so im Spätwerk Botticellis, das in seiner formalen wie religiösen Starrheit in nichts mehr an die frühlingshaften Allegorien der mediceischen Zeit erinnert.

Die Kunst der italienischen Höfe – Pisanello und Mantegna

Die meisten Künstler des Quattrocento sind in verschiedenen Städten aktiv, beispielsweise die Florentiner Donatello in Padua, Andrea del Castagno in Venedig, Filippo Lippi in Spoleto und Paolo Uccello in Urbi-

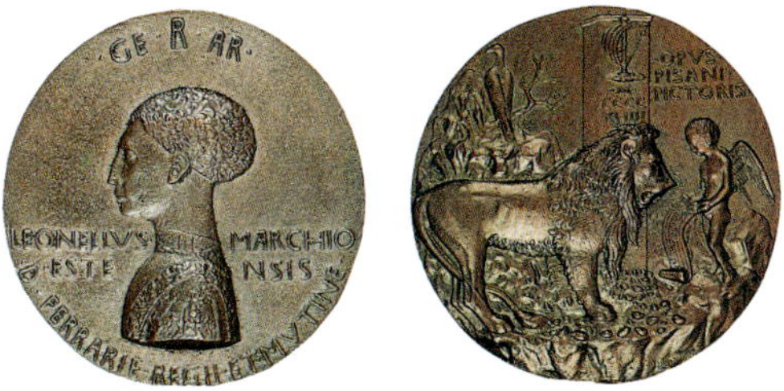

Pisanello, **Porträtmedaille des Lionello d'Este** (Vorder- und Rückseite), 1441–42, Bronze, Durchmesser 10,3 cm. National Gallery of Art, Washington.

no. Dies relativiert den sonst auf Florenz konzentrierten Blick der Kunstgeschichte. Zudem wandern viele Maler von Hof zu Hof, wo künstlerische Freiheit und ein finanziell abgesichertes Leben im Hofstaat locken. Der Maler wird auch mit genauen Wünschen der Auftraggeber konfrontiert; und er hat naturgemäß immer den Ruhm des Fürsten mit seinen Bildern zu mehren. Der Hofmaler steht im Spannungsfeld von Geben und Nehmen.

Das Porträt ist ein wichtiger Geschenkartikel im diplomatischen Tagesgeschäft. **Pisanello** (um 1395 – um 1455) erfüllt mit seinen detailgenauen Porträtmedaillen diesen Zweck optimal, weil diese im Gegensatz zum Tafelbild vervielfältigt werden können. Auf der Rückseite verbildlicht er die *Impresen,* intellektuell verschlüsselte Sinnsprüche der einzelnen Herrscherinnen und Herrscher. Das Geheimnis des Fürstenlobs materialisiert sich so in einer leicht verschickbaren Bronzescheibe. Pisanello ist auch als Freskomaler ritterlicher Szenen und religiöser Themen erfolgreich; seine detaillierten Pflanzen-, Tier- und Figurenstudien dokumentieren das erwachte Interesse der Renaissance am intensiven Naturstudium.

Andrea Mantegna (1431–1506) ist ab 1459 als Hofmaler der Gonzaga in Mantua tätig. Sein Antikenstudium vermittelt ihm die Motive, Mantegnas Malstil erinnert in der kristallinen Auffassung

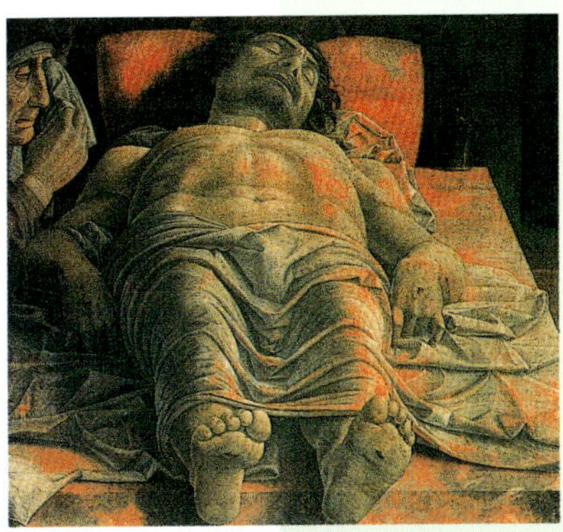

Andrea Mantegna, **Toter Christus,** um 1480, Tempera auf Leinwand, 66 x 81 cm, Pinacoteca di Brera, Mailand.
Die extreme Verkürzung in der Darstellung des toten Christus kann sowohl als artistisches Kunststück wie als Endpunkt in der Entwicklung des mittelalterlichen Andachtsbildes gesehen werden. Das Bild wurde wegen der perspektivischen Meisterschaft sogleich berühmt. Reflexe lassen sich in der deutschen Kunst nach 1500 nachweisen. Albrecht Dürer wird das Bild gekannt haben und muss wohl sehr beeindruckt gewesen sein, da seine Schüler das Motiv aufgreifen.

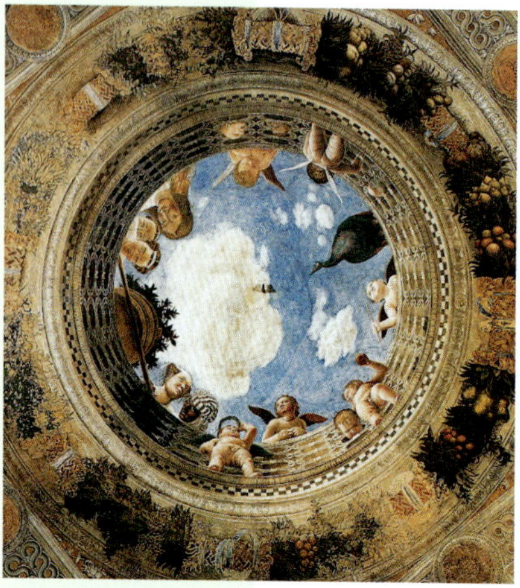

Andrea Mantegna, **Camera degli Sposi** (Ausschnitt), 1465–74, Fresko, Palazzo Ducale, Mantua.
In einem der schönsten, komplett ausgemalten Räume des Quattrocento öffnet Mantegna erstmals die Decke mit einem Ausblick in den Himmel.

der klaren Figurenumrisse an antike Reliefs. Folgerichtig fertigt er eine Reihe von Bildern in *Grisaille,* einfarbiger Malerei in Grauabstufungen. Mantegna experimentiert mit vielen Kompositions- und Bildformen und erzielt zukunftsweisende Lösungen, so etwa in der *Camera degli Sposi*, dem Gründungswerk neuzeitlicher, illusionistischer Malerei *(Trompe l'œil).* Mantegnas Werk wirkt vor allem in Venedig weiter, etwa bei seinem Schwiegersohn Giovanni Bellini, der die Bilderfindungen ins 16. Jahrhundert vermittelt.

Das homogenste Bild von italienischer Hofkunst der Renaissance vermittelt Urbino unter **Federico da Montefeltro** (1422–1482). Als *condottiere,* dem je nach Marktsituation von der einen oder anderen Seite zu mietenden Feldherrn, zu Geld gekommen, versammelt Federico Philosophen, Literaten, Mathematiker und bildende Künstler an seinem Musenhof. Die Buchmalerei floriert, zur Ausstattung seines Palastes und der Kirchen holt er u. a. den niederländischen Maler **Joos van Wassenhoove** (auch genannt **Justus van Gent,** um 1435 – nach 1480), den spanischen Maler **Pedro Berruguete** (um 1450–1503/04), **Paolo Uccello** aus Florenz sowie vor allem **Piero della Francesca** nach Urbino.

Piero della Francesca

Piero della Francesca (1415/20–1492) ist eine der rätselhaftesten Gestalten des italienischen Quattrocento. Wenige Lebensdaten erlauben eine nur vage Vorstellung vom Schaffen des Malers zwischen Sansepolcro, Florenz, Rimini, Arezzo und Urbino. Über Jahrhunderte fast vergessen – wie übrigens auch Uccello –, gebührt Roberto Longhi das Verdienst, ihn bereits 1914 ins Bewusstsein gerückt und in seinen überragenden Qualitäten gewürdigt zu haben: Piero hinterließ der Welt der Malerei ein Werk, »das von der literarischen Kritik mit Unzugänglichkeit, Hochmut, Hieratik verwechselt wurde, während es doch nicht anderes ist als die Poesie einer vollkommenen, kristallinen Welt«. (R. Longhi)

Pieros Bilderwelt ist still und hermetisch abgeschlossen, der Betrachter hat nicht den Eindruck, sein Raum sei nur durch das »offene Fenster« Albertis vom Bildraum getrennt. Pieros Kunst drängt nicht auf eine Erweiterung des Betrachterraums, er stellt vielmehr Räume her, die er zwar nach perspektivischen Gesetzen entwirft, diese aber so variiert, dass sich eine künstlich und künstlerisch gestaltete Welt auftut. Der Umgang mit Farben, Flächen und Räumen im Bild verstärkt den Eindruck des Artifiziellen. Die Figuren füllen einerseits, von vereinfachten Umrissen begrenzt, plastische Volumina aus, zugleich verfügen sie über hohe farbige Flächenwerte. Damit schieben sich die verschiedenen Raumschichten zu einem zweidimensionalen flächigen Farbmosaik zusammen. Die Aufteilung der Farben spielt eine große Rolle, sehr deutlich in der *Madonna del Parto,* wo nicht nur die Engel seitenverkehrt identisch angelegt sind, sondern auch die Farben ihrer Gewänder und Flügel in genauer Symmetrie korrespondieren. Die faszinierende, scheinbare Abgeschlossenheit der Bilder, insbesondere des Hauptwerks, der *Legende vom Heiligen Kreuz* in der Franziskanerkirche von Arezzo, oder der *Madonna* der Mailänder Brera (um 1470/75) führte dazu, dass die Forschung des 20. Jahrhunderts über die Inhalte und Auftraggeber spekuliert hat. So hat man in den irritierenden Begleitfiguren des biblischen Geschehens der *Geißelung* Appelle für eine Intervention des Westens zur Rettung Konstantinopels sehen wollen oder Hinweise auf tagespolitische Ereignisse vermutet. Vielversprechender ist die Lektüre von Pieros Schrift *De prospectiva pingendi* (Über die Perspektive), in der er seine Bildkonzeption erläutert.

Piero della Francesca, **Der Traum Konstantins,** um 1460?, Fresko, S. Francesco, Hauptchorkapelle, Arezzo. Der Engel schwebt von links oben heran und bedeutet dem schlafenden Kaiser, dass er am nächsten Morgen in der Schlacht gegen den Rivalen Maxentius im Zeichen des Kreuzes siegen wird. Für Piero Grund genug, die Szene in ein gleißendes Schlaglicht zu tauchen, das vom Engel ausstrahlt.

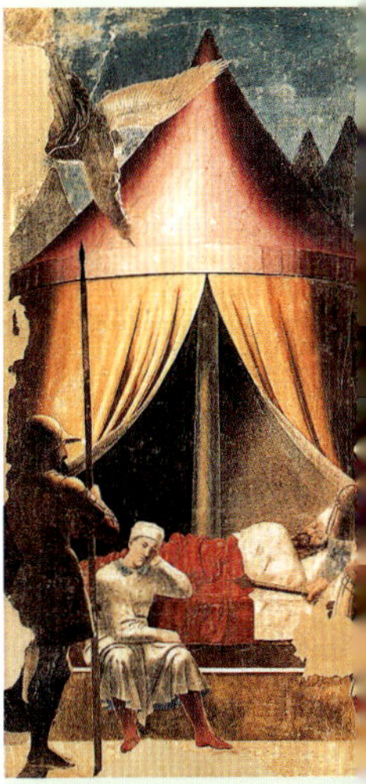

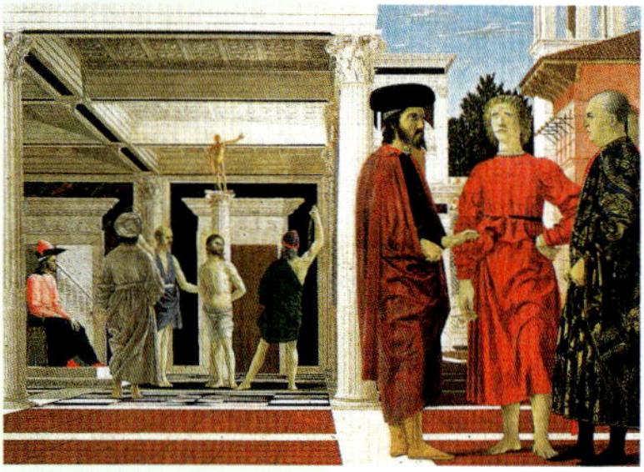

Piero della Francesca, **Geißelung Christi,** um 1458–60?, Tempera auf Holz, 58,4 x 81,5 cm, Galleria Nazionale delle Marche, Urbino. Lediglich die verhangenen Blicke von Pieros Figuren stellen den direkten Kontakt mit dem Betrachter her, verweigern sich aber gleichzeitig in ihrer zeitlosen Melancholie.

Der Beginn der Ölmalerei in Venedig – da Messina und Bellini
Die Malerei des venezianischen Trecento richtet sich deutlich an byzantinischen Mustern aus. Dies erklärt sich aus den über Jahrhunderte gewachsenen Handelsbeziehungen mit dem östlichen Mittelmeerraum und dem Orient.
Eine regionale Eigenart sind vielfigurige Altarbilder *(Polyptychen),* die von flammend-spätgotischem Schnitzwerk gerahmt werden.

Diese Tradition wird im Quattrocento von der Malerfamilie **Vivarini** fortgesetzt, und auch der junge **Giovanni Bellini** (um 1430–1516) knüpft hier an. Er durchläuft in seinem Schaffen alle Varianten der Renaissance bis zu seinem grandiosen Spätwerk, das mit seiner Ruhe und Ausgewogenheit der Hochrenaissance zugerechnet wird (s. S. 69).

Anstöße von außen sind für die venezianische Malerei von Bedeutung. Florentinische Künstler vermitteln die Perspektivtechnik dorthin, Mantegna und Bellini treten in einen künstlerischen Diskurs, welcher die unterschiedlichen Stile beider Künstler eher vertieft als sie einander annähert. Bellini entwickelt das spätmittelalterliche Andachtsbild weiter, reduziert das Figurenpersonal zugunsten einer konzentrierten religiösen Aussage und bettet die Szenen in weite, atmosphärische Landschaften ein. Gerade letzteres ist ebenso zukunftsweisend wie die perspektivischen Entdeckungen der Florentiner.

Giovanni Bellini, **Maria mit Kind,** um 1468, Öl auf Leinwand, 85 x 115 cm, Pinacoteca di Brera, Mailand.

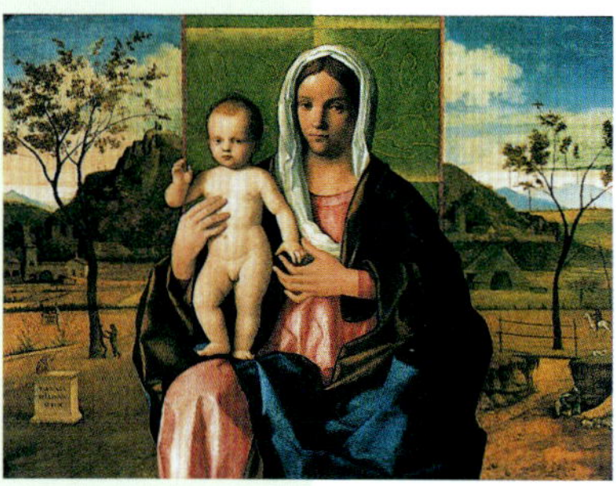

Hinzu kommen nordische Vorbilder, die durch **Antonello da Messina** (um 1430–1479), der die niederländische Malerei in Neapel kennengelernt hat, vermittelt werden. Obwohl Antonello nur kurz in

Venedig weilt, hinterlässt seine Kunst dort einen gewaltigen Eindruck. Seine konzentrierten, auf das Wesentliche reduzierten Bilder verbinden italienische Physiognomie mit niederländischem Realismus. Er verwendet erstmals in Italien in breitem Umfang die Ölmaltechnik des Nordens und gewinnt damit Glanz und Tiefe. Dies muss Bellini begeistert haben, da ihm daran gelegen ist, die Figuren im atmosphärischen Raum aufgehen zu lassen. Leonardos berühmtes *Sfumato,* das »Verrauchen« der Umrisse, kündigt sich bei ihm bereits an. **Gentile Bellini** (1429–1507) und **Vittore Carpaccio** (um 1460/65–1523/26) gehen einen anderen Weg: In ihren Zyklen von Heiligenlegenden geben sie ein lebendiges Bild des Alltagslebens in Venedig und bereichern dies mit fantastischen Architektur- und Landschaftsszenerien.

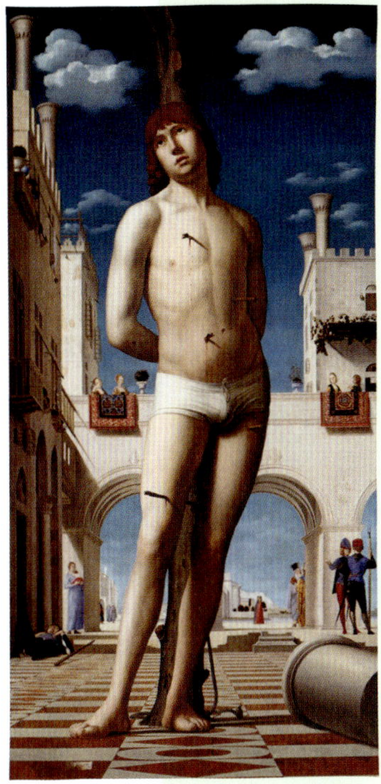

Antonello da Messina, **Martyrium des hl. Sebastian,** um 1476, Öl auf Leinwand, von Holz übertragen, 171 x 85 cm, Staatliche Kunstsammlungen, Gemäldegalerie, Dresden.
In diesem Bild verbindet sich das italienische Perspektivbild mit dem Detailreichtum der Niederländer. Da Messina platziert einige Kunststückchen, wie den extrem verkürzten Mann links, ein Zitat nach Mantegnas *Totem Christus.* Meisterhaft ist die Wiedergabe von Licht und Schatten.

Die **Temperamalerei** (von ital. *temperare*, mischen) bleibt die gängige Technik der Tafelmalerei bis um 1440 (Niederlande) und 1500 (Italien). Das Verfahren ist bereits in der mittelalterlichen Wandmalerei gebräuchlich. Farbpigmente werden mit Wasser und einem Bindemittel (Ei oder Öl unter Zusatz von Honig, Milch oder Leim) vermischt und in mehrerer Schichten aufgetragen. Nach dem Trocknen ist die Farbe nicht mehr wasserlöslich, was vielleicht ein Grund dafür ist, dass in Tempera gemalte Bilder oft linear angelegt und von den Bildumrissen bestimmt sind. Bildträger ist meist die Holztafel, welche bei größeren Formaten aus mehreren vorbehandelten Brettern getischlert wird. Eine Deckschicht von transparenten Harzen (Firnis) verleiht dem Bild einen Glanz, der jedoch nicht mit der farblichen Tiefe der Ölfarbe vergleichbar ist, von der die Temperamalerei, eingeleitet durch Antonello da Messina, allmählich abgelöst wird.

Eine Welt im Umbruch

Um das Jahr 1500 befindet sich die Welt in einer Umbruchphase, die das Selbstverständnis der Menschen erschüttert. Die Entdeckung Amerikas durch Kolumbus 1492 bedeutet den Abschied von der Scheibenform der Erde. Kopernikus stellt 1512 die Sonne ins Zentrum der sichtbaren Welt. Diese Erkenntnisse rütteln an den Grundlagen der Theologie und ereignen sich parallel zur größten Krise der Kirchengeschichte: Luthers Thesenanschlag an der Schlosskirche von Wittenberg 1517 markiert den Beginn der Reformation. Zudem löst sich die Gesellschaftsordnung des Mittelalters auf. Während die Humanisten noch verunsichert auf die vielfältigen Veränderungen reagieren, entlädt sich die Wut der unteren Klassen in den Bauernkriegen 1524 bis 1525.

Irrationale Welterlösungsmodelle und Endzeitvisionen sind in Europa gegenwärtig. Savonarola war mit seinem Modell eines Gottesstaates 1498 gescheitert. Die katholische Kirche verstärkt ihrerseits den Druck in dieser Krisensituation: Hexenverfolgung und Inquisition werden in trauriger Weise Bestandteil des Alltags.

Der Philosoph Macchiavelli antwortet mit einem noch heute schockierend rationalen Verständnis von Welt und Herrschaft und begründet das moderne politische Denken, vor allem auch vor dem Hintergrund des Einmarschs des französischen Königs Karl VIII., durch den das fragile System italienischer Kleinstaaten wie ein Kartenhaus zusammengestürzt war.

1492 werden die letzten Mauren – und alle nicht konvertierten Juden – aus Spanien vertrieben. Im Osten drängen die Osmanen über den Balkan Richtung Westen und gefährden die venezianischen Besitzungen in der Ägäis sowie den Mittelmeerhandel. In Europa selbst konsolidieren sich die großen Staaten England und Frankreich. Mit der Aufteilung des Habsburgerreiches 1556 an den Sohn Philipp II. (Spanien, Niederlande, Kolonien in Übersee) und den Bruder Ferdinand I. (Habsburger Kernlande und Kaiserkrone) akzeptiert Kaiser

1455
Erfindung des Buchdrucks mit beweglichen Lettern durch Johannes Gutenberg
1483–1515
Karl VIII. und Ludwig XII. von Frankreich erheben als Erben der Anjou Ansprüche auf Mailand und Neapel.
1483–1546
Martin Luther
1489
Publikation des »Malleus maleficarum«, des »Hexenhammers«, der Kölner Dominikaner Institutoris und Sprenger als Grundlage für die Hexenverfolgungen
1493–1515
Maximilian I. vergrößert die habsburgischen Gebiete um Burgund und Oberitalien.
1509–1541
Heinrich VIII. von England
1511–1525
Jacob Fugger finanziert die Kaiserwahl Karls V.
1513–1521
Papst Leo X. (ein Medici) forciert das Ablasssystem, Raffael beendet die Ausmalung der Stanzen im Vatikan.
1515–1547
Franz I. von Frankreich
1517
Thesenanschlag in Wittenberg
1519–1521
Eroberung des Aztekenreichs durch Cortez
1519–1556
Kaiser Karl V.
1521
Reichstag zu Worms, Luther wird mit der Reichsacht belegt.
1522
Luthers erste deutsche Bibelübersetzung
1524–1525
Bauernkrieg in Deutschland
1531–1534
Eroberung des Inkareiches durch Pizarro
1534
Bestätigung der anglikanischen Staatskirche durch das englische Parlament, Gründung des Jesuitenordens in Rom
1541
Genfer Kirchenordnung des Johann Calvin
1555
Augsburger Religionsfriede, Verfestigung der konfessionellen Spaltung
1556–1598
Philipp II. von Spanien
1558–1603
Elisabeth I. von England
1571
Mit der Seeschlacht von Lepanto werden die Türken im Mittelmeer zurückgedrängt.
1572
Bartholomäusnacht in Paris
1582
Kalenderreform unter Papst Gregor XIII.
1588
Vernichtung der spanischen Armada vor England
1589–1610
Heinrich IV. von Frankreich
1600
Giordano Bruno wird als Ketzer in Rom verbrannt.

Karl V. die Tendenz zur Nationalstaatenbildung. In seinem Reich geht die Sonne nun unter. Die Kämpfe um die Vorherrschaft in Europa werden auf dem Boden Italiens ausgetragen. Mit dem *Sacco di Roma* von 1527, der blutigen Eroberung Roms und Festsetzung des mediceischen Papstes Clemens VII. durch die katholischen Truppen Kaiser Karls V., endet abrupt das diesseitsbetonte Papsttum der Renaissance.

Renaissance und/oder Manierismus?

Die Künstler reagieren auf die politischen, philosophischen und gesellschaftlichen Umwälzungen auf unterschiedliche Weise. Die Maler der italienischen Hochrenaissance blenden die tagespolitischen Ereignisse aus und schaffen eine abgeklärte, in sich ruhende, ideale Kunst, die noch einmal die Tradition der Antike mit den Errungenschaften des Quattrocento in einer großen Synthese verbindet. Der Begriff der Hochrenaissance lässt sich nur schwer definieren. Alle Maler Italiens setzen sich nach 1510 mit antiklassischen Tendenzen auseinander und spiegeln – um einen Begriff Vasaris zu nutzen – eine bestimmte *maniera*, Machart, in ihren

Giorgio Vasari (1511–1574) ist jedem Florenzbesucher als Architekt der Raumschlucht der Uffizien bekannt (1559). Weniger präsent ist der Maler Vasari, der über die Neuausstattung der Bettelordenskirchen S. Maria Novella und S. Croce zwiespältig in Erinnerung bleibt. Von unschätzbarer Bedeutung sind hingegen die **»Viten«**, seine 1555 erschienenen Lebensbeschreibungen der italienischen Künstler bis Michelangelo. Diese Quelle ist bis heute zentrales Referenzwerk jeder Beschäftigung mit italienischer Kunst. Hier werden viele, mittlerweile verlorene Kunstwerke noch beschrieben. Vasari entwickelt das geschichtsphilosophische Konzept einer Entwicklungsgeschichte der Kunst, das bis zur Philosophie Winckelmanns und Hegels wirkt. Für Vasari beginnt die Kunst nach dem dunklen, gotischen Mittelalter mit Cimabue und Giotto. Mit dem Dreigestirn Leonardo, Raffael und Michelangelo habe die Kunst ihren endgültigen Höhepunkt erreicht und sei damit faktisch abgeschlossen. Danach konnte nur noch der Verfall kommen; eine Sichtweise, die bis in das 19. Jahrhundert erhalten bleibt. Vasari erkennt das Problem und erweitert die zweite Ausgabe (1568) um kritische Anmerkungen. Ein Künstler, der – so Vasari – nur Michelangelo kopiere, brächte zwangsläufig ein trockenes, einfallsloses Werk hervor. Er solle deshalb die ihm eigenen Qualitäten entwickeln. Vasari öffnet hiermit gleichsam eine Hintertür für die Zukunft der Malerei. Die Logik und Folgerichtigkeit der Argumente sind in der Tat verblüffend, ebenso wie die sorgfältigen Recherchen (was nicht heißt, dass jedes Detail heute noch Bestand hat). Vasari sieht als Erster die Künstler vor der Folie des jeweiligen künstlerischen und historischen Umfelds. Er besteht zwar auf seinen absolut gesetzten Kriterien künstlerischer Qualität, gibt aber zu bedenken, dass Giotto, wenn er denn zur Zeit Raffaels gelebt hätte, möglicherweise ohne Erfolg geblieben wäre. Dieser Ansatz verdeutlicht auch das Ausmaß von Vasaris Reflexion auf künstlerische Kriterien. Mit dem viel zitierten Schlagwort vom *disegno* benennt er nicht nur die vorbereitende Umrisszeichnung, sondern die intellektuelle Leistung des Künstlers, bevor er die *invenzione*, die Bilderfindung, in einer bestimmten persönlichen *maniera* zu Papier bringt bzw. auf das Fresko oder Ölbild überträgt. Diese Betonung der schöpferischen Leistung enthebt den Künstler der Sphäre des Handwerkers und begründet seine neue soziale Stellung.

Werken. Heute verstehen wir unter Manierismus jene spannende Reaktion von Literatur, Malerei, Skulptur und Architektur auf die veränderten Rahmenbedingungen, die sich den auf Proportion und Harmonie aufgebauten Normen und Formen der Renaissance widersetzt. Weist bereits die sogenannte Kunst der Hochrenaissance manieristische Tendenzen im Werk der Großmeister Leonardo, Raffael und Michelangelo auf, so explodieren die verschiedenen Möglichkeiten von Manierismus nach 1520.

Der Manierismus ist dabei kein einheitlicher europäischer Stil, sondern einigt die Künstler in ihrem irritierenden, formal immer ungewöhnlichen Blick auf die Dinge. Die Kunst wird so kompliziert wie ihr historisches Umfeld. Erst mit der Gegenreformation wird sie im Barock wieder klarere Positionen beziehen. Die deutschen Maler um Dürer leisten von 1500 bis 1520 eine Synthese aus der Kunst des Nordens und Südens und bedienen das aufstrebende Bürgertum der süddeutschen Städte mit Porträts und bildlichen Formulierungen, die ihrer Weitläufigkeit entsprechen.

Modernstes Medium wird die Druckgrafik, deren überlegter Einsatz den Lutheranern einen unschätzbaren medientechnologischen Vorsprung verschafft. Die für die protestantischen Fürsten und Städte arbeitenden Künstler versuchen – mit nur mäßigem künstlerischem Erfolg –, eine religiöse Bildersprache nach dem Wegfall der katholischen Bildmuster zu erfinden. Ab der Jahrhundertmitte etablieren sich europaweit auf den Trümmern der alten Ordnung frühabsolutistische Staatswesen, deren Monarchen sich in komplizierten manieristischen Allegorien und Bildnissen feiern lassen.

Leonardo

Der Naturforscher, Bildhauer, Architekt, Maler und Theoretiker **Leonardo da Vinci** (1452–1519) verkörpert als ein in allen wissenschaftlichen und literarischen Disziplinen versierter »universaler Mensch« die Ideale des

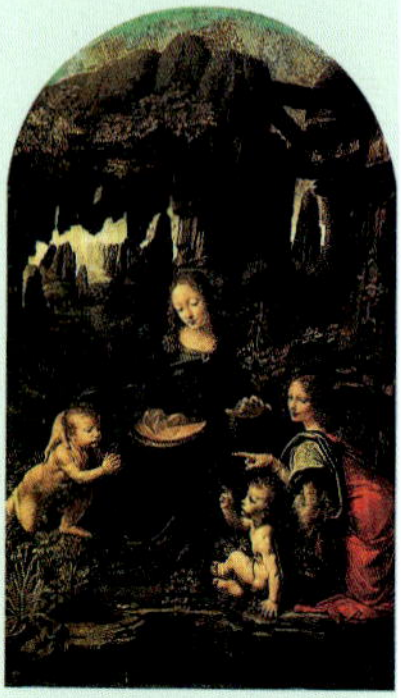

Leonardo da Vinci, **Felsgrottenmadonna,** um 1485, Öl auf Leinwand, von Holz übertragen, 199 x 122 cm, Musée du Louvre, Paris.

intellektuellen Renaissancekünstlers in einzigartiger Weise.

Sein freies Künstlerdasein in Florenz, wo er in der Werkstatt Andrea del Verrocchios groß wird und bereits erste Meisterwerke schafft, tauscht er 1482 gegen ein Leben als Hofkünstler der Sforza in Mailand ein. Einige seiner berühmtesten Werke entstehen hier, darunter das modellhafte *Abendmahl,* um 1495/97. Von 1500–08 ist Leonardo erneut in Florenz, wo er 1503–06 an dem Fresko der *Schlacht von Anghiari* (zerstört) arbeitet, pikanterweise in direkter Nachbarschaft zu seinem Erzrivalen Michelangelo, der für denselben Raum des Palazzo Pubblico (heute Palazzo Vecchio) die *Schlacht von Cascina* vorbereitet (ebenfalls zerstört). In die zweite Florentiner Zeit fällt auch das legendäre Porträt der *Mona Lisa*. Die Konturen der Figur »verrauchen« in der körperlich erfahrbaren Atmosphäre einer gedämpften Farbigkeit, dem *Sfumato,* das Figur wie Landschaft umhüllt. Dies entspricht Leonardos Theorie, menschliche Gefühle wie Landschaftsfor-

Die **Sixtinische Kapelle** des Vatikans wird als schlichter Saalraum 1473–84 im Auftrag von Papst Sixtus IV. erbaut – daher der Name. Mit ihren Fresken und beweglichen Kunstgegenständen ist sie ein Schatzhaus der italienischen Kunst. Ab 1481 werden die Wände mit einem Moses-Zyklus sowie Szenen aus dem Leben Christi von den bedeutendsten Künstlern des späten Quattrocento freskiert (Botticelli, Perugino, Pinturicchio, Signorelli, Ghirlandaio und Rosselli). Nach Michelangelos Ausmalung der Decke zeichnet Raffael um 1515/16 die riesigen Kartons für einen Tapisserie-Zyklus zu Themen der Apostelgeschichte, der in der Werkstatt von Pieter de Aelst in Brüssel gewebt wird (Kartons im Victoria & Albert Museum, London; Teppiche in der Pinakothek im Vatikan). Mit dem Fresko des Jüngsten Gerichts vollendet Michelangelo die Ausstattung. Die verschiedenen Dekorationsphasen vervollständigen nach und nach ein umfangreiches theologisches Programm: Auf die Genesis (Decke) folgt einen Stock tiefer die Geschichte Moses als des Gesetzgebers für den Alten Bund. Typologisch wird das Leben Christi als die Einlösung der prophetischen und sybillinischen Weissagungen (Einzelfiguren an der Decke) im Neuen Bund Moses gegenübergestellt. Den untersten Wandstreifen schmückten die Teppiche Raffaels bei besonderen Anlässen. Mit Szenen der Geschichte Petri und Pauli verweisen die Teppiche auf den Papst als Stellvertreter Christi, der zudem in diesem Raum gewählt wird. Ikonografisch ungewöhnlich ist das *Jüngste Gericht* an der Altarwand, welches den Anwesenden die letzten Dinge verkündet. Eigentlich gehört es nach mittelalterlicher Tradition an die Eingangswand (z. B. Kathedrale von Torcello, Münster in Breisach).

men seien Resultate kosmischer Bewegung. Beide sind im Mikrokosmos des Bildes gleichsam Ausschnitte aus dem Makrokosmos Welt.

Im Jahr 1516 verlässt Leonardo Italien und wird Hofmaler König Franz I. in Amboise an der Loire, wo er 1519 stirbt. Aus dieser Zeit stammt die *Heilige Anna Selbdritt* (um 1506–13, Louvre, Paris). Die Dreiergruppe verschmilzt mit einer Weltlandschaft, wie sie schon die Hintergründe der beiden Versionen der *Felsgrottenmadonna* und der *Mona Lisa* bestimmt hatte. In der komplizierten Verschränkung der Sitzgruppe, den gegenläufigen Bewegungen der Glieder, entwickelt Leonardo die klassische Pyramidenkomposition der Hochrenaissance manieristisch weiter.

In seinen unzähligen Handzeichnungen und wissenschaftlichen Atlanten versucht er wie kein anderer Künstler vor oder nach ihm, den Gesetzen der Natur, der menschlichen Anatomie, Physiognomik und der idealen Bildkomposition näher zu kommen. Die Bandbreite der Themen reicht von Planskizzen für Festungsbauten bis hin zu Flugobjekten, anatomischen Zeichnungen, Karikaturen und den späten, pessimistischen Wasserlandschaften der Sintflut.

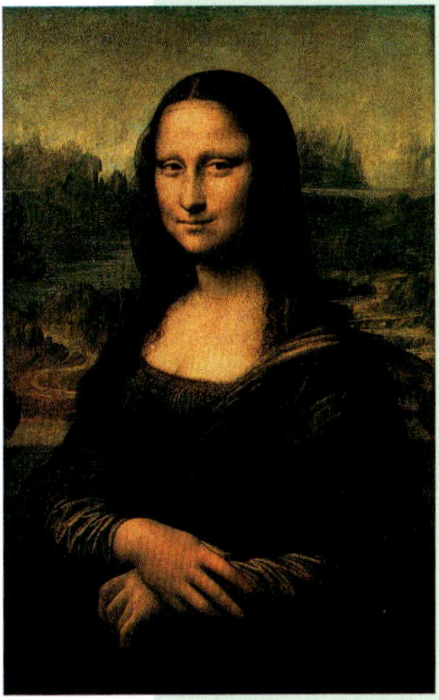

Leonardo da Vinci, **Mona Lisa,** um 1500/2, Öl auf Holz, 77 x 53 cm, Musée du Louvre, Paris. Ein Geheimnis ihres Erfolges sind die subtilen Korrespondenzen der Lisa del Giocondo mit der weiten, verrauchten Hintergrundlandschaft – natürlich auch das unglaubliche Lächeln selbst! Über Abschattierung und Tönung der Farbe erzeugt Leonardo Raumtiefe.

Sein Schüler Francesco Melzi stellt nach Leonardos Tod einen Band von verstreuten theoretischen Texten und Thesen zusammen, der als *Trattato della pittura* berühmt wird. Leonardo ist grundsätzlich der Überzeugung, dass der Künstler nur dann eine eigene malerische Welt schaffen kann, wenn er die physikalischen Naturgesetze ständig hinterfragt und forschend untersucht. Deshalb weist er auch die Perspektivtheorie Albertis als zu einfach zurück. Ihn interessieren die verschiedenen Wirkungen von Licht und Schatten, die er in der Farbperspektive seiner Bilder umsetzt. Viele seiner Werke bleiben unvollendet, weil ihn offenbar der

Bildfindungsprozess vor dem Malen und das Experimentieren mit neuen Maltechniken und Medien weit mehr beschäftigen als letztlich die Ausführung. Im Privaten wie in seinem luxuriösen Lebensstil distanziert sich Leonardo deutlich von der traditionellen Rolle des Malers als Handwerker. Leonardos Einfluss auf die Kunst seiner Zeit ist groß. Insbesondere die Erfindung des Sfumato findet breiten Zuspruch. Die lombardische Malerei des Cinquecento (**Bernardino Luini,** um 1480/90–1532) ist ohne sein Vorbild nicht denkbar.

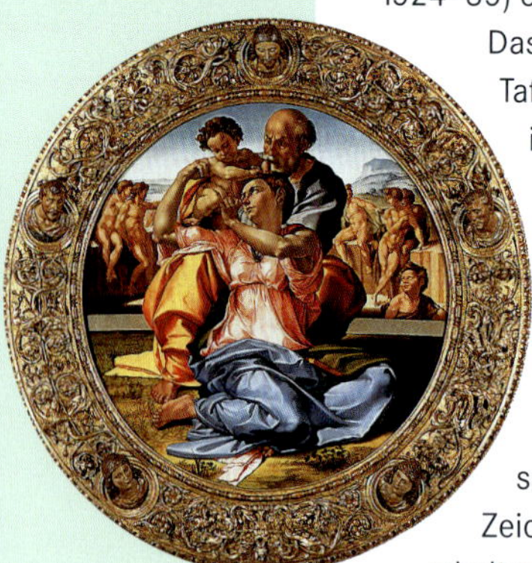

Michelangelo Buonarroti, **Heilige Familie (Tondo Doni),** 1503/7, Tempera auf Holz im Originalrahmen, Durchmesser 120 cm, Galleria degli Uffizi, Florenz. Michelangelo verarbeitet die lange Tradition der Madonnen des Quattrocento. Neu ist die plastische Kompaktheit der Hauptgruppe, deren komplizierte Bewegung im Vergleich mit zeitgleichen Madonnen Raffaels bereits manieristisch anmutet. Die nackten Jünglinge im Hintergrund sind im Werk Signorellis vorgegeben; Michelangelo bezieht sich mehrfach auf den Künstler.

Michelangelo

Der Florentiner **Michelangelo Buonarroti** (1475–1564) verstand sich selbst nicht als Maler oder Architekt, sondern als Bildhauer. In der Tat ist sein *David* (1504, Accademia, Florenz) im heutigen Bewusstsein so präsent wie wohl nur Leonardos *Mona Lisa*; auch machen die zahlreichen Skulpturen wie die *Pietà* im Petersdom (um 1498–1500), der *Moses* (nach 1513, S. Pietro in Vincoli, Rom) oder das *Ensemble der Medici-Kapelle in der Neuen Sakristei von S. Lorenzo* in Florenz (um 1524–35) einen Großteil seines Ruhmes aus.

Das *Tondo Doni* ist vermutlich sein einziges Tafelbild, noch in Florenz entstanden und im Originalrahmen erhalten. Die durch scharfe Linien gegen die klare Luft abgetrennten Körper stehen im schärfsten Gegensatz zur weich verschatteten Malerei Leonardos.

Der Jüngling Michelangelo hatte bereits die Hauptwerke Giottos und Masaccios in Florenz intensiv studiert. Einige Zeichnungen nach deren Fresken haben sich erhalten. Auch wenn die bildhauerische Arbeit im Vordergrund stand, konnte Michelangelo bei seinem Lehrer Ghirlandaio alle wesentlichen Grundlagen der Renaissancemalerei, insbesondere der Freskotechnik, erlernen. Später kommt die Kenntnis der Werke

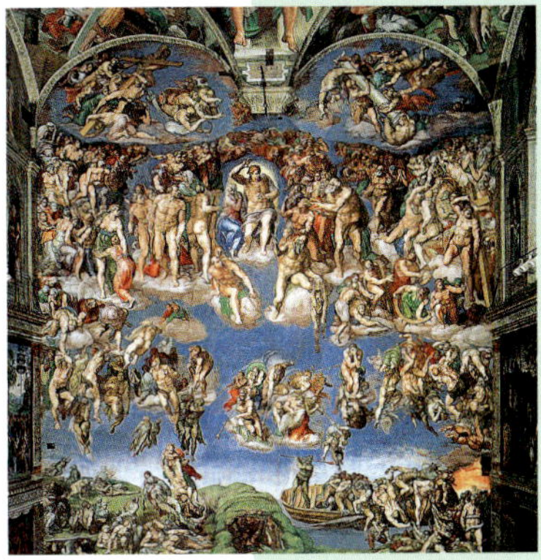

Michelangelo Buonarroti, **Das Jüngste Gericht,** 1534–41, Fresko, 17 x 13,3 m, Sixtinische Kapelle, Vatikanstadt. Der Maler verzichtet auf jede Rahmung oder architektonische Gliederung. Die überwiegend nackten Körper sind im Aufstieg und Fall des apokalyptischen Geschehens in der Fläche angeordnet.

des umbrischen Malers **Luca Signorelli** um 1440/50–1523) hinzu. Im visionären Hauptwerk der Cappella di San Brizio im Dom von Oriveto (1499–1506) präsentiert Signorelli eine Vielzahl von Aktfiguren. Michelangelo wird sich in der Vorbereitung seines *Jüngsten Gerichts* in der Sixtina auf Signorelli beziehen. Eine weitere Quelle der Malerei Michelangelos ist das Antikenstudium, für das er in Rom reiches Anschauungsmaterial vorfindet. Vor allem greift er immer wieder auf den erst kürzlich entdeckten *Torso vom Belvedere* zurück. Die hellenistische Sitzfigur wird das Modell für den Christus im *Jüngsten Gericht*.

Um die Entstehung der gewaltigen *Decke der Capella Sixtina* (1508 begonnen, nach einer Pause 1510/11 im Jahr 1512 vollendet) ranken sich die Legenden. Michelangelo wird 1505 von Papst Julius II nach Rom gerufen, um das grandiose, nie realisierte Grabmalprojekt für den Papst zu beginnen. Julius setzt bald seine Prioritäten anders und erteilt Michelangelo den Auftrag für das Deckenfresko. Michelangelo flieht verärgert aus Rom, söhnt sich aber 1508 mit seinem Mäzen aus. Inwieweit er das gewaltige Werk in so kurzer Zeit mit oder ohne Gehilfen ausführt, bleibt Spekulation.

Die *Sixtinische Decke* (s. S. 9) ist zweifellos ein Meilenstein in der Geschichte der Malerei. Ihre Wirkungsgeschichte reicht über die Barockmalerei bis in die heutige Werbung. Sie ist ein Meisterwerk formalen Gestaltens wie inhaltlicher Durchdringung.

Die Hauptfelder entwickeln sich von kleinteiligen Szenen zu immer großfigurigeren und stärker bewegten; ein Sprung im Maßstab wird durch die fast einjährige Arbeitspause 1510/11 erklärt. Zur letzten Gruppe gehört die Erschaffung Adams, seither ein Synonym für das neue Menschenbild der Renaissance. In der harten

Farbigkeit wirkt die Decke nach der Reinigung der späten 1980er Jahre allerdings nicht mehr so einheitlich: Der Gesamteindruck löst sich in die verschiedenen Einzelfelder und Szenen auf. Dies ist ein betont manieristischer Zug. Erst jetzt wird klar, woher die Florentiner Manieristen wie Rosso, Pontormo oder Bronzino ihre grelle Farbigkeit ableiten, in welchem Verhältnis Michelangelos Werk zum späten Raffael steht: Man kann durchaus behaupten, dass die *Sixtinische Decke* das Gründungswerk des Manierismus darstellt.

Erst 1534 wird Michelangelo mit dem *Jüngsten Gericht* an der Altarwand beauftragt. Die Größenverhältnisse der Personen folgen ihrer Bedeutung im Bild, nicht irgendeiner klassischen Perspektive. Dies ist ein fast mittelalterlicher Zug.

Das Monströse dieses Werkes besteht in seiner den Betrachter überrumpelnden Präsenz im Raum der Kapelle, auch als ein sinnlich überwältigendes Kunstwerk. Die Zeitgenossen haben rasch erkannt, dass es theologisch nur schwer nutzbar ist und lassen Michelangelos Schüler Daniele da Volterra Tücher über die delikaten Stellen malen. Das Fresko markiert somit auch die Krise religiöser Kunst aus Sicht der Kirche, die erst durch die eindeutig auf Verehrung angelegte Barockmalerei wieder gelöst wird.

Michelangelo führt in den eher introvertierten *Spätwerken in der Paolinischen Kapelle,* der Privatkapelle des Papstes im Vatikan (1542–50), diese Entwicklungen noch weiter. Die Fresken sind allerdings wenig bekannt, weil sie nicht öffentlich zugänglich sind.

Für die Freskenzyklen des Vatikan entwickelt Raffael die sogenannte **Groteskenmalerei** (von ital. *grotto*, Grotte): Aus floralen Zierstäben entrollen sich Ornamente, wachsen Tiere und kleine menschliche Figürchen hervor. Raffael verarbeitet die Kenntnis römischer Wandmalereien, die man in der Domus Aurea, dem Palast Neros (nahe dem heutigen Kolosseum) gefunden hatte. Da die römischen Erdgeschossräume durch spätere Aufschüttung des Geländes unter der Erde lagen, hielten die Entdecker diese fälschlicherweise für antike Grotten: deshalb die Bezeichnung »grottesche«.

Raffael

Raffaello Sanzio (1483–1520) komplettiert das seit Vasari klassische Dreigestirn der Renaissance. In Urbino geboren, lernt er in Perugia bei **Pietro Perugino** (1445/48–1523), dessen Altarbilder sanft bewegte Figurenkompositionen mit ruhigen, von der altniederländischen Kunst beeinflussten Landschaften verbinden. Raffaels Frühwerk hebt sich kaum von dem des Meisters ab. Mit der Übersiedlung nach Florenz 1504 lernt er Leonardo und die frühen Werke Michelangelos kennen. In dieser Zeit malt er Madonnen, die in ihren klassischen, pyramidenförmigen Kompositionen das Ideal Peruginos mit der Linearität der Florentiner verbinden. Die Farbigkeit reduziert Raffael auf wenige Töne: Rot, Blau, Grün und Gelb. Die vorbereitenden Feder- und Tuschezeichnungen zeigen sein Ringen um die ideale Form.

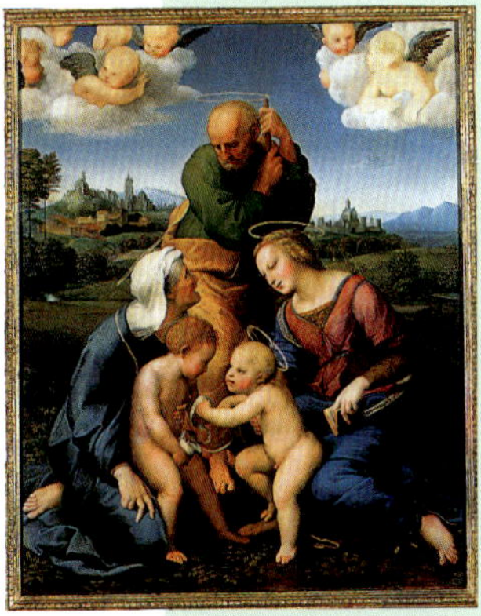

Raffael, **Madonna aus dem Hause Canigiani,** um 1507, Öl auf Holz, 131 x 107 cm, Alte Pinakothek, München.

Die spätere akademische Tradition wird sich über den Barock bis zu den Nazarenern (s. S. 136) des frühen 19. Jahrhunderts immer wieder an diesen modellhaften Werken orientieren. Papst Julius II. ruft Raffael 1508 mit dem Auftrag nach Rom, ihm seine Privatgemächer im Vatikan auszumalen. Diese *Stanzen* begründen mit Michelangelos *Sixtinischer Decke* den Ruhm Roms als Zentrum der Renaissancemalerei im Cinquecento.

Der Beginn mit der *Disputa* in der *Stanza della Segnatura* (1508–12) ist noch konventionell; in einer ausgewogenen Renaissancekomposition verbinden sich himmlische und irdische Sphäre. Von Fresko zu Fresko entwickelt sich Raffael sichtbar weiter, er nutzt die Möglichkeit, Michelangelos *Sixtinische Decke* im Entstehen zu studieren, was sich in den viel gelösteren, plastisch präsenten Figuren der *Schule von Athen* deutlich bemerkbar macht. Beide Fresken setzen das Ideal der Hochrenaissance bildlich um: das gleichbe-

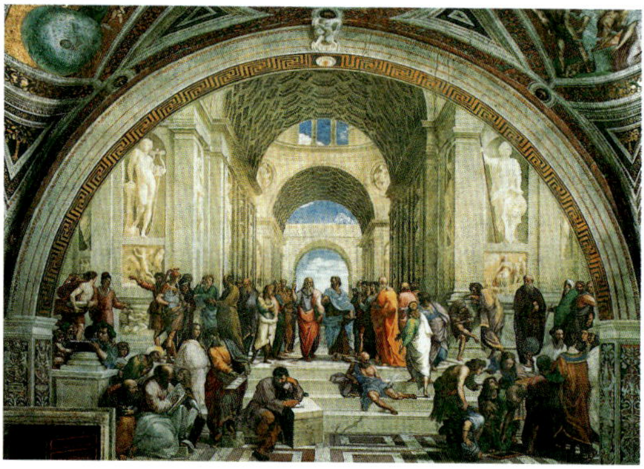

Raffael, **Die Schule von Athen,** 1510/11, Fresko, Breite etwa 7,70 m, Stanza della Segnatura, Vatikanstadt.
Raffael versieht die antiken Philosophen mit Porträts seiner Künstlerkollegen und betont damit die Gleichwertigkeit von Antike und Renaissance. Der Innenraum nimmt den gleichzeitig entstehenden Neubau von St. Peter auf.

rechtigte Nebeneinander antiken Wissens und christlicher Offenbarung. Bereits in der *Stanza dell'Eliodoro* (1512–14) beschreitet Raffael neue Wege: Tiefe Raumschluchten öffnen sich, die Ruhe der Hochrenaissance weicht den Effekten des Manierismus. In der *Befreiung Petri aus dem Kerker* bricht erstmals überirdisches Licht ins Bild, ein für die Renaissance undenkbarer, barocker Effekt. Die Farbigkeit wird greller. *Der Borgobrand* endlich, im letzten Raum (1514–17), ist mit seinen fragmentierten Tiefenräumen, der Verlagerung der Haupthandlung in den Hintergrund sowie der Einführung von *Repoussoirfiguren* (Nebenfiguren, die den Betrachter ins Bild führen) ein folgenreiches Meisterwerk des Manierismus.

In Rom entstehen neben ausdrucksstarken Porträts berühmte Altarbilder, darunter die *Sixtinische Madonna* (1512, Gemäldegalerie, Dresden) sowie als letztes, das von Giulio Romano nach Raffaels Tod vollendete Werk, die *Transfiguration.* Im Gegensatz zu den Florentiner Werken erweitert Raffael die Szenerie um die himmlische Sphäre: Aus duftigen Wolken schauen die Madonnen herab, der Christus der *Transfiguration* schwebt als Lichtgestalt im Himmel. Diese späten Bilderfindungen werden zur Grundlage der Barockmalerei. Raffael ist neben Dürer und Tizian der erste Künst-

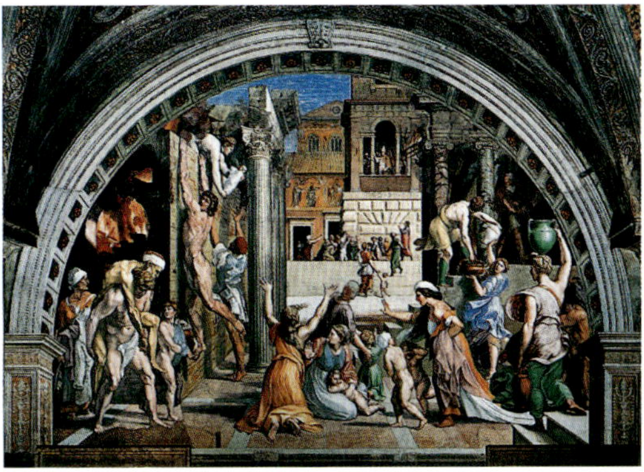

Raffael, **Der Borgobrand,** 1514–17, Fresko, Breite etwa 6,70 m, Stanza dell' Incendio, Vatikanstadt.

ler, der bewusst neue Medien einsetzt und über die Vervielfältigung seiner Werke einen breiten Kunstmarkt bedient.

In seiner Werkstatt sticht **Marcantonio Raimondi** (um 1480–1530/34) viele seiner Gemälde in Kupfer, Raffael zeichnet eigene Vorlagen für Druckgrafik. Im Gegensatz zu Michelangelo beschäftigt er eine große Werkstatt. Als wichtigster Schüler führt der Maler und Architekt **Giulio Romano** (1499–1546) die Fresken im Konstantinssaal des Vatikan aus (1520–24), bevor er mit dem Bau und der Ausgestaltung des Palazzo del Te in Mantua, einem Höhepunkt des italienischen Manierismus, beginnt (1525–35).

Jacopo Pontormo, **Beweinung Christi,** 1525–28, Öl auf Holz, 313 x 182 cm, Santa Felicità, Capponi-Kapelle, Florenz.
Am äußeren rechten Bildrand hat sich der Künstler neben Maria mit einem Selbstporträt verewigt. Er leidet gleichsam mit dem Betrachter mit und demonstriert seine innere Teilnahme am religiösen Geschehen.

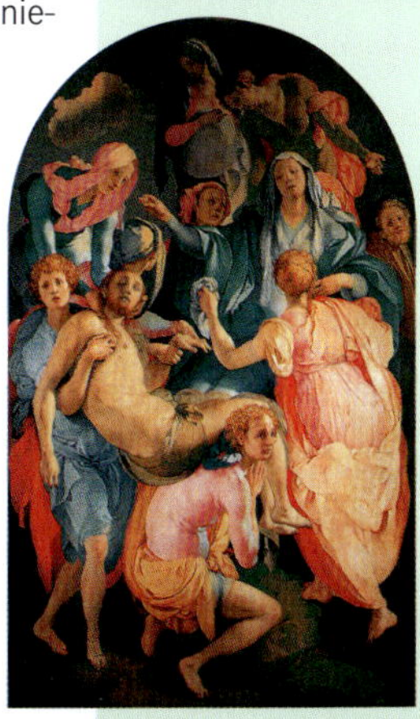

Manierismus in der Toskana und Oberitalien

Eine Reihe ausgeprägter Künstlerpersönlichkeiten setzen sich mit der Malerei Leonardos, Michelangelos und Raffaels auseinander. Während **Fra Bartolommeo** (1472–1517) im Stile Raffaels nach dessen Weggang nach Rom die Hochrenaissance in Florenz fortführt, bereitet **Andrea del Sarto** (1486–1530) mit einer sensiblen Synthese der Kompositionen Raffaels, dem Sfumato Leonardos und einer neuen changierenden Farbigkeit den Florentiner Frühmanierismus vor.

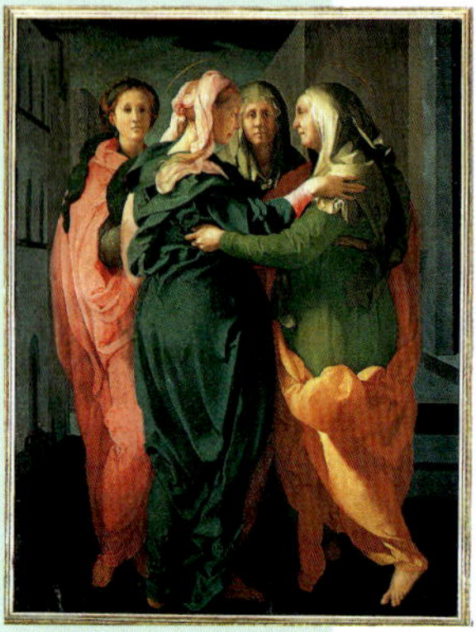

Jacopo Pontormo, **Heimsuchung,** um 1528/29, Öl auf Holz, 200 x 156 cm, Pieve di S. Michele, Carmignano.

Agnolo Bronzino, **Porträt des Ugolino Martelli,** um 1537/38, Öl auf Holz, 102 x 85 cm, Staatliche Museen Preußischer Kulturbesitz, Gemäldegalerie, Berlin. Bronzino formuliert den Prototyp des manieristischen Porträts, das den Charakter der Person hinter der virtuosen Glätte des Gesichts verbirgt und nur über die Lektüre beigegebener Attribute entschlüsselt werden kann.

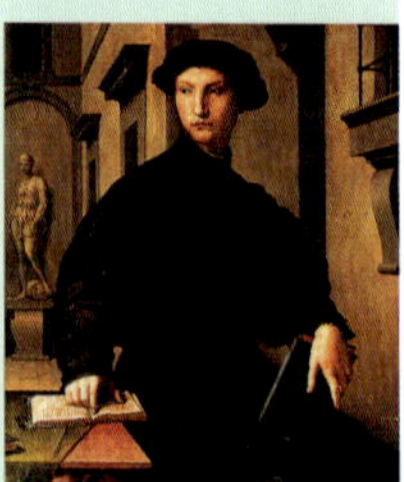

Jacopo Pontormo (1494–1556) beginnt in del Sartos Atelier. Vorbild seiner überlängten Figuren und der in Zwischentönen von Rosa, Hellblau, Violett und Orange einzigartig leuchtenden Palette ist Michelangelos Werk in der *Sixtina,* das er konsequent manieristisch verarbeitet. Dabei verzichtet Pontormo wie Michelangelo auf ein Sfumato, die Kompositionen sind ganz aus der Linie entwickelt. Für seine Kompositionen übernimmt er auch Details aus Holzschnitten und Kupferstichen Albrecht Dürers, so im *Passionszyklus* der Certosa di Galluzzo bei Florenz (1523–25). Alle Werke, insbesondere die zerstörten späten Fresken im Chor von S. Lorenzo, bereitet er mit virtuosen Zeichnungen vor, die wie in einem Psychogramm die Befindlichkeit des Malers spiegeln. Summe seines Schaffens und ein Meisterwerk der Kunst des Manierismus ist die *Beweinung Christi*. Schon der Bildtitel lässt Fragen offen, denn die Tafel verbindet Elemente aus der Kreuzabnahme, Beweinung und Grablegung. Die kühne Komposition ist mit kreisenden Bewegungen um das eisblaue Zentrum herum aufgebaut, in welchem sich die Trauer im tragischen Begegnen der Hände nochmals intensiviert. Das leere Bildzentrum wird ein konstantes Kompositionsprinzip des Manierismus bleiben. In der *Heimsuchung* verschließt die Vierergruppe der Frauen nicht nur eine fast abstrakte Raumschlucht. Die Kontrastierung der Leuchtfarben und gebauschten Gewänder entrückt die Szene ins Mystische und unterscheidet sie auch darin von der Diesseitigkeit der Renaissance. Maria und Anna sind in einer wie filmisch aufgefassten Simultandarstellung zweimal dargestellt: Zum einen fixieren sie mit melancholischem Blick den Betrachter, zum anderen »begegnen« sie sich im Profil gemäß der christlichen Bildtradition. Der amerikanische Videokünstler Bill Viola (* 1951) hat die Tafel Pontormos wieder in bewegte

Bilder übersetzt – ein Beleg für die Aktualität des Manierismus für die zeitgenössische Kunst.

Die kühne Artistik ist bei Pontormo nie Selbstzweck, sondern dient der expressiven Schilderung eines zentralen christlichen Themas. Sein Werk ist dem zeitgleichen Grünewalds an die Seite zu stellen, der ähnlich glühende Farben zur Intensivierung des Ausdrucks gebraucht (s. S. 78).

Pontormos Schüler **Agnolo Bronzino** (1503–1572) wird bald einflussreicher Porträtmaler am Hof des Großherzogs Cosimos I. de' Medici. Die harten Umrisslinien und der metallisch glänzende, wie polierte Farbauftrag seiner Bildnisse, religiösen Bilder und Allegorien spiegeln das kühle, durch ein strenges Zeremoniell geregelte Klima am frühabsolutistischen Hof.

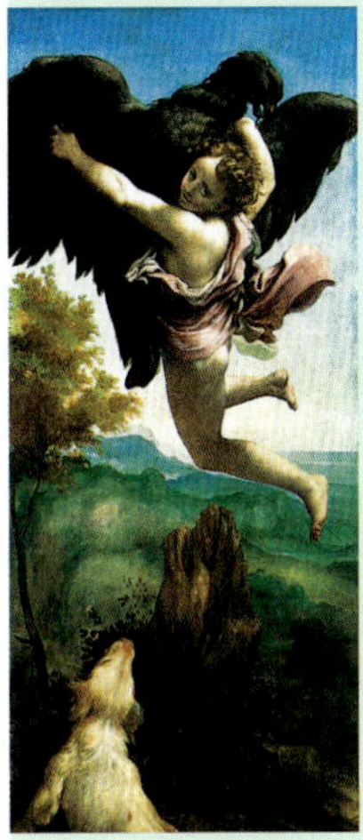

Correggio, **Entführung Ganymeds** (aus dem *Zyklus der Liebschaften des Zeus*), um 1531, Öl auf Leinwand, 164 x 71 cm, Kunsthistorisches Museum, Wien.

In Siena sind zwei Manieristen tätig: **Giovanni Sodoma** (1477–1549) geht stark vom Werk Raffaels aus, **Domenico Beccafumi** (1486–1551) bezieht sich mehr auf Michelangelo und die Florentiner Manieristen. In Umbrien dynamisiert **Federico Barocci** (um 1535–1612) die manieristischen Bildmuster der Vorgängergeneration im Sinne eines farblich wie kompositionell höchst raffinierten Frühbarocks.

Antonio Allegri, nach seinem Geburtsort **Correggio** genannt (um 1494–1534), arbeitet fast ausschließlich im oberitalienischen Parma. Er entwickelt bei der Ausmalung der dortigen Domkuppel (1526–30) eine eigenständige, helltonige Freskomalerei virtuos in Untersicht verkürzter, in sich verknäuelter Figuren, die zum Ausgangspunkt der Barockmaler werden. Die kleinformatigen religiösen Bilder und der delikate *Zyklus der Liebschaften des Zeus* dienen noch bis ins Rokoko als Vorbilder einer scheinbar leicht dahingeworfenen Malkunst.

Parmigianino, **Madonna mit dem langen Hals,** 1534/35, Öl auf Holz, 219 x 135 cm. Galleria degli Uffizi, Florenz.

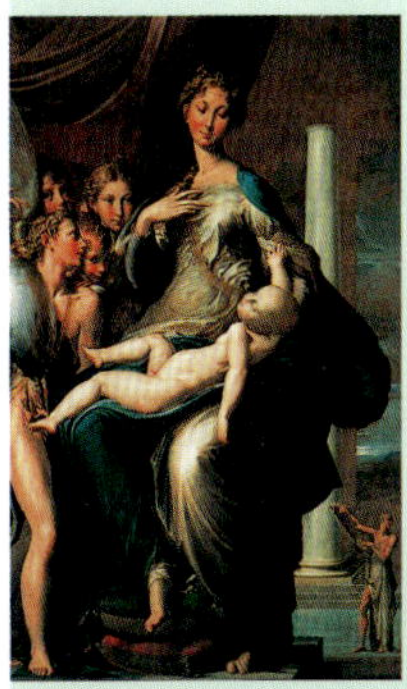

Kühlere Eleganz kennzeichnet die Fresken und Ölbilder des Girolamo Mazzola, genannt **Parmigianino** (1503–1540). Er brilliert mit extravaganten Formexperimenten, wie in der *Madonna mit dem langen Hals*, deren surreale Hintergrundarchitektur noch Salvador Dalí anregt. Seine Porträts stehen mit ihren satten Farben und porzellanenen Oberflächen gleichwertig neben Bronzinos Bildnissen.

Rosso Fiorentino und die Schule von Fontainebleau

Neben Pontormo und Bronzino ist **Rosso Fiorentino** (1494–1540) der dritte wichtige Künstler des Florentiner Manierismus. Er beginnt wie Pontormo in der Werkstatt Andrea del Sartos und belebt seine Altarbilder bald mit bizarren Physiognomien, was 1518 zum Zerwürfnis mit den Auftraggebern für eine Altartafel führt. Der Künstler verlässt daraufhin Florenz. In der *Kreuzabnahme* thematisiert Rosso einmal mehr das Grundproblem von Bildraum und Bildfläche, das sich seit der Einführung der Perspektive im Quattrocento immer wieder neu stellte. Manierismus heißt hier das Ausloten der Möglichkeiten bis zum Extrem: Figuren gefrieren zu einem Flächengitter, das dem kalten, tiefblauen Nachthimmel vorgelegt scheint. Das Bildganze zersplittert in Fragmente – ein weiteres Merkmal manieristischer Kunst.

Rosso Fiorentino, **Kreuzabnahme,** 1521, Öl auf Holz, 335 x 198 cm, Pinacoteca, Volterra. Die Tiefe des Raums wird nur über die winzigen Figürchen rechts hinten surreal erfahrbar. Die flächenhafte Anmutung des Werkes bricht im Tiefensog einzelner Bildteile auf.

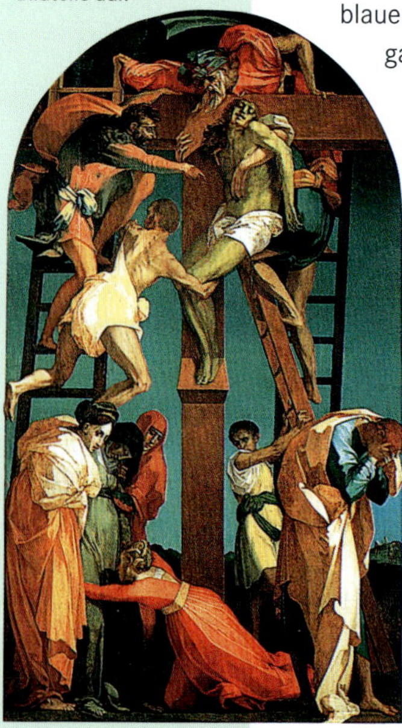

Über Rom, Mittelitalien und Venedig gelangt Rosso – wie Leonardo zuvor – 1530 nach Frankreich, wo ihn Franz I. mit der Ausgestaltung der Innenräume des Schlosses von Fontainebleau betraut. Gemeinsam mit dem Mantuaner Künstler **Francesco Primaticcio** (1504–1570) entwickelt er einen neuartigen Dekorationsstil, der Stuck und Fresko ikonografisch in einem ausgefeilten Programm vereint. Die überlängten, nackten Frauengestalten von Venus und Diana werden zum Kennzeichen der sogenannten Ersten Schule von Fontainebleau. Gemeinsam mit den Skulpturen **Jean Goujons** (um 1510–1564/69) und der reichen Druckgrafik ist dies der Beginn einer italianisierenden, zunehmend jedoch eigenständigen, französischen Hofkunst, die mit **Jean Clouet** (um 1485–1540/41) den neben Holbein wichtigsten Porträtmaler der ersten Jahrhunderthälfte nördlich der Alpen hervorbringt.

Renaissance in Venedig - Bellini und Giorgione

Der späte **Giovanni Bellini** (s. S. 52) wird zum Begründer der venezianischen Hochrenaissance. Albrecht Dürer schreibt von seiner zweiten Italienreise (1505–07) an den Freund Willibald Pirckheimer, dass Bellini immer noch »der pest im gemoll« (der beste Maler) sei. Die letzten *Sacra Conversazioni* in S. Zaccharia sowie der Accademia in Venedig beschließen in ihrer vollendeten Ruhe die lange Tradition der Madonna im Kreise von Heiligen. Bellinis Ruhm ist so groß, dass die wichtigste Mäzenatin der Zeit, Isabella d'Este, um jeden Preis ein Bild von ihm erwerben möchte. Für ihren Bruder Alfonso I. d'Este malt der greise Bellini noch kurz vor seinem Tod 1514 das *Götterfest* (National Gallery, Washington) als Teil eines mythologischen Zyklus, welches in anrührender Weise dokumentiert, dass die Entwicklung der zeitgleichen Malerei mit Giorgione und Tizian bereits zu befreiteren Ausdrucksformen gefunden hat. Tizian selbst verändert deshalb noch vor 1530 die Landschaft sowie einige Figuren.

Der neue Stil ist untrennbar mit dem Namen **Giorgiones** (1477/78–1510) verbunden. Über sein Leben weiß man wenig. Er scheint für einen kleinen Kreis von Auftraggebern des venezianischen Patriziats gemalt zu haben. Die Figuren seiner wenigen Werke gehen mit der umgebenden Landschaft eine harmonische Synthese ein. Giorgione entwickelt alles aus einer

Giorgione, **Die drei Philosophen (?)**, um 1506/8, Öl auf Leinwand. 123 x 144,5 cm, Kunsthistorisches Museum, Wien.
Des Thema des Bildes ist unklar: Man hat hier die Philosophen aus der Antike, dem Christentum und dem Islam erkennen wollen; auch eine allgemeine Darstellung der drei zugrunde liegenden Weltreligionen. Andere Interpreten sehen hier die Heiligen drei Könige in Berechnung des Geburtstermin Christi – die Grotte links wäre ein Hinweis auf Bethlehem, das in der byzantinischen Tradition eine Geburtsgrotte, noch nicht ein Stall war.

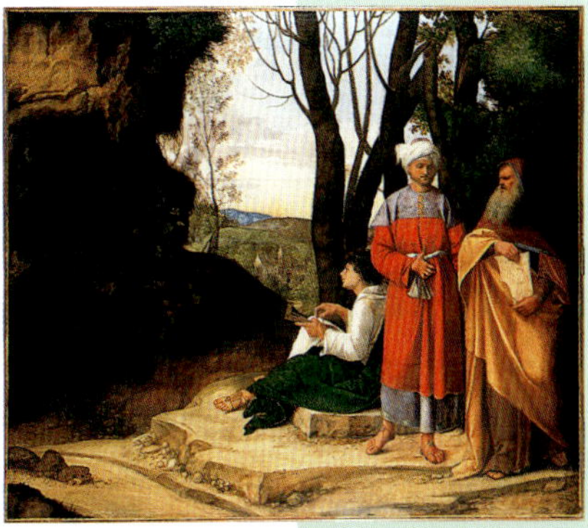

satten, abgeklärten Farbigkeit. Er schafft mit leuchtenden Rot-, Gelb-, Grün- und Blautönen das typisch venezianische Kolorit und schöpft die Möglichkeiten der Ölmalerei als vielleicht erster Maler Italiens voll aus. Seine Bildwelt strahlt eine hermetische, in sich ruhende Abgeschlossenheit aus. Neben mythologischen (*Venus*, um 1510, Gemäldegalerie, Dresden) sind es neue ikonografische Bildformulierungen, die Generationen von Kunstwissenschaftlern herausgefordert haben, die Bildinhalte zu entschlüsseln – allerdings ohne Erfolg. Der frühe Tizian kommt dem Stil Giorgiones so nahe, dass einige Werke abwechselnd beiden Künstlern zugeschrieben werden.

Tizian, **Pietà,** 1573–76, Öl auf Leinwand, 378 x 347 cm, Gallerie dell' Accademia, Venedig. Mit der Pietà, die er für sein Grab bestimmt, integriert Tizian in einer letztgültigen Synthese nochmal alle ihm zur Verfügung stehenden Traditionen (byzantinische Mosaiknische, Malerei des Quattrocento, manieristische Quaderarchitektur).

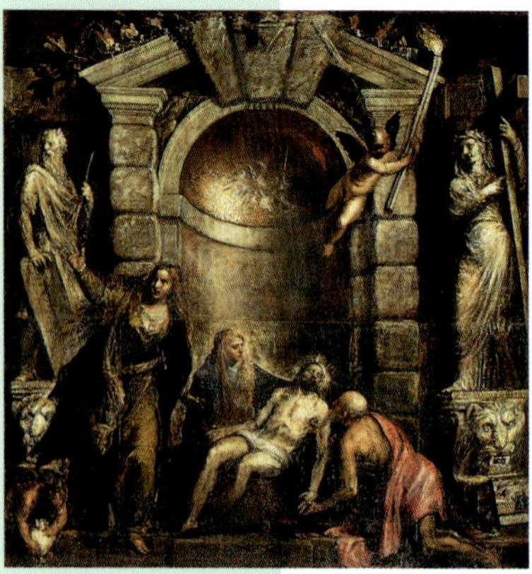

Tizian und Lotto

Tiziano Vecellio (um 1477 oder 1488/90–1576) verkörpert wie kein anderer Maler die venezianische Malerei des 16. Jahrhunderts. Beeinflusst von Giorgione, entwickelt er bald einen unverwechselbaren Stil, der die Hochrenaissance oftmals mit manieristischen Elementen verbindet. Der vorimpressionistische Spätstil fällt vollkommen aus der Malereigeschichte und ist nur als Endpunkt von Tizians persönlicher Entwicklung zu verstehen. Die Zahl der Auftraggeber seiner Kunst ist groß, neben dem Dogen, den venezianischen Familien und den Scuolen zählen die oberitalienischen Fürsten und Papst Paul III. Farnese dazu. 1548 reist Tizian nach Augsburg und trifft dort mit Kaiser Karl V. zusammen, von dem er mehrere Porträts anfertigt. Zwei Jahre später begegnet er – ebenfalls dort – König Philipp II. von Spanien, dem Tizian in der Folge mehr als 25 Werke verkauft. Tizians den Markt beherrschende Stellung markiert einen Wendepunkt in der Entwicklung zum modernen Künstler: Karl und Philipp bestellen nicht mehr Bilder eines bestimmten Themas, sondern wünschen etwas aus den Händen des Meisters, der dann Werke aus seiner aktuellen Produktion anbietet. Der Ruhm des Künstlers und seines Stils, steht zum ersten Mal gleichberechtigt neben dem Bildgegenstand, ja übertrifft ihn. Tizian ist in allen traditionellen Genres der Malerei zu Hause: Mythologien, religiöse Bilder, Porträts, Holzschnitte und Kupferstiche verlassen seine große Werkstatt. Dort werden mitunter zahlreiche Kopien nach begehrten Bildern gefertigt, denen Tizian selbst nur noch den letzten Schliff gibt.

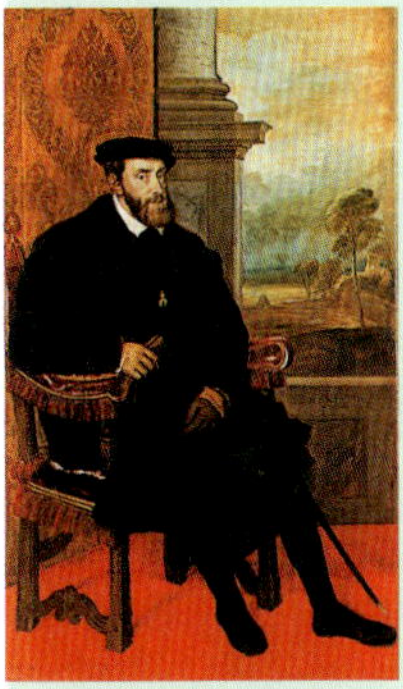

Tizian, **Kaiser Karl V.,** 1548, Öl auf Leinwand, 205 x 122 cm, Alte Pinakothek, München.

Bilderfindungen wie die *Himmelfahrt Mariens (Assunta)* von 1516–18 (S. Maria Gloriosa dei Frari, Venedig) wirken vorbildhaft noch im Barock, die virtuose Farbigkeit und der lockere, aus der Pinselführung entwickelte Malstil bis ins 19. Jahrhundert (Géricault, Delacroix). Im Spätwerk wird Tizians Farbauftrag immer pastoser und dickflüssiger, die Konturen lösen sich vollends auf, Licht und Farbe bestimmen die Bildform. Legendär sind die Berichte, dass der greise Künstler die Farbe mit den bloßen Händen auf der Leinwand verrieben habe. Neben ihm haben es andere Künstler Venedigs und Oberitaliens schwer.

Lorenzo Lotto, **Verkündigung,** um 1527, Öl auf Leinwand, 166 x 114 cm, Pinacoteca Communale, Recanati.

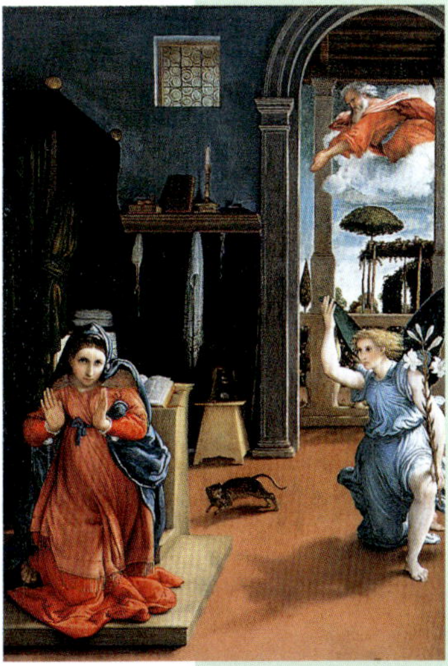

In Brescia entwickeln **Alessandro Moretto** (1498–1554) und sein Schüler **Giovanni Battista Moroni** (1525–1578) einen realistischen Porträtstil höchster Qualität, der in der ganz unmanieristisch direkten Sicht auf die Porträtierten diesen charakterliche Würde verleiht.

Lorenzo Lotto (um 1480–1556) arbeitet in den Provinzstädten, vor allem in den Marken um Ancona sowie in Bergamo. Als eine der eigenwilligen Malerpersönlichkeiten des Cinquecento verbindet er in rastlosen Formexperimenten die venezianische und römische Kunst mit nordischem Detailrealismus. Seine Porträts zeugen von psychologischem Interesse, die manieristisch kühne Farbigkeit ist von großer Brillanz. Es scheint, als sei abseits der künstlerischen Zentren der Freiraum für ungewöhnliche Experimente größer gewesen.

Veronese und Tintoretto

Neben Tizian können sich zwei ganz unterschiedlich temperierte Künstler erfolgreich in Venedig behaupten. Paolo Caliari, nach seinem Geburtsort Verona **Veronese** genannt (1528–1588), spezialisiert sich auf repräsentative großformatige Leinwände, deren religiöser Gehalt im theatralischen, souverän inszenierten Gewühl der höfischen Gesellschaft unterzugehen droht. Dies bringt ihn zwar mit der Inquisition in Konflikt, doch ist er mit diesem Konzept erfolgreich. Er spiegelt die venezianische Kultur einer Oberklasse, die mit ansehen muss, wie der außenpolitische Spielraum Venedigs trotz des Seesiegs vor Lepanto 1571 gegen die Türken zunehmend enger wird. In der Zusammenarbeit mit dem wichtigsten venezianischen Bildhauer der Zeit, **Alessandro Vittoria** (1525–1608), gestaltet Veronese die Innenräume von **Andrea Palladios** (1505–1580) *Villa Maser* am Alpenrand (um 1561). Neben dem

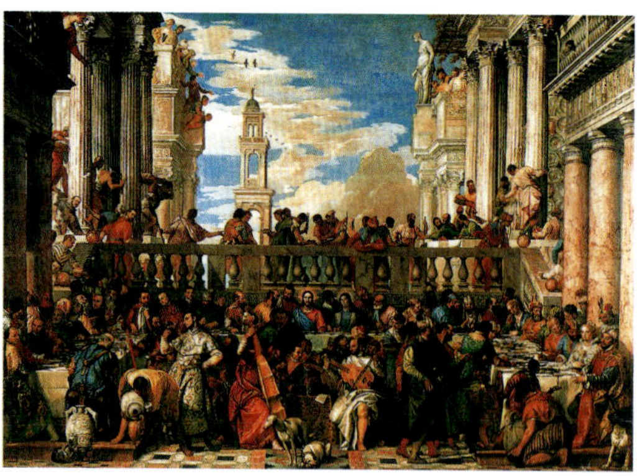

Veronese, **Die Hochzeit zu Kana,** 1562/63, Öl auf Leinwand, 669 x 990 cm, Musée du Louvre, Paris.
Die reichen, virtuos mit illusionistischen Raumwirkungen operierenden Bildarchitekturen spiegeln die Kenntnisse der klassischen Architektur Andrea Palladios (1508–1580). Trompe l'œil-Effekte und kühne Verkürzungen weisen in die Zukunft.

Palazzo Farnese in Caprarola, dem Vatikan und den Palästen in Mantua ist dies vielleicht die perfekteste Synthese von Architektur, Skulptur und Malerei im itlalienischen 16. Jahrhundert. Tiepolo und die Innenraumgestalter des Barock werden Veroneses Kunst aufgreifen.

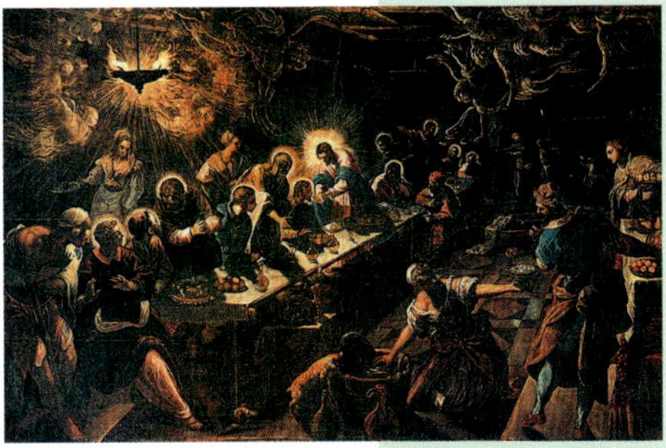

Tintoretto, **Das letzte Abendmahl,** 1592–94, Öl auf Leinwand, 366 x 569 cm, S. Giorgo Maggiore, Venedig.
In das bräunliche Dunkel seiner reifen religiösen Werke bricht effektvoll überirdisches Licht ein. Der schräg gestellte Tisch unterstützt die Bilddiagonale, die den Raum dramatisch aufreißt.

Jacopo Robusti, genannt **Tintoretto** (1518–1594), setzt der Vielfarbigkeit Tizians und Veroneses ab den 1550er Jahren zunehmend dunklere Töne entgegen. Profane Themen gestaltet er kaum, die Porträts sind in ihrer Einförmigkeit schwächer als die Tizians, Lottos oder Moronis. Kann man dem Einzelwerk manchmal einen gewissen Formalismus vorwerfen, so wird sich kein Betrachter dem religiösen Ernst der *Ausstattung der Scuola di San Rocco* in Venedig entziehen können (1564–87), die ihn und seine Werkstatt über Jahrzehnte beschäftigt. Das komplexe theologische Programm, die reiche, trotzdem paradox stille religiöse Wirkung der dunklen Räume und die überwältigende kompositorische Ideenfülle machen das Leinwandensemble zum venezianischen Gegenstück der *Sixtinischen Kapelle* im 16. Jahrhundert – auch als Kraftakt einer Künstlerpersönlichkeit. Von der kontemplativen Versenkung der *Maria Aegyptiaca* bis hin zur von Bildpersonal berstenden *Kreuzigung* lotet Tintoretto die verschiedenen Stimmungen der Heilsgeschichte in ihren erzählerischen Möglichkeiten aus.

Unter **Trompe l'œil** versteht man ein Bild, das mit genauester Wiedergabe der Dinge die optische Täuschung des Betrachters bezweckt. Dieser fragt sich, ob er ein Bild oder den wirklichen Gegenstand erblickt. Der Künstler erreicht diesen Effekt über eine virtuose Beherrschung von Perspektive und mit raffinierten Schatteneffekten. Seit dem 16. Jahrhundert üblich, erreicht die Trompe l'œil-Malerei ihren Höhepunkt im Holland des 17. Jahrhunderts.

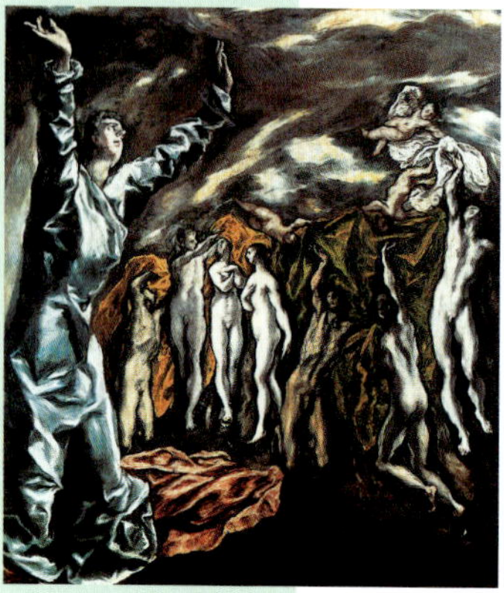

El Greco, **Die Öffnung des Fünften Siegels der Apokalypse,** um 1608–14, Öl auf Leinwand, 224 x 193 cm, Metropolitan Museum of Art, New York.

El Greco, **Fray Hortensio Felix Paravicino,** 1609, Öl auf Leinwand, 113 x 86 cm, Museum of Fine Arts, Boston. Grecos Bildnisse sind psychologisch brillant erfasste Charakterstudien, über die man dem Auftraggeberkreis seiner Werke näher kommt: Es handelt sich meist um Personen aus seinem intellektuellen Umfeld.

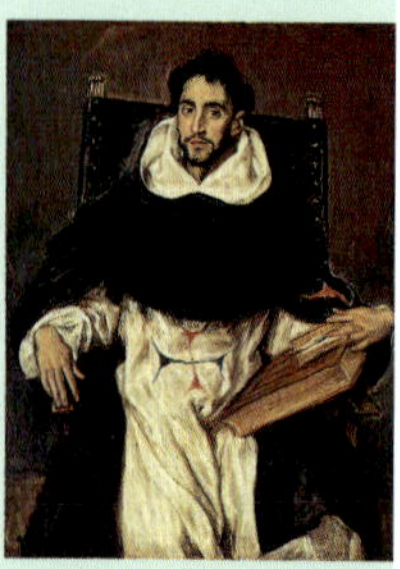

El Greco

Die spanische Kunstlandschaft des 16. Jahrhunderts ist merkwürdig uneinheitlich. Philipp II. sammelt alte Niederländer und Hieronymus Bosch, zudem bestellt er erotische Mythologien und religiöse Malerei bei Tizian. Der offizielle Hofmaler **Alonso Sánchez Coello** (um 1531–1588) fällt mit seinen steifen Hofporträts deutlich gegenüber der Bildniskunst Italiens und Flanderns ab.

Die Situation ändert sich 1577 mit der Ankunft des Domenicos Theotokopolos, genannt **El Greco** (1541–1614). Der gebürtige Kreter, Sohn eines bedeutenden Ikonenmalers, lernt zunächst in Venedig bei Tizian und Tintoretto. Bereits die kleinformatigen frühen Werke bestechen in ihrer intensiven Farbigkeit. Nach einem Aufenthalt in Rom, der dem Studium Michelangelos dient, lässt er sich in Toledo nieder. Mit dem ersten Großauftrag für das Kathedralkapitel ändert sich sein Malstil. Immer überlängter, gedehnter winden sich die Bildfiguren wie farbig gefleckte Irrlichter im Raum, der von flackerndem Licht schlaglichtartig erhellt wird. Da El Greco einmal gefundene Kompositionsmuster wiederholt, lassen sich an diesen Serien die zunehmend emotionale Spiritualität, die Entmaterialisierung der Formen gut beobachten.

Neben den religiösen Werken stehen wenige profane Bilder, etwa der apokalyptische *Laokoon* (1610, National Gallery, Washington), sowie eines der ersten autonomen Landschaftsbilder, die fahle *Ansicht von Toledo* (1610, Metropolitan Museum of Art, New York).

Philipp II. schätzte El Grecos Kunst nicht sehr: Das *Martyrium der Thebaischen Legion* (1580–83, El Ecorial), mit dem sich dieser eine Anstellung als Hofmaler erhofft, missfällt dem Monarchen. Auch mit der Inquisition gibt es Auseinandersetzungen. Trotzdem bleibt es ein Phänomen, dass El Grecos zahlreiche Werke in ihrer Radikalität überhaupt ein Publikum in Toledo hatten. Die Kommentierung seines Gesamtwerks in der Kunstgeschichte wirft ein bezeichnendes Bild auf die Normen des Fachs. Zu Anfang des 20. Jahrhunderts gipfelte das Missverständnis der Malerei El Grecos in der Erklärung, er sei augenkrank gewesen und habe nur verzerrt sehen können. Erst die Maler des Expressionismus schätzen sein Werk.

Dürer und die deutsche Renaissance

Die oberdeutschen Maler des 15. Jahrhunderts erzielen bereits mit den Altären **Lucas Mosers** (um 1390 – nach 1434) und dem Schweizer **Konrad Witz** (1400/10–1445) eine Bewältigung des Bildraumes, welche die Kunst der Internationalen Gotik hinter sich lässt und den in der Kölner Schule dominierenden niederländischen Einfluss abstreift. Insbesondere der Südtiroler Bildschnitzer und Maler **Michael Pacher** (um 1435–1498) verschmilzt spätgotische deutsche Tradition und italienische Renaissance. Die dramatische Bewegtheit der Bildszenen und die kühne Erschließung der Bildtiefe weisen in die Zukunft, sind aber noch die Ausnahme. Das Medium des Kupferstichs übernimmt die Führung bei der Entwicklung neuer Kompositionsformeln. Der **Hausbuchmeister** (tätig 1475–1490) und vor allem **Martin Schongauer** (um 1450–1491) nutzen mit Bravour die grafischen und malerischen Möglichkeiten des Verfahrens. Nach der Erfindung des Buchdrucks durch Johannes Gutenberg 1455 entwickeln sich in Franken, Schwaben und vor allem am Oberrhein Zentren des Buchdrucks. Bücher werden mit Holzschnitten illustriert, um 1490–1520 erlebt diese Technik ihre Blüte.

Albrecht Dürer, **Selbstbildnis,** 1500, Öl auf Holz, 66,3 x 49 cm, Alte Pinakothek, München. Dieses Selbstbildnis zeigt den Maler in strenger Frontalansicht mit gescheiteltem Haar und spielt damit auf einen bestimmten Typ von Christusdarstellung an.

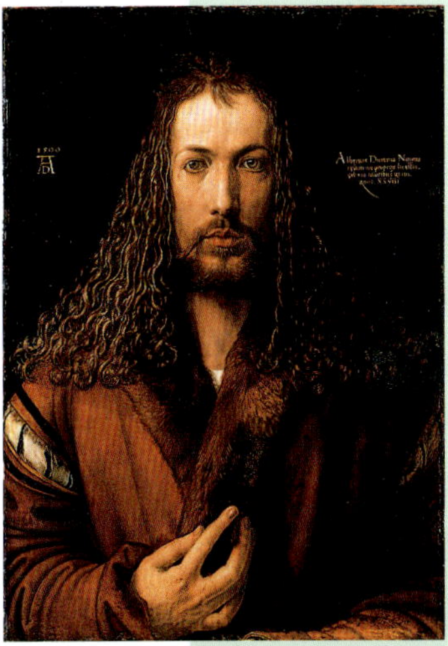

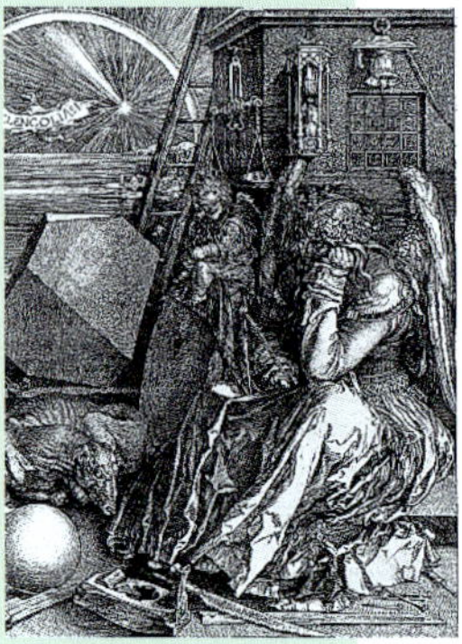

Albrecht Dürer, **Melencolia I,** 1514, Kupferstich, 23,8 x 16,8 cm.

Albrecht Dürer (1471–1528), in der aufstrebenden Handels- und Kunstmetropole Nürnberg als Sohn eines Goldschmieds geboren, lernt in der Werkstatt Michael Wolgemuts die Technik der Tafelmalerei, vor allem aber des Holzschnitts. Seine Wanderjahre führen ihn 1490–94 an den Oberrhein, wo er die Werke Schongauers sowie die humanistischen Kreise in Basel kennenlernt. Die frühen Holzschnittfolgen und das erste autonome *Selbstporträt* der deutschen Kunst überhaupt entstehen (1493, Louvre, Paris). Seine erste Italienreise nach Venedig (1494–95) vermittelt ihm prägende Eindrücke italienischer Kunst (Mantegna, Pollaiuolo). Zurück in Nürnberg, schafft er in allen bekannten druckgrafischen, zeichnerischen und malerischen Techniken in einer faszinierend raschen Entwicklung frühe Meisterwerke. Hervorzuheben sind die ersten selbstständigen Landschaftsstudien nach der Natur, die Dürer in Wasserfarben ausführt. Die Holzschnittfolgen der *Apokalypse* (1498) und der *Großen Passion* (1497–1500) machen seinen Namen schlagartig in Europa berühmt. Sein Selbstverständnis als Individuum und Künstler wird in den zunehmend stolzeren Selbstbildnissen offenbar. Dürers Proportionsstudien des menschlichen

Beim grafischen Hochdruckverfahren des **Holzschnitts** werden alle nicht zur Zeichnung gehörenden Teile aus dem Holzblock herausgeschnitten, die Grate selbst bleiben stehen und von ihnen wird gedruckt. Durch Zusammendruck mit farbigen Tonplatten lassen sich malerische Wirkungen erzielen. Im frühen 15. Jahrhundert bereiten aus Holzschnitten zusammengesetzte Bild-Text-Bücher den Buchdruck mit Metalllettern vor. Im 16. Jahrhundert als Mittel der reformatorischen und gegenreformatorischen Propaganda weit verbreitet, nimmt seine Bedeutung bald zugunsten von Kupferstich und Radierung ab. Im frühen 20. Jahrhundert beleben die Künstler der »Brücke« diese Technik. Der **Kupferstich** ist das älteste grafische Tiefdruckverfahren. Die Zeichnung wird in eine Kupferplatte eingeritzt, die Platte dann mit Druckerschwärze eingerieben. Die Farbe bleibt nur in den Ritzungen haften, von der Platte wird unter hohem Druck auf feuchtes Papier gedruckt. Höhepunkt des Kupferstichs als eigenständiges künstlerisches Medium ist die Zeit von 1480–1540. Danach wird er vor allem für die Reproduktion von Kunstwerken, Ortsansichten oder Ereignissen eingesetzt.

Körpers schlagen sich im Kupferstich von *Adam und Eva* (1504) exemplarisch nieder, das malerische Werk dieser Zeit kulminiert in der *Anbetung der Heiligen Drei Könige* (1504, Uffizien, Florenz), das die farbige, emotional subtil differenzierte Szene in eine tief gestaffelte Ruinenlandschaft einbettet. Die enorme Produktivität ist nur mit einer Erweiterung der Werkstatt möglich: Hans Suess von Kulmbach, Hans Baldung Grien und Hans Schäufelein verbringen jeweils mehrere Jahre bei Dürer.

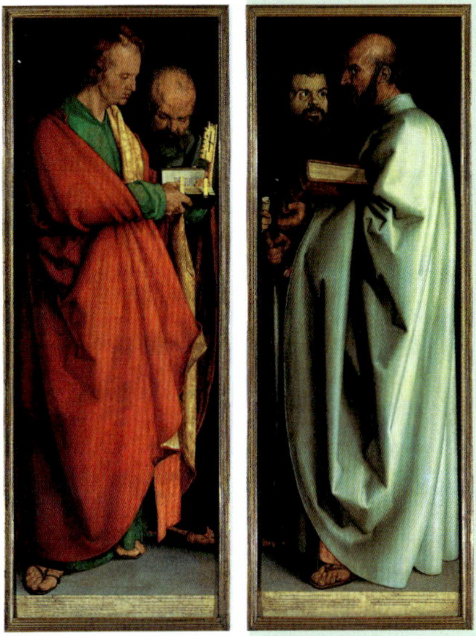

Albrecht Dürer, **Die Vier Apostel**, 1526, Öl auf Holz, je 216 x 76 cm, Alte Pinakothek, München.
Über diese beiden Tafeln ist viel geschrieben, mit ihnen ist auch nationalistischer Missbrauch getrieben worden. Die Differenzierung der vier Charakterköpfe und die äußerste formale wie farbliche Konzentration rücken die Bildaussage ins Universale. Humanistisches wie implizit lutherisches Gedankengut kondensieren hier in der Absolutheit malerischer Form.

Auf seiner zweiten Italienreise (1505–07) tritt er bereits als bekannter Künstler auf und schildert seine Eindrücke in Briefen an den Nürnberger Humanistenfreund Willibald Pirckheimer. Im Herbst 1506 besucht er Bologna, um sich in die Technik der Perspektive einweisen zu lassen, denn bis dahin hatte er seine Kenntnisse nur aus der Anschauung abgeleitet.

Wieder zurück in Nürnberg, wo Dürer bis zu seinem Tod leben wird, beschäftigt er sich intensiv mit der Verfeinerung seiner druckgrafischen Techniken, die sogenannten drei *Meisterstiche* (*Melencolia I; Ritter, Tod und Teufel; Hl. Hieronymus im Gehäuse,* alle 1513) ziehen im Kreisen um Tod und Vergänglichkeit, Kontemplation und Melancholie die philosophische, intellektuelle und theologische Summe seines Wissens. Eine der Welt zugewandte, festliche Kunst bildet sich in der Folge von Aufträgen Kaiser Maximilians I. heraus, der ihm 1515 eine jährliche Rente aussetzt. 1520 geht Dürer nochmals auf Reisen, diesmal als offizielles Mitglied der Nürnberger Delegation, Anlass ist die Krönung

Karls V. in Aachen. Diese Reise in die Niederlande gerät für den mittlerweile europaweit bewunderten Künstler zum persönlichen Triumph. Geschickt weiß er die mitgenommene Druckgrafik zu vermarkten, und sei es als Geschenk für Künstler, die er kennenlernt und die in der Folge seine Kompositionen ihrerseits nutzen (z. B. Lucas van Leyden).

In den letzten Jahren entstehen vergeistigte Bildnisse und als grandioser, monumentaler Schlusspunkt seines Schaffens die *Vier Apostel,* die Dürer dem Rat der Stadt Nürnberg vermacht. Neben der Vielfalt seiner künstlerischen Produktion darf der Theoretiker Dürer nicht vergessen werden. Bereits 1513 beginnt er an dem Manuskript der »Vier Bücher von menschlicher Proportion« zu schreiben, 1525 wird die »Vnderweysung der Messung mit dem Zirckel und Richtscheyt« in Nürnberg gedruckt. Dürers kunsttheoretische Traktate gewinnen für die Entwicklung der deutschen Sprache eine ähnliche Bedeutung wie Luthers Bibelübersetzung, weil er erstmals deutsche Begriffe für den ästhetischen und kunsttheoretischen Diskurs entwickelt.

Grünewald

Im Gegensatz zu Dürer gibt es nur wenige gesicherte Informationen über die Person des **Mathis Gothart Nithart** (1475/80–1528). Erst Joachim von Sandrart (s. S. 96) nennt ihn 1675 in seiner Biografie **Matthias Grünewald.** Grünewald lebt in Aschaffenburg, Frankfurt, Mainz und stirbt in Halle; für den Gelderwerb ist er als Brunnen- und Tunnelbauer und hydraulischer Ingenieur aktiv. Sein Werk ist mit 35 Handzeichnungen sowie etwa 10 erhaltenen Tafelbildern (wobei der Isenheimer Altar als ein Werk gezählt ist) übersichtlich. Es spiegelt wie kein anderes die religiösen Umwälzungen, die zur Reformation Martin Luthers führen. Es ist nicht dokumentiert, dass Grünewald als Lutheraner an diesen Prozessen aktiv teilnimmt. Denn obwohl die im persönlichen Nachlass gefundenen Schriften Luthers zumindest die Beschäftigung mit dessen Gedankengut nahelegen, hat er auch für einen der schärfsten Widersacher Luthers, den Kardinal Albrecht von Brandenburg, Erzbischof von Mainz und Halle, gearbeitet. Der Künstler nimmt mit dem Thema der Kreuzigung in mehreren Versionen ein zentrales Motiv reformatorischer Theologie auf. Der schonungslose Realismus des geschundenen Leibes Christi, das Leiden Mariens und Johannes neben dem Kreuz sowie die todesdunkle, ungestaltete Urlandschaft der Bildhintergründe fügen sich zu den ergreifendsten Darstellungen des Themas in der Geschichte der Kunst (Fassungen in Basel, Washington, Karlsruhe und *Isenheimer Altar*, Colmar).

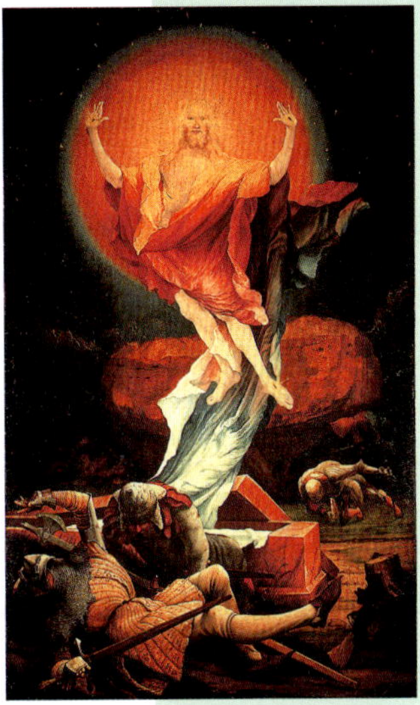

Matthias Grünewald, **Auferstehung Christi, Isenheimer Altar (Osterseite)**, 1512–16, Öl auf Holz, 269 x 143 cm, Musée d'Unterlinden, Colmar.

Unbestritten nicht nur ein Höhepunkt der deutschen Malerei, sondern eines der größten Meisterwerke religiöser Kunst überhaupt ist der mehrflügelige *Isenheimer Altar,* den der Prior des Klosters, der Sizilianer Guido Guersi, in Auftrag gibt. Da die leuchtende, changierende Farbigkeit Grünewalds enge Parallelen mit dem zeitgleichen Werk Pontormos aufweist, fragt man sich, ob Guersi italienische Vorstellungen an Grünewald herangetragen hat. In einer künstlerischen, aber auch intellektuellen Gewaltanstrengung fasst der Maler den Kosmos mittelalterlichen wie humanistischen Wissens und Denkens in einer fulminanten Synthese zusammen: Die kontemplative Meditation der Eremiten Antonius und Paulus in der Einsamkeit der Wüste (paradoxerweise eine der schönsten und ruhigsten Landschaften der Zeit), die Eruption von Lust und Schuld in der Versuchung des Heiligen Antonius, die Annahme der göttlichen Aufgabe durch Maria in der Verkündigung, die rauschende Freude im ikonografisch rätselhaften, fantastischen Engelskonzert und Weihnachtsbild, die glutvolle Erlösung der Menschheit im ruhig verklärten

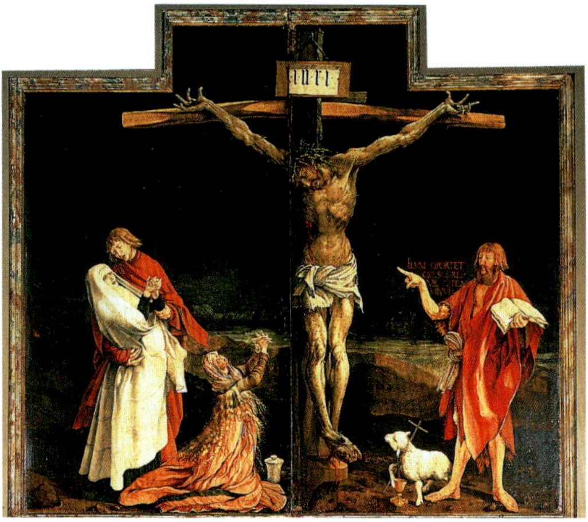

Matthias Grünewald, **Isenheimer Altar, Karfreitagsseite,** 1512–16, Öl auf Holz, Mittelteil 269 x 307 cm, Musée d'Unterlinden, Colmar.

Farbensturm der *Auferstehung* und die Trauer der *Karfreitagsseite* zeugen von tief empfundenem religiösem Humanismus. Die malerische Behandlung reicht von summarischen Lasuren im Hintergrund der Kreuzigung bis hin zu minuziös gemaltem Detail. Die Kunst van Eycks wird hier gewissermaßen ausdrucksstark weiterführt. Bei der Betrachtung des gewaltigen Altars wird es nebensächlich, ob das Werk nun als Renaissancekunst oder als manieristisch zu bewerten ist. Antikenzitate im Sinne der italienischen Renaissance begegnen uns bei Grünewald nur im spärlich erhaltenen Spätwerk. Auch Querverweise zur Kunst Dürers finden sich nicht. Man muss wohl akzeptieren, dass diesem Altar nicht mit den üblichen kunsthistorischen, erst recht nicht mit den nationalistisch geprägten Kategorien eines wie immer gearteten »Deutschtums« näher zu kommen ist. Mit dem Expressionismus des 20. Jahrhunderts setzt eine regelrechte »Grünewald-Renaissance« ein.

Holbein und die Malerei in England

Hans Holbein d. J. (1497/98–1543) ist der dritte große deutsche Renaissancemaler. Der Ruf der Porträts aus der englischen Zeit überschattet zu Unrecht das frühere Werk, welches in der Vielfalt von Themen und Techniken nur mit demjenigen Dürers verglichen werden kann. Über den Vater **Hans Holbein d. Ä.** (um 1460/65–1524) wird er mit einer von Rogier van der Weyden beeinflussten spätgotischen Malerei vertraut. Im Humanistenzentrum Basel produziert Holbein Altarbilder, Fassadenmalereien, Entwürfe für Glasfenster und Holzschnitte (*Totentanz,* vor 1526, 49 Blätter). Die Aufträge kommen vorwiegend aus Humanistenkreisen und vom Rat der Stadt. Holbein entwickelt bereits hier das Porträt zu früher Meisterschaft *(Bonifacius Amerbach,* 1519, Kunstsammlung, Basel; die *Serie der Erasmus-Bildnisse).* Als schockierendes Ausnahmebild entsteht der lebensgroße *Tote Christus*, vielleicht ein Reflex auf die Kunst Grünewalds im nahen Isenheim.

1526–28 ist Holbein erstmals in England. Über die Freundschaft mit Erasmus von Rotterdam wird er an den englischen Humanisten und Politiker Sir Thomas Moore vermittelt, den er im Kreise seiner Familie als Gruppenbildnis malt (verloren). Weitere Bildnisse hochrangiger Persönlichkeiten entstehen. 1528–32 kehrt er nochmals nach Basel zurück. Das berührende Bildnis von Holbeins *Frau mit zwei Kindern* wirkt weicher und privater empfunden als die blank polierten Gesichter seiner öffentlichen Aufträge. Nach der Rückkehr nach England porträtiert er zunächst fast ausschließlich deutsche Kaufleute. Das politische Parkett am Hof König Heinrichs VIII. ist glatt.

Möglicherweise über das repräsentative *Doppelbildnis der französischen Gesandten* (1533, National Gallery, London) erregt er die Aufmerksamkeit des Königs, was ihm 1536 die Anstellung zum Hofmaler einbringt. Holbein wird in der Folge

Hans Holbein d. J., **Holbeins Frau mit den Kindern,** um 1528, Öl auf Papier auf Holzgrund, 77 x 64 cm, Öffentliche Kunstsammlung, Kunstmuseum, Basel.

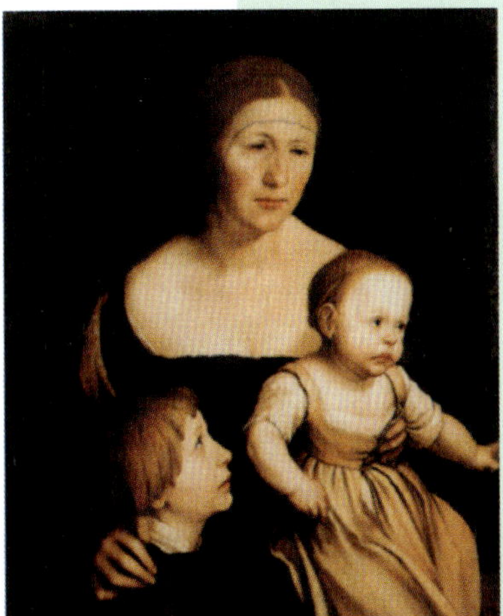

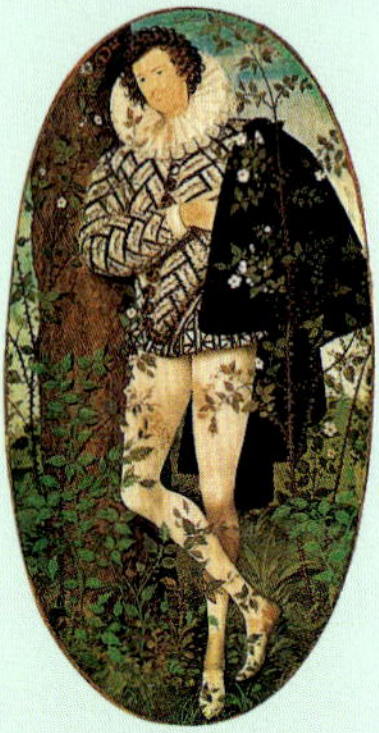

Nicholas Hilliard, **Junger Mann im Rosengarten,** um 1588, Öl auf Pergament, 13,7 x 7 cm, Victoria & Albert Museum, London.

mit Aufträgen reichlich eingedeckt. Er muss beispielsweise für den König auf Brautschau gehen und Porträts der potenziellen Kandidatinnen anfertigen. Holbeins Maltechnik wird bereits zu Lebzeiten bewundert. Vermutlich benutzt er für die Erfassung der Porträtierten Rastergitter. Meist gehen detaillierte Zeichnungen dem Malprozess voraus. Von den feinen Bildnismedaillons Holbeins nimmt die Kunst **Nicholas Hilliards** (um 1547–1619) ihren Ausgang. In feinen Porträtminiaturen schildert er die Gesellschaft am Hof Elisabeths I. und später Jakobs I.; diese sind oft mit versteckten erotischen Botschaften aufgeladen.

Altdorfer und Cranach

In Regensburg und Passau entwickeln **Albrecht Altdorfer** (1480–1538) und **Wolf Huber** (1485–1553) mit der »Donauschule« eine eigene Form vorromantischer Landschaftsmalerei. Die flechtenbehangenen zerfetzten Fichten und das bewegte Gewölk über den Laubwäldern reflektieren die Sehnsucht nach Einsamkeit, vermitteln aber auch indirekt die Konflikte einer politisch unruhigen Zeit. Für einen mindestens 15 Bilder umfassenden Zyklus in der Münchener Residenz malt Altdorfer die berühmte *Alexanderschlacht*. Wie die Wälder seiner Landschaften wogen und rauschen die Schlachtenformationen in dieser manieristischen Weltlandschaft. Die grausame Realität des Kampfes ist aufgrund der Größenverhältnisse in weite Ferne gerückt, die Sonne über dem Horizont eröffnet eine utopische Zukunft nach dem Tag der Schlacht. Die Rundung des Horizonts rückt das kriegerische Geschehen vollends ins Kosmische.

Albrecht Altdorfer, **Die Alexanderschlacht,** 1529, Öl auf Holz, 157,5 x 119,5 cm, Alte Pinakothek, München.

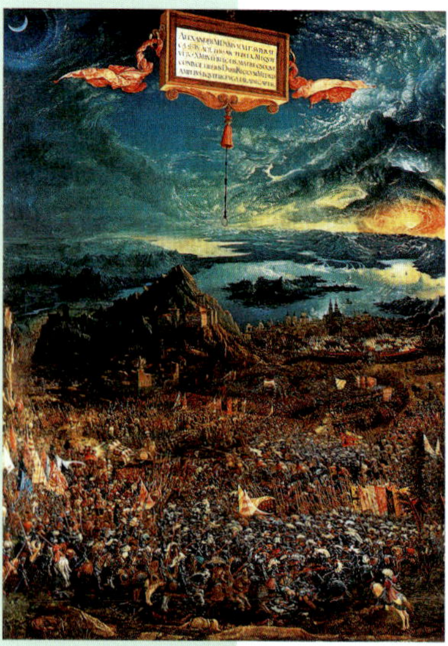

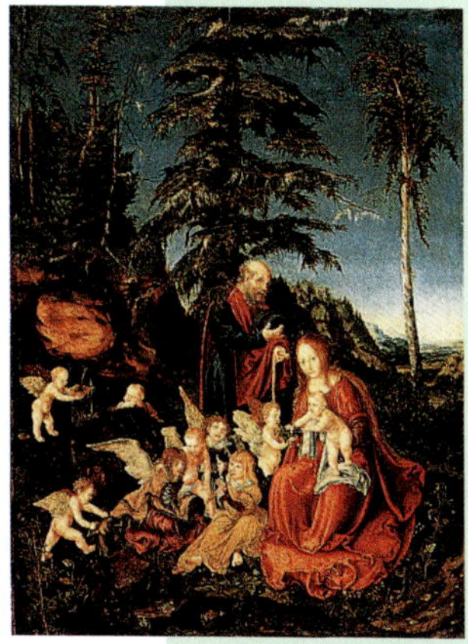

Lucas Cranach d. Ä., **Ruhe auf der Flucht nach Ägypten,** 1504, Öl auf Holz. 71 x 53 cm, Staatliche Museen Preußischer Kulturbesitz, Gemäldegalerie, Berlin.

Der Holzschneider, Kupferstecher und Maler **Lucas Cranach d. Ä.** (1472–1553) beginnt ebenfalls im Stil der Donauschule, in deren Landschaften er spannungsvoll dramatische oder ruhige lyrische Szenen einbaut. In Wittenberg freundet er sich mit Luther an. Dort und in Weimar entstandene Porträts des Reformators verbreiten dessen Bild europaweit. Cranach ist unentbehrlich für die reformatorischen Propagandisten, die vor allem den Holzschnitt als Bildmedium zur Verbreitung ihrer Botschaften nutzen. In großen Altarwerken entwickelt Cranach zudem eine eigene protestantische Ikonografie des religiösen Bildes, das im Rückgriff auf mittelalterliche Kathedralkunst alt- und neutestamentarische Szenen typologisch gegenüberstellt. Bibelzitate und Porträts integriert er in diese Lesetafeln lutheranischer Theologie. Ein langer Erfolg ist dieser »Reformationskunst« jedoch nicht beschieden. Mit profanen Themen bedient Cranach die erotischen Fantasien der protestantischen Fürsten. Der spätgotische Manierismus der Prototypen verflacht im Spätwerk in zahllosen mechanischen Wiederholungen aus seiner umfangreichen Werkstatt.

Die Malerei in den Niederlanden – Von Bosch bis Brueghel

Die künstlerische Situation in den Niederlanden und Flandern zu Beginn des 16. Jahrhunderts ist unübersichtlich. Zum einen erstarrt die altniederländische Malerei in Schematismen, die »Antwerpener Manieristen« bereichern und verunklären die tradierten Muster mit der Aufnahme italienischer Architekturformen und komplizierten Kompositionen. Folgenreicher ist das Werk von **Joachim Patinir** (um 1485–1524), der auch von Dürer bewundert wird. Er entwickelt in starker Aufsicht angelegte, panoramaartige Weltlandschaften; in

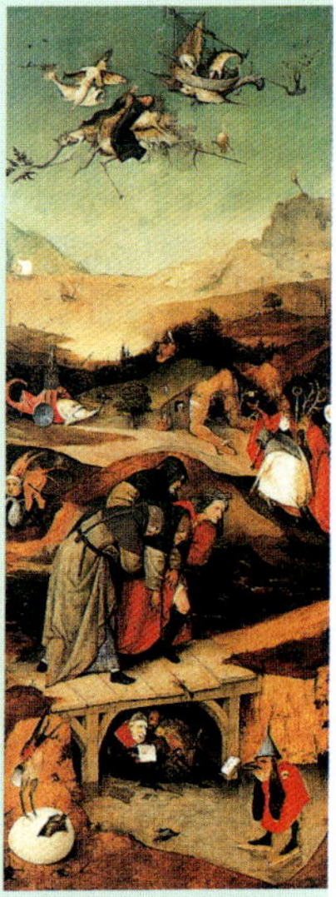

Hieronymus Bosch, **Versuchung des hl. Antonius,** linker Flügel des Triptychons, 1505/6, Öl auf Holz, 131,5 x 53 cm, Museu Nacional de Arte Antigua, Lissabon.

diese integriert er biblische und profane Szenen und begründet so parallel zur Donauschule die niederländische Landschaftsmalerei.

Merkwürdig zwischen Spätmittelalter und Manierismus steht das Werk des **Hieronymus Bosch** (1450–1516). Berühmt wird Bosch für seine apokalyptischen Visionen, die voller Pessimismus eine Gesamtaufnahme der Welt versuchen. Mit überbordender, bizarrer Fantasie setzt er das Grauen kalkuliert in Szene, seine rigide religiöse Ethik spiegelt sich in moralisierenden Allegorien. Grundthema ist die Verführbarkeit des Menschen, dem sich die Heiligen durchaus erfolgreich widersetzen. Bosch ist keinesfalls ein wahnsinniger Eigenbrötler, er gehört als Grundbesitzer zu den bedeutendsten Bürgern von s'Hertogenbosch. Seine Bilder werden von den Fürsten zahlreich gekauft; Philipp II. von Spanien hat eine der größten Sammlungen im Escorial. Der Mythos Boschs in der Nachwelt ist zweigeteilt: Das Bild schwankt zwischen dem Häretiker und dem orthodoxen Christen.

Mit der nächsten Generation von Künstlern beginnt die Zeit des niederländischen »Romanismus«. Die italienbegeisterten Maler (Jan Gossaert, genannt **Mabuse,** um 1478/88–1532; **Lucas van Leyden,** 1494–1533; **Jan van Scorel,** 1495–1562; **Maarten van Heemskerck,** 1498–1574) ziehen nach Rom, zeichnen die antiken Monumente, studieren Raffael und Michelangelo und entwickeln einen italianisierenden manieristischen Malstil. Lucas van Leyden gilt nach Dürer als der bedeutendste Kupferstecher der ersten Jahrhunderthälfte.

Eine Ausnahmeerscheinung ist **Pieter Brueghel d. Ä.** (1525/30–1569). Auch er reist 1551–54 nach Italien, doch findet sich im Gegensatz zu seinen Zeitgenossen keine direkte Übernahme italienischer Formen in seinem mit 40 Bildern übersichtlichen Werk.

Der Maler ist nicht der naive »Bauern-Brueghel«, wie ihn das 19. Jahrhundert verniedlichend sah. Dem wider-

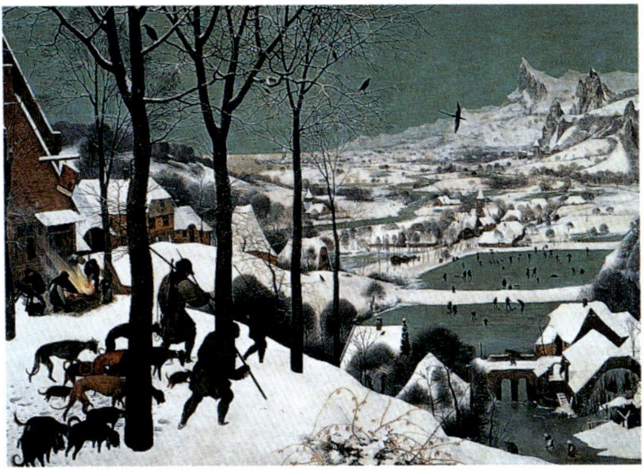

Pieter Brueghel d. Ä., **Die Jäger im Schnee,** 1565/66, Öl auf Holz, 117 x 162 cm, Kunsthistorisches Museum, Wien.
Brueghels Sicht auf die bäuerliche Welt ist nicht satirisch, vielmehr wird sie erstmals für bildwürdig befunden - auch als Gegenbild zur höfischen.

spricht seine persönliche Rolle in dem intellektuellen Milieu der Städte Antwerpen, Mecheln und Brüssel. Der Geograf Philipps II., Abraham Ortelius, und der Erzbischof von Mecheln und Minister, Kardinal Granvelle, gehören zu seinen Gesprächspartnern. Drei Auftragsbilder entstehen um 1561 im Stile Boschs, sie rationalisieren und humanisieren jedoch dessen düstere Weltsicht.

Hauptthema ist das Volks- und Bauernleben, das von den frühen *Hundert Sprichwörtern* (1559, Gemäldegalerie Staatliche Museen, Berlin) bis zu den Spätwerken, der *Bauernhochzeit* und dem *Bauerntanz* (beide um 1568, Kunsthistorisches Museum, Wien) reicht. Glanzvolle Höhepunkte der gesamten Landschaftsmalerei sind die sechs *Jahreszeitenbilder* (eines verloren), die als Fries das Haus des Nicolaas Jonghelinck in Antwerpen schmückten *(Der düstere Tag, Die Heimkehr der Herde, Die Jäger im Schnee*, Kunsthistorisches Museum, Wien; *Die Heuernte,* Nationalgalerie, Prag; *Die Kornernte,* Metropolitan Museum of Art, New York; alle 1565–66). Idee und Realität, Naturschilderung und künstlerische Vision, Individuum und Welt gehen im Kosmos der Bilder auf.

Die Kunstkammer – Hofkunst des Spätmanierismus

Die Kunstkammer des Manierismus leitet sich vom *studiolo* der italienischen Renaissance ab (Studioli in Florenz, Palazzo Medici; ein manieristisches Pendant im Palazzo Vecchio; in Mantua, Urbino und Gubbio, jeweils im Palazzo Ducale).

Der Habsburger Kaiser Ferdinand I. benutzt erstmals den Begriff für seine fürstlichen Sammlungen. Unter Kaiser Maximilian II. wird das Konzept ausgebaut und erweitert. Neben merkwürdigen Naturalien, Rüstungen und Goldschmiedearbeiten, z. B. dem Aztekenschmuck Montezumas, gelangen auch die Bilder **Guiseppe Arcimboldos** (1527–1593) in die Wiener und Prager Sammlung. Dessen aus Pflanzenteilen, Obst und Gemüse komponierte Porträts sind weniger bizarre Nebenprodukte eines übertriebenen Manierismus, als dass sie die Einheit von Natur, Jahreszeiten und Makrokosmos im menschlichen Antlitz als Spiegel der habsburgisch regierten Welt darstellen. Maximilians Bruder Erzherzog Ferdinand von Tirol baut in Schloss Ambras bei Innsbruck die neben Prag beeindruckendste Kunstkammer des Manierismus auf.

Höhepunkt aller Kunstkammern ist die Sammlung Kaiser Rudolfs II. in Prag. Bis zu seinem Tod 1612 beruft er eine ganze Reihe von Künstlern, Goldschmieden, Uhrmachern, Philosophen und Astronomen an

Karel van Mander: **Das Schilder-Boek** von 1604. Der Niederländer **Karel van Mander** (1548–1606) ist als Maler und begabter Zeichner fast vergessen. Der Durchbruch in Rom oder am Hof Rudolfs II. bleibt ihm versagt. Die letzten Lebensjahre konzentriert er sich in Haarlem auf das Schreiben des »Malerbuches«, was ihm den erhofften Ruhm einbringt. Nach einem einleitenden didaktischen Lehrgedicht beschreibt er in enger Anlehnung an Plinius d. Ä. die wichtigsten antiken Maler, dann adaptiert er Vasaris Viten, ergänzt diese aber um spätere Maler, beispielsweise die erste Lebensbeschreibung Caravaggios (s. S. 92). Wichtigster Teil des umfangreichen Werkes sind die »Levens van de beroemde Nederlandse en Hoogduitse schilders«. Aus niederländischer Sicht schreibt er eine Art Gegen-Vasari, allerdings mit dessen Methode. Statt mit Giotto setzt er mit Jan van Eyck an und verfolgt die Malerei bis in die eigene Gegenwart. Insbesondere die Biografien der manieristischen Künstler, wie des virtuosen Kupferstechers **Hendrick Goltzius** (1558–1617), des Freundes **Bartholomäus Spranger** (s. S. 87) oder des wichtigsten holländischen Manieristen, **Cornelis van Haarlem** (1562–1638), sind als kunsthistorische Quellen unersetzlich.

den Hof, sodass man von einer »Prager Hofschule« spricht. Der Kaiser versucht in seiner Kunstkammer, den Makrokosmos der sichtbaren und spekulativen Welt im Einzelgegenstand sowie in der Spannbreite der Sammlung selbst sichtbar werden zu lassen. Ihn als Auftraggeber bevorzugt erotischer Themen zu nennen, hieße die wissenschaftliche Ernsthaftigkeit seines Bemühens infrage zu stellen und griffe zu kurz. Die erotischen Allegorien von **Bartholomäus Spranger** (1546–1611) oder **Hans von Aachen** (1552–1615) werden von der niederländischen Malerei **Roelandt Saverys** (1576–1639) ergänzt, den Rudolf in die Alpen reisen lässt, damit seine feinen, auf Kupferplatten gemalten Landschaften so naturnah als möglich ausfallen. Der Monarch zählt auch zu den Bewunderern Dürers, er ist fasziniert von dessen Naturstudien. Politisches Missgeschick und überragende mäzenatische Bedeutung fallen indes in der Person Rudolf II. tragisch zusammen.

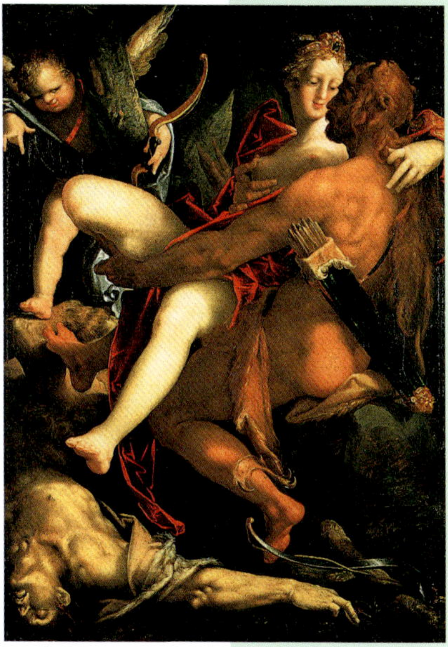

Bartholomäus Spranger, **Herkules und Deineira mit dem toten Kentauren Nessus,** um 1585, Öl auf Holz, 112 x 82 cm, Kunsthistorisches Museum, Wien.

Mit dem Dreißigjährigen Krieg wird die Kunstkammertradition unterbrochen; von jetzt an werden Bilder in eigenständigen Galerien des absolutistischen Schlosses getrennt vom Kunstgewerbe, den geheimnisvollen Narwalzähnen und verzierten Nautilusmuscheln gezeigt.

Spätestens der Rationalismus der Aufklärung verfügt die enzyklopädische Ordnung der Dinge und damit die Aufteilung der Kunstkammerstücke in die verschiedenen Spezialsammlungen, wie sie noch heute die Museumsstrukturen bestimmt.

Malerei im Zeitalter des Absolutismus

Die Epoche des Barock wird bestimmt durch die Stabilisierung der religiösen Teilung Europas in protestantische und weiterhin katholische Gebiete. Nach dem Westfälischen Frieden von Münster und Osnabrück (1648), der den Dreißigjährigen Krieg beendet, sind weitgehend die Grenzen festgelegt, wie sie bis zum Aufstieg Preußens im 18. Jahrhundert und den Napoleonischen Kriegen weitgehend Bestand haben. Dem seit dem Edikt von Nantes (1598), das zunächst den Religionsfrieden von oben festlegte, erstarkenden Frankreich unter Ludwig XIV. steht das Habsburgerreich als zweite katholische und absolutistische Großmacht gegenüber.

Aufgaben im religiösen Bereich entfallen für die Maler der protestantischen und reformierten Gebiete zumeist, weil diese nicht mit der neuen Bilderfeindlichkeit in Einklang zu bringen sind. Trotzdem produzieren die wirtschaftlich aufstrebenden Länder der protestan-

ab 1607
Kollektivsiedlungen ohne Privatbesitz im Jesuitenstaat Paraguay
1609
Fall- und Pendelgesetze des Galileo Galilei
1611–1632
Gustav II. Adolf von Schweden
1618–48
Dreißigjähriger Krieg
1618
Harvey entdeckt den Blutkreislauf.
1624–42
Kardinal Richelieu, Leitender Minister in Frankreich
1635
Gründung der Academie Française
1640–88
Friedrich Wilhelm I., der »Große Kurfürst«, Begründer des brandenburgisch-preußischen Staates
1649
Hinrichtung Karls I. von England
1649–60
England als Republik unter Führung Oliver Cromwells
1661–1715
Ludwig XIV. von Frankreich, der »Sonnenkönig«
1683
Belagerung Wiens durch die osmanischen Türken
1685
Geburt von Georg Friedrich Händel und Johann Sebastian Bach
1688
»Glorious Revolution« in England durch Wilhelm III. von Oranien
1689
Declaration of Rights, Beginn der konstitutionellen Monarchie in England
1690
Huygens entwickelt die Wellentheorie des Lichts.
1703
Gründung von St. Petersburg

tischen Welt, allen voran die Vereinigten Niederlande, eine Bilderflut, wie sie selbst die italienische Renaissance nicht gekannt hatte. Die Bilder feiern und ermahnen eine pragmatisch handelnde (und Handel treibende) Gesellschaft, welche die »Scham des Reichtums« (Simon Schama) für sich abarbeitet, indem sie Wirklichkeit bis ins kleinste Detail abbilden lässt: Porträt, Gruppenbild, Genreszenen, Stillleben, Interieur- und Tierbilder, Seestücke sind die teilweise neu erfundenen Gattungen der holländischen Malerei.

Für das katholische Europa, also Italien, Frankreich, Flandern, die habsburgischen und süddeutschen Gebiete, setzt das Tridentinische Konzil als offizieller Abschluss der Gegenreformation (1545–1563) strenge Maßstäbe für die religiöse Kunst. Zu kompliziert und erotisch waren die religiösen Bilder und Fresken während des Manierismus geworden, um noch als Anleitung zum Gebet zu taugen. Das Konzil beschließt eine neue Eindeutigkeit religiöser Kunst, die wieder verständlich, einfach, dezent und anbetungswürdig sein soll. Die Inquisition, aber auch die auf fürstlichen Wunsch eingerichteten Akademien als Ausbildungsstätten der Maler (besonders wichtig für Italien wird 1577 die Gründung der Accademia di San Luca in Rom), überwachen direkt oder indirekt die Einhaltung der neuen Standards für religiöse Bilderzählungen.

Entscheidender Motor dieser Entwicklungen sind die Jesuiten, die sich als »Streitmacht Christi« begreifen. Noch ihr Gründer **Ignatius von Loyola** (1491–1556) beginnt 1550 den Bau der ersten Jesuitenkirche Il Gesù in Rom, die zum Vorbild der Barockkirchen schlechthin wird. Im Innern entlädt sich die prunkvolle Ausstattung in einem Gesamtkunstwerk aus Malerei, farbiger Skulptur und katholischem Ritus. In den Kirchenausstattungen liegt eine der Hauptaufgaben der Malerei des katholischen Barock: Die Wände, Decken und Kuppeln werden mit Fresken bemalt, Altarblätter schmücken die zahlreichen Kapellen.

Der Begriff **Barock** bezeichnet ursprünglich im Portugiesischen eine unregelmäßige, schiefrunde Muschel und wurde vom Juweliershandwerk für Perlen gebraucht. Im italienischen *barocco*, im französischen *baroque*, steht Barock seit dem 17. Jahrhundert polemisch für eine schwülstige, mit Pathos aufgeladene Kunst und Literatur. Erst ab der Mitte des 19. Jahrhunderts verliert der Begriff seinen negativen Klang.

Im Barockschloss treffen Herrscherpaar, Hof und Außenwelt in den Prunkräumen aufeinander: Gartensaal, Festsaal und Treppenhaus bilden die Kulisse für die Rituale einer absolutistischen Theaterwelt. Die Ausmalung der Raumdecken, das offizielle Staatsporträt, aber auch die bildliche Umsetzung intimer erotischer Themen für die privaten Kabinette bauen auf den Vorbildern aus Renaissance und Manierismus auf. Ziel der offiziellen Hofkunst ist immer die idealisierte künstlerische Überhöhung des Herrschers und seiner Familie, die oft genug im griechisch-römischen Götterhimmel ihren Platz finden. Religiöse (Kirchenraum) und profane Sphären (Palast) bleiben örtlich und thematisch strikt getrennt. Beiden gemeinsam ist die bewegte barocke Bildersprache. Tod und pralles Leben sind als Hauptthemen barocker Kunst stets gegenwärtig.

Die Ausgangspunkte: Carracci und die Bologneser Schule

Annibale und **Ludovico Carracci** (1560–1609 und 1555–1619) aus Bologna experimentieren in ihrem Atelier mit allen Gattungen der Malerei, darin nur Leonardo da Vinci vergleichbar. Sie schaffen eine beruhigte Form der barocken Landschaftsmalerei ebenso wie erste Beispiele der neuzeitlichen Karikatur. Aus der Bewegtheit Correggios, der Farbigkeit und den Kompositionen Raffaels sowie der dynamischen Figur Michelange-

Annibale Carracci, **Christus und die Samariterin am Brunnen,** um 1605, Öl auf Leinwand, Kunsthistorisches Museum, Wien.
Im Ernst der Darstellung lenkt nichts vom religiösen Ereignis ab, womit auch die Forderungen des Tridentinischen Konzils erfüllt werden.

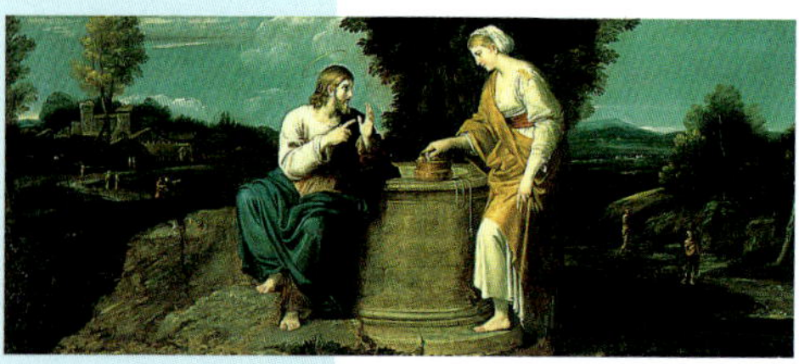

los entwickeln sie den Prototyp des lichterfüllten barocken Bildes. Das religiöse Bild wird auf die wichtigen Figuren reduziert, die Bildaussage ist auch für den Laien leicht erkennbar. Die Farben sind, dem Vorbild der römischen Hochrenaissance (Raffael) folgend, auf den Vierklang Rot-Blau-Gelb-Grün bereinigt, womit auch die mehrdeutige Farbigkeit des Manierismus verlassen wird. Nur die zentrale Botschaft wird dem Betrachter zur Anbetung oder Bewunderung dargeboten, die religiöse Szene ist in eine beruhigende Landschaft eingebettet. Die lichte Farbigkeit und der zurückgenommen bewegte Kompositionsaufbau werden zum Markenzeichen der »Bologneser Schule«, deren Repräsentanten wie **Domenichino** (1581-1641), **Giovanni Lanfranco** (1582- 1647), **Guercino** (1591-1666) oder **Guido Reni** (1575-1642) zumeist in Bologna, Rom oder Neapel arbeiten. Dem Toskaner **Pietro da Cortona** (1596-1669), Lanfranco und Guercino kommt eine entscheidende Rolle bei der »Erfindung« des barocken Deckenbildes zu. In der Folge von Correggios Werken eröffnen sie illusionistische Himmelslandschaften und überhöhen den allegorischen und religiösen Bildsinn. Die Figuren sind oft in extremer Untersicht *(sotto-in-su)* dargestellt.

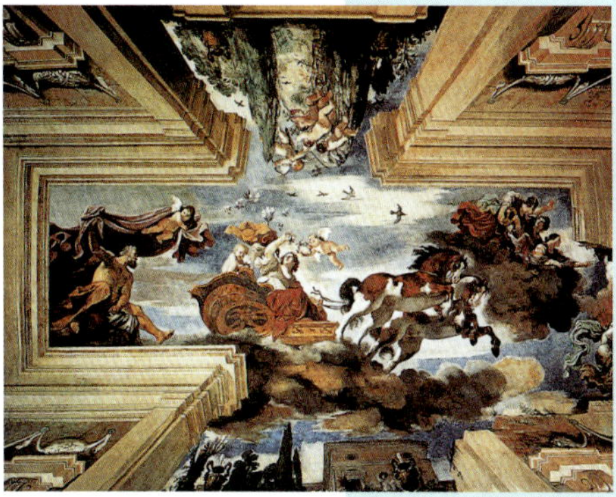

Guercino, **Aurora,** 1621-23, Deckenfresko, Villa Ludovisi, Rom. Die auf ihrem Wagen den Morgen begrüßende Aurora schiebt im rechten Bildteil selbst den architektonischen (gemalten) Rahmen zur Seite. Realität und Mythos fallen in der Dynamik der Bilderzählung zusammen.

Als fulminanter Höhepunkt religiöser Deckenmalerei gelten die Kirchenausmalungen des Jesuitenpaters **Andrea Pozzo** (1642-1709). Mit verkürzten Rahmenarchitekturen eröffnet sich der illusionistische, perfekt perspektivisch organisierte Scheinraum, eine ekstatische Entgrenzung der Kirche in himmlische Sphären.

Die genannten Maler Roms und Bolognas begründen eine akademische Richtung der Barockmalerei, die noch für Goethe und die Akademien des 19. Jahrhunderts den Gipfel der Malerei überhaupt bedeutet.

Die Alternative: Caravaggio

Im Gegensatz zur Bologneser Schule arbeitet Michelangelo Merisi, genannt **Caravaggio** (1573–1610), mit einer harten Helldunkel-Lichtregie die Figuren seiner Bilder aus einem meist schwarzbraunen Hintergrund heraus. Die Farbigkeit ist entsprechend auf wenige Zwischentöne reduziert. Als echter Revolutionär der Malerei sucht Caravaggio seine Modelle im einfachen Volk und bringt diese ohne idealisierende Überhöhung auf die Leinwand. Heilige mit dreckigen Fingernägeln, die Leiche einer Prostituierten als Gottesmutter: Dieser unkonventionelle Umgang mit Modellen und religiösen Themen führt gelegentlich zur Ablehnung der fertigen Bilder. Andererseits bedient Caravaggio die Kardinäle mit erotischen Knabenbildern, was ihn zunächst vor der Inquisition schützt. Trotzdem liefert sein Leben keine Erfolgsgeschichte. Unter Mordverdacht hetzt er von Rom erst über Neapel nach Malta und stirbt auf dem Rückweg nach Rom 37-jährig. Es gibt kaum einen Künstler, der so schulbildend wirkt, ohne jemals eine größere Werkstatt und damit eine direkte Schülerschaft gehabt zu haben. Es zeigt sich nämlich rasch, dass eine gleichsam gezähmte Malerei in seinem Stil durchaus im Sinne der offiziellen Gegenreformation einzusetzen ist: als volkstümliche Variante der akademischen Bologneser und ihrer Schule. Seine Nachfolger, von der Kunstgeschichte als »Caravaggisten« bezeichnet, nutzen diesen Umstand aus, von Neapel, wo **Carracciolo** (1570–1637) einen eigenständigen Stil entwickelt, bis in die Niederlande (**Hendrick Terbrugghen,** 1588–1629) und nach Frankreich (**Simon Vouet,** 1590–1649).

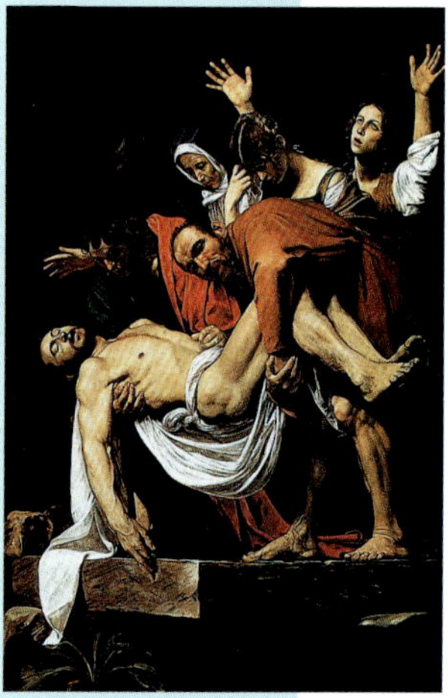

Caravaggio, **Grablegung Christi,** um 1602/4, Öl auf Leinwand, 300 x 203 cm, Pinacoteca, Vatikan.

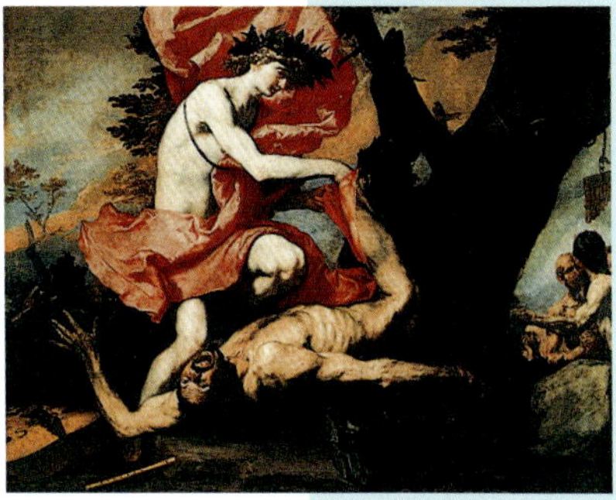

Guiseppe Ribera, **Apoll schindet Marsyas,** 1637, Öl auf Leinwand, 183 x 234 cm, Galleria Nazionale di Capodimonte, Neapel.

Als wichtigste Malerin des Barock gilt **Artemisia Gentileschi** (1597–1652). Wie ihr Vater **Orazio Gentileschi** (1563–1639/40), ab 1626 Hofmaler bei Charles I. in England, arbeitet sie im Stil Caravaggios. Verbinden sich die kräftigeren Farben der Bologneser mit der Helldunkel-Malerei, ist der Erfolg beim Publikum sicher. In diesem Sinne lichtet Jusepe oder **Guiseppe Ribera** (1591–1652), ein Spanier, der in Neapel arbeitet (dort deshalb »Lo Spagnoletto« genannt), seine Palette zunehmend auf. Seine *Schindung des Marsyas* ist ein herausragendes Beispiel für die Synthese aus Bologneser Schule, Caravaggio und spanischen Traditionen.

Künstlerinnen sollen bereits in der Antike aktiv gewesen sein, auch Giorgio Vasari beschreibt Frauen, die gemalt haben sollen. Mit dem neuen Selbstbewusstsein des Künstlers in der italienischen Renaissance wird der Weg für die ersten **Malerinnen** geebnet: **Sofonisba Anguissola** (1532–1625) ist die erste bekannte Frau, die als Malerin von Porträts, religiösen wie weltlichen Themen alle Bereiche der frühbarocken Malerei abdeckt. **Artemisia Gentileschi** (1597–1652) malt vor allem hochdramatische religiöse Bilder. Mit den verschiedenen Versionen der Judith, die Holofernes enthauptet, hat sie der modernen feministischen Kunstgeschichte entscheidende Impulse gegeben. Überwiegend aber sind Frauen nur als begabte Zeichnerinnen im Rahmen der höfischen humanistischen Ausbildung auch als Künstlerinnen akzeptiert. Eine öffentliche Stellung als eigenständige Malerin bleibt die Ausnahme. Das Porträt bleibt in Aufklärung und Romantik ihre Domäne; hier spielen Frauen erstmals eine bedeutende Rolle, so die europaweit erfolgreiche **Rosalba Carriera** (1675–1757) mit Pastellporträts; **Angelica Kauffmann** (1741–1807), die auch für ihre sensiblen mythologischen Bilder bekannt wird, und auch **Elisabeth Vigée-Lebrun** (1755–1842) spielten eine wesentliche Rolle als Porträtistinnen im vorrevolutionären Europa. Mit dem Impressionismus etablieren sich in der Pariser Bohème einige Malerinnen von Bedeutung wie **Mary Cassatt** (1845–1926) oder **Berthe Morisot** (1841–1895). Erst jetzt können Frauen auch an eigenen Kunstschulen eine professionelle Ausbildung absolvieren. Mit dem Beginn der Moderne nimmt die Zahl bedeutender Künstlerinnen auch deshalb zu, weil die Emanzipation ein neues soziales Umfeld schafft. Im deutschen Sprachraum seien nur **Paula Modersohn-Becker** (1867–1907) oder **Gabriele Münter** (1877–1962) genannt. In einem fortlaufenden Prozess des Kampfes um Anerkennung und Emanzipation erreichen Frauen in der zweiten Hälfte des 20. Jahrhunderts eine Gleichstellung mit den männlichen Künstlerkollegen.

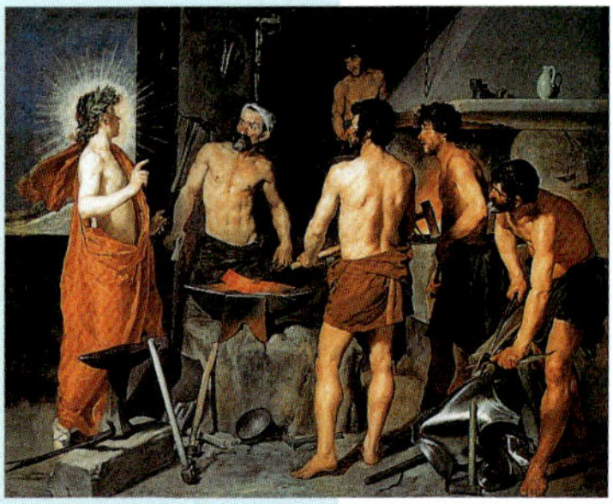

Diego Velázquez, **Die Schmiede des Vulkan,** 1630, Öl auf Leinwand, 223 x 290 cm, Museo del Prado, Madrid.

Diego Velázquez, **Papst Innozenz X.**, 1650, Öl auf Leinwand, 140 x 115 cm, Galleria Doria Pamphilj, Rom. Der fast nervöse Farbauftrag im Gewand und die angespannte Sitzhaltung des Modells sind Momente einer realen Gegenwärtigkeit der porträtierten Person, wie sie vor Velázquez in Spanien nur von El Greco erreicht worden war.

Velázquez und die spanische Malerei

El Grecos exaltierte Malerei bleibt in Spanien ohne Nachfolge. Am Hof dominieren Porträtmaler, das Stillleben entwickelt sich als bedeutende Gattung, in den Provinzen entstehen lokale Schulen, vor allem in Valencia und Andalusien. In Sevilla wächst **Diego Silva de Velázquez** (1599–1660) in künstlerisch provinziellem Milieu auf, er malt zunächst Genrebilder in einer Caravaggio nahen Helldunkel-Malerei.

Mit Philipp IV. auf dem Thron ändert sich die Situation. Trotz oder wegen dessen schwindender politischer Bedeutung und wirtschaftlichem Abschwung, bemüht der König die Künstler für die Überhöhung seiner absolutistischen Majestät. Der Status eines Hofmalers wird das Ziel aller Begabten, die Italienreise zur Voraussetzung hierfür. Velázquez lernt in Italien auf Anregung Philipps die Malerei der Bolognesen, Caravaggios, später auch des Franzosen Poussin kennen.

Nach Spanien zurückgekehrt, verraten Komposition und Figurenaufbau wie der Apoll in der *Schmiede des Vulkan* die Entdeckungen der Reise (Michelangelos muskulöse Figuren und Antikenstudium). Als Hofmaler porträtiert er die Herrscherfamilie immer wieder in Serien von Leinwandbildern in anregender Weise, indem er mit einem fast impressionistischen Pinselstrich den Charakteren der Hofgesellschaft nahe kommt. Nicht von ungefähr begreifen die französischen Impressionisten den Spanier als eine ihrer Leitfiguren.

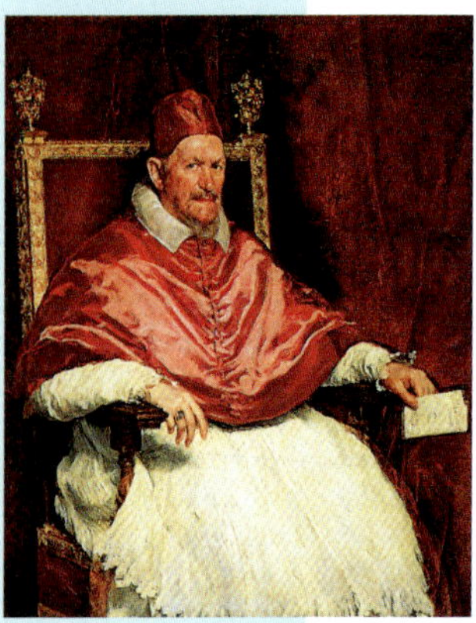

Eine Sternstunde der Bildnismalerei bedeutet das *Porträt Papst Innozenz X.* Im flackernden, unsicheren Blick des Papstes begegnen wir einem schwachen, unberechenbaren Kirchenfürsten, der in seinem

Handeln allzu sehr von der Familie bestimmt wurde. Unsterblichen Ruhm gewinnt Velázquez mit den *Las Meninas*, der Summe seines künstlerischen Schaffens. Dargestellt sind eine bunt zusammengewürfelte Hofgesellschaft sowie der Maler selbst, der an der Staffelei steht und, aus dem Bild herausblickend, den Betrachter ansieht. Das Königspaar betritt den Raum, ist jedoch nur in einem Spiegel an der Rückwand des Raumes zu sehen. Damit wird das Spiel zwischen Maler, Raum und Betrachter vieldeutig. Der Betrachter steht an eben derselben Stelle wie das Königspaar, welches nur im Spiegel sichtbar ist. Der Maler schaut von der Arbeit auf, um das Königspaar anzusehen, damit aber auch den (heutigen) Betrachter des Bildes. Die Reaktionen der Hofdamen und Zwerge sind ebenso zweideutig angelegt. Der Bildraum dehnt sich in den Raum des Betrachters aus. Je weiter dieser sich aber dem Bild nähert und in den Bildraum einzutreten versucht, desto unschärfer wird es, auch in seiner malerischen Struktur. Der Betrachter kann nun entweder mit Goncourt, dem französischen Schriftsteller des 19. Jahrhunderts, fragen, wo denn nun überhaupt das Bild sei, oder aber mit dem französischen Philosophen Michel Foucault *Las Meninas* als Bild eines Bildes begreifen. Der Zuschauer bleibt traumhaft vor dem Bild gefangen und in seiner vertrackten Position als Individuum auf sich gestellt, wie dies das spanische Drama mit Calderón de la Barca (»Das Leben ist Traum«) oder auch Miguel Cervantes in seinem »Don Quijote« zur selben Zeit thematisieren.

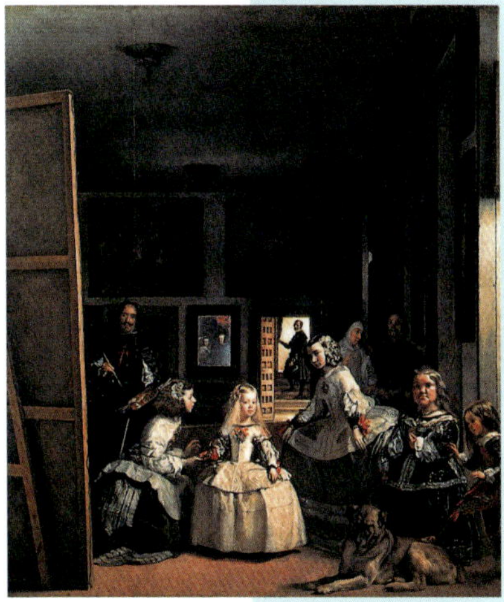

Diego Velázquez, **Las Meninas,** 1656, Öl auf Leinwand, 318 x 276 cm, Museo del Prado, Madrid.
Der Betrachter wird nie erkennen können, was Velázquez im Bild an seiner Staffelei malt (das Königspaar oder das Bild selbst?), da nur die Rückseite der Leinwand zu sehen ist.

Um Velázquez gibt es eine Gruppe von Malern, die seinem Malstil nacheifern, jedoch nicht die Komplexi-

Joachim von Sandrarts (1606–1688) schriftstellerische Leistung zeigte mehr Wirkung als sein vielfältiges malerisches Œuvre. Mit dem zweibändigen Werk »Teutsche Akademie der Edlen Bau-, Bild- und Mahlerey-Künste« (1675 und 1679 erschienen) veröffentlichte er ein Kompendium von Künstlerbiografien, Traktaten, Bestandskatalogen und Kommentaren sowie seine eigene Biografie in deutscher Sprache – nach Vasari und Karel van Mander die dritte wichtige große Quellenschrift der Kunstgeschichte.

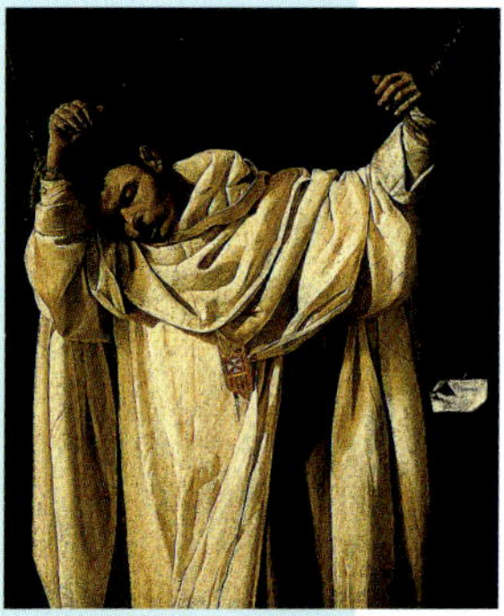

Francisco de Zurbarán, **Der hl. Serapion,** 1628, Öl auf Leinwand, 121 x 104 cm, Wadsworth Atheneum, Hartford, Conn.

tät der Werke nachvollziehen. Eine populärere Richtung schlägt mit seinen Genreszenen und lieblichen Madonnenbildern **Esteban Murillo** (1617–1682) ein, mit denen er das volkstümliche spanische Madonnenbild bis heute prägt, auch für Lateinamerika.

Eine Ausnahmeerscheinung ist **Francisco de Zurbarán** (1598–1664). Obwohl der Künstler ab 1634 in Madrid an der Seite von Velázquez arbeitet und mit der Ernennung zum Hofmaler große Anerkennung erfährt, zieht es ihn bald nach Andalusien zurück. Dort entstehen 1637–39 die großen religiösen Zyklen für die Kartause von Jerez sowie für das Kloster von Guadalupe. Ihm gelingt eine Umsetzung des Stils von Caravaggio, also eine Helldunkel-Malerei mit den Mitteln reiner Farbe, mit einer »Magie der Farbe Weiß«, da er aus dieser schwierigen »Un-Farbe« alle denkbaren Farbnuancen entwickelt. Vor meist dunklem Hintergrund modellieren sich Figuren durch die sorgfältige Verteilung leuchtender Farbflächen im Raum, die eine mystische Wirkung entfalten.

Die Malerei Mitteleuropas

Das Gebiet des Heiligen Römischen Reiches wird im Dreißigjährigen Krieg (1618–48) besonders stark in Mitleidenschaft gezogen. Verbunden mit der wirtschaftlichen Rezession an den kleineren Fürstenhöfen und in den Reichsstädten, ist dies ein Grund dafür, dass im 17. Jahrhundert nach den großen Jahren der Prager Hofschule nicht gerade von einer Blüte der Malerei in

Mitteleuropa gesprochen werden kann. Hinzu kommt die Fixierung der deutschen Künstler auf Rom. Viele Maler gehen zum Studium der Meister nach Italien und bleiben oft dort, weil ihnen in der Heimat die Aufträge fehlen.

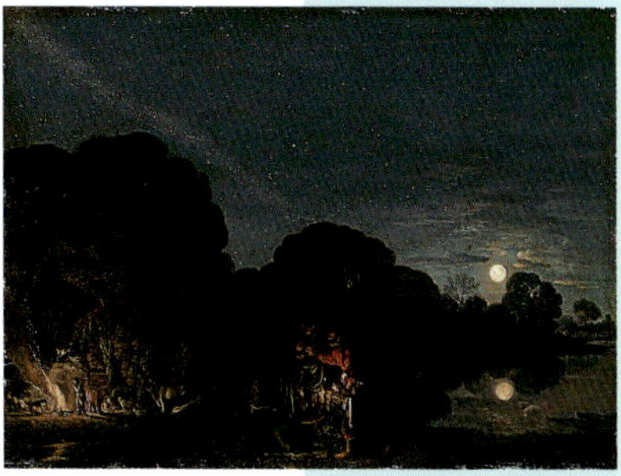

Adam Elsheimer, **Die Flucht nach Ägypten,** 1609, Öl auf Kupfertafel, 31 x 41 cm, Alte Pinakothek, München.
Als einer der ersten Maler entwirft Elsheimer romantische Nachtlandschaften voller Poesie.

Der Frankfurter **Adam Elsheimer** (1578–1610) bemalt kleinformatige Kupfertafeln, eine Technik, die im deutschen Manierismus für die Kunstkammerstücke aufkam und eine äußerst feine und farblich brillante Malerei ermöglicht. Elsheimer gelingt es, in diese Kleinformate gekonnt monumental anmutende Kompositionen einzupassen, deren dramatische Lichtführung bis ins 18. Jahrhundert wirkt. Über Kupferstiche nach seinen Bildern finden sich Nachklänge dieses überschaubaren Werks bei Lorrain, Poussin, Rembrandt und Rubens.

Einen anderen, aber ähnlich einflussreichen Weg schlägt **Johann Liss** (um 1597–1629/30) ein. Nach Besuchen der Niederlande und natürlich Roms, wo er die Kunst Caravaggios kennenlernt, lässt er sich in Venedig nieder. Hier entstehen bewegte, farblich aufgehellte Bilder, die anders als Elsheimers Täfelchen, unserer Vorstellung von schwungvoll bewegten, »barocken« Bildern entsprechen. In der Nachfolge von Tintoretto und Veronese bereiten sie in Venedig den Weg für die Malerei eines Piazzetta oder Tiepolo.

Johann Liss, **Der Tod der Cleopatra,** um 1622–24, Öl auf Leinwand, 97,5 x 85,5 cm, Alte Pinakothek, München.

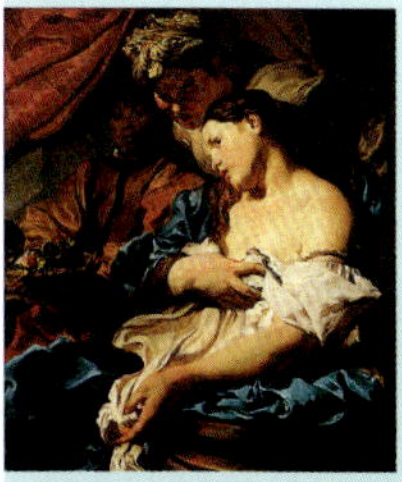

Als einer der wenigen Maler der Zeit zeigt sich **Johann Heinrich Schönfeld** (1609–1684) nicht von Caravaggio beeindruckt. Seine Biografie ist exemplarisch: Den deutschen Wirren entflieht er 1633 nach Rom, um erst 1651 nach Augsburg zurückzukehren, wo er zunehmend religiöse Bilder malt. Als Spezialist muss **Georg Flegel** (1566–1638) gelten, der nach 1593 in Frankfurt als erster deutscher Maler fast ausschließlich Stillleben produziert.

Die Malerei Frankreichs – Poussin, Lorrain, de la Tour
Nach dem Tod Ludwigs XIII. 1643 übernimmt Ludwig XIV. die Krone in Frankreich – und ist als »Sonnenkönig« bis zu seinem Tod 1715 die bestimmende Macht in Frankreich. Sein Absolutismus, der das Staatswesen von der zentralen Wirtschaftslenkung über die staatliche Förderung der Wissenschaft (die *Académie Française* wurde bereits 1635 gegründet) bis hin zur Religions- und Außenpolitik bestimmt, wird zum Vorbild der Fürstenhöfe Europas. Die Grundlagen hierfür hatte der leitende Minister, Kardinal Richelieu, bereits unter Ludwig XIII. gelegt.

Mit der »Académie Royale de peinture et de sculpture« gründet der König 1648 eine Kontrollinstanz und Lehrschule, um die offizielle Kunstpolitik durchzusetzen. Erster Direktor wird der Maler **Charles Le Brun** (1619–1690), der mit dem Architekten Jean Hardouin Mansart und dem Gartenarchitekten Le Nôtre maßgeblich an der Ausstattung der königlichen Schlösser, allen voran Versailles, beteiligt ist. In seinen Schriften und Vorträgen formuliert Le Brun die Standards der Malerei, vom idealen Gesichtsausdruck, der Mimik, bis hin zur Festlegung (1667 vor der Akademie), dass die Zeichnung, nicht jedoch die Farbe, bestimmend für die Malerei sein müsse. Dies ist ein klares Nein gegen die Farbmalerei von Rubens. Le Bruns eigene Malerei entspricht in ihrer barocken Bewegtheit nicht ganz dem offiziell empfohlenen und gelehrten klassischen Stil, der auch die Architektur und Skulptur Frankreichs von der Italiens unterscheidet.

Nicolas Poussin, **Et in Arcadia ego**, um 1638–40, Öl auf Leinwand, 85 x 121 cm, Musée du Louvre, Paris. Das Bild vermittelt Antikensehnsucht, Naturpoesie und literarische Durchdringung Poussin'scher Kunst.

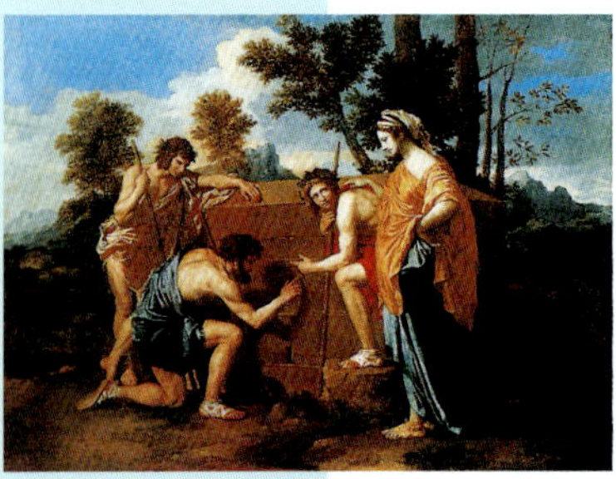

Nicolas Poussin (1594–1665) verkörpert in idealer Weise die Forderungen eines malerischen Klassizismus, wie er von Le Brun gelehrt wird. Nach 1624 ist Poussin, von wenigen Unterbrechungen abgesehen, ganz in Rom tätig, wo er in engem Austausch mit den italienischen Malern steht. Die Kunstmetropole vermittelt ihm die Kenntnisse der römischen Antike, die Landschaft der römischen Campagna wird ihm Vorbild seines Traums von *Arkadien*. Seine Bilder markieren die Geburtsstunde einer akademisch-klassischen Malerei auf hohem Niveau. Mit überlegt in der Bildfläche und im Bildraum verankerten Personengruppen, die er vor antike Kulissen komponiert, bestimmt er das religiöse und geschichtliche Historienbild bis zu Jacques-Louis David (s. S. 127). Die Farbigkeit ist auf wenige klare Grundwerte reduziert, ein Kanon, der letztlich auf Raffael zurückgeht. Gestik und Mimik der Figuren sind auf strenge geometrische Grundmuster festgelegt. Sie entsprechen darin dem zeitgenössischen Theater eines Corneille oder Racine, die die klassische Tragödie mit einer präzisen Dramentheorie für die königliche Bühne neu beleben.

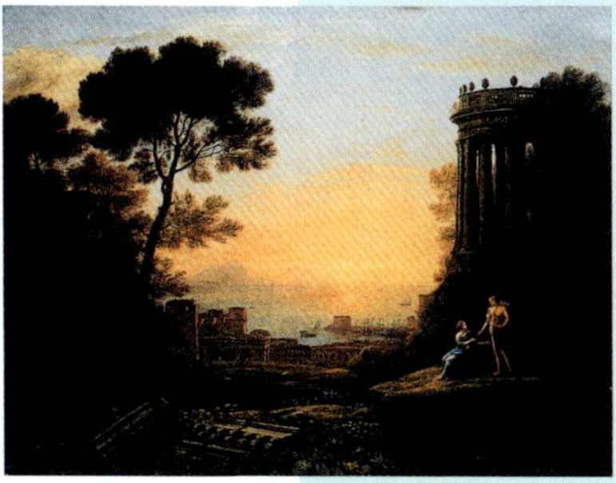

Claude Lorrain, **Landschaft mit Errettung der Psyche,** 1666, Öl auf Leinwand, 92 x 157 cm, Wallraf-Richartz-Museum, Köln. Die Bildgegenstände, Personen, antike Architekturen und Bäume verschwimmen im warmen bis silbrigen Gelb der Sonnenauf- und -untergänge. Das Licht verbreitet sich diffus im Blattwerk der Bäume und löst deren Konturen fast auf.

Ob sich Poussins Kunst auch für das religiöse Bild im selben Maße eignet wie für mythologische Themen, mag angesichts ihrer klassischen Kühle bezweifelt werden. Immerhin entsprechen die Bilder dem pragmatisch eingesetzten Staatskatholizismus des Sonnenkönigs, dessen Absolutismus der Kanzelredner Jacques Bousset auf die Formel »Un roi, une foi, une loi - Ein König, ein Glaube, ein Gesetz« gebracht hatte.

In den Landschafts- und Hafenbildern des **Claude Lorrain** (1600-1652) treten die Figuren stärker zurück als bei Poussin. Ausgehend von den Naturschilderungen Elsheimers sind Lorrains Bilder von extremem Gegenlicht erfüllt, das meist direkt von der ins Bild gesetzten Sonne aus der Tiefe des Raumes hervorscheint. Damit erreicht der Maler eine weiche atmosphärische Grundstimmung. Die mythologischen oder religiösen Themen selbst sind oft schwer auszumachen, weil die Figuren in den idealen

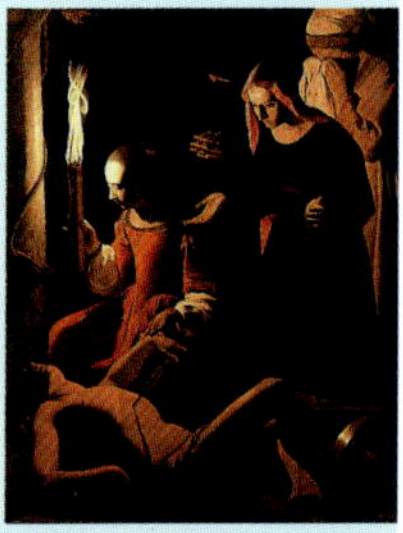

Georges de la Tour (Schule?), **Die Auffindung des hl. Sebastian,** um 1649, Öl auf Leinwand, 162 x 129 cm, Staatliche Museen Preußischer Kulturbesitz, Gemäldegalerie, Berlin. Im Gegensatz zu Caravaggio ist in seinen Bildern die Lichtquelle oft als Kerze innerhalb des Bildes sichtbar.

Landschaften fast aufgehen. Seine Bilder erfreuen sich vor allem im englischen 18. Jahrhundert höchster Beliebtheit, kommen sie doch dem Ideal des englischen Landschaftsgartens sehr nahe.

Zeigt schon Lorrains Kunst in ihrer fast romantischen Subjektivität eine Abkehr vom offiziellen Klassizismus, so entfalten sich in den Provinzen, aber auch in Paris selbst, zeitgleich gegenläufige Tendenzen. Die Brüder **Le Nain** (stellvertretend sei **Louis Le Nain,** um 1602–1648, genannt) schildern neben mythologischen Themen das Bauernleben der Zeit.

Stärker von den Caravaggisten beeinflusst zeigt sich der Lothringer **Georges de la Tour** (1593–1652). Die Details sind der dunklen, zur mystischen Versenkung einladenden Atmosphäre untergeordnet, die Figuren auf einfache plastische Formen reduziert. Als Hofmaler Ludwigs XIII. schafft der Künstler eine meditative Gegenwelt zum Klassizismus Poussins. Ein Sonderfall ist **Jacques Callot** (1592/93–1635), der die Radierung zur eigenständigen Kunstform erhebt, insbesondere mit den *Serien zu den Greueln des Dreißigjährigen Krieges* (1632/33).

Die **Historienmaler** schildern zeitlich zurückliegende, aber auch aktuelle Begebenheiten. Von der Antike (das Mosaik der Alexanderschlacht nach einem verlorenen griechischen Gemälde) über die Renaissance (Stanzen Raffaels im Vatikan, Kartons Michelangelos und Leonardos für Schlachtenbilder) als geschichtliches Ereignisbild immer lebendig geblieben, wird das Historienbild in den Akademien zur vornehmsten Gattung der Malerei erhoben. Daneben haben nur noch das religiöse Bild und dann das Porträt ihren definierten Status. Bis ins 19. Jahrhundert ist das Historienbild wesentlichster Arbeitsbereich für jeden Akademiemaler (David, Delacroix, Géricault, die Salonmaler).

Die Malerei Flanderns – Rubens und van Dyck

Von 1568 bis zur endgültigen Unabhängigkeit 1648 spalten sich die protestantischen nördlichen Niederlande von der habsburgisch regierten flandrischen Provinz ab. Die Kunst des katholischen Flandern unter der spanischen Linie der Habsburger wird seit 1609, dem Jahr der Einrichtung seiner Werkstatt in Antwerpen, von

Peter Paul Rubens (1577–1640) nachdrücklich geprägt. In Siegen geboren, ist Rubens von 1600–08 als Hofmaler in Mantua tätig und findet auf mehreren Reisen durch Italien Gelegenheit, Michelangelo und Tizian, die zeitgenössische Malerei, und die Antike zu studieren. Seine Antwerpener Werkstatt wird zur Talentschmiede der flämischen Malerei: So unterschiedliche Künstlerpersönlichkeiten wie van Dyck, Jordaens, Snyders und Brueghel d. J. erleben die prägenden Jahre in diesem kreativen Milieu und bringen ihre Spezialkenntnisse ein: Snyders' exotische Tierdarstellungen oder Brueghels *Blumenkranz.* Rubens und seine Werkstatt sind in allen Metiers und Genres zu Hause, religiöse Malerei mit großen Altarwerken und Deckenausstattungen (wie in Venedig aus Leinwandbildern zusammengesetzt), Porträts, Historienbilder, Jagdszenen und Landschaften gehören zum Repertoire. Seine Werke werden zum beliebten Exportartikel der spanischen Statthalter und finden sich, darin nur Tizian als dem eigentlichen Vorbild vergleichbar, bald überall in Europa.

Kupferstiche nach seinen Werken potenzieren die künstlerische Wirkung noch. Rubens wird bald für politische Missionen eingesetzt, vor allem während des Dreißigjährigen Kriegs reist er 1622 bis 1628 mit diplomatischen Aufträgen durch Europa. Er agiert als Geheimsekretär des spanischen Statthalters, wird 1630 in den spanischen Adelsstand erhoben und von Charles I. in Whitehall zum Ritter geschlagen. Große

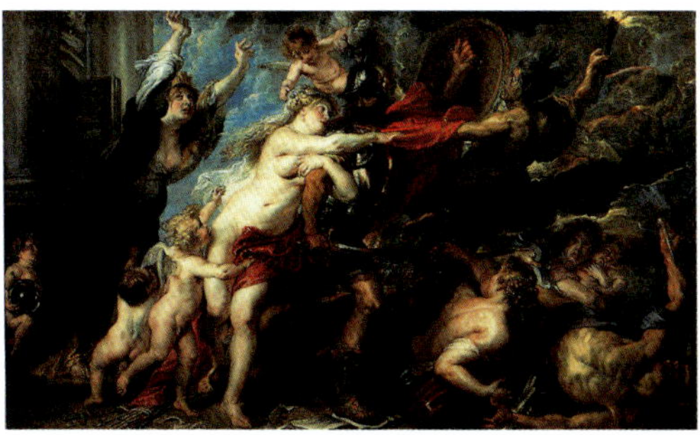

Peter Paul Rubens, **Die Folgen des Krieges,** um 1637, Öl auf Leinwand, 206 x 345 cm, Palazzo Pitti, Florenz.
Für Jacob Burckhardt ist diese Leinwand das »ewige und unvergeßliche Titelbild zum Dreißigjährigen Krieg«. Folgerichtig wird den Akteuren der labil aufgebauten Szene der Boden entzogen, die Bildkomposition kippt nach rechts weg. Rubens bevorzugt einen lockeren Farbauftrag, die Hautoberfläche *(Inkarnat)* seiner Figuren schillert in allen Farbtönen, von Rosa bis zu Grün und Blau; Farbe erhält den Vortritt vor der Linie, wie sie z. B. von Poussin eingesetzt wird.

Gemäldezyklen für Paris (der 25teilige *Medici-Zyklus,* 1622–25, Louvre, Paris, der die Ehe Maria de' Medicis mit Heinrich IV. allegorisch überhöht), für Whitehall in London (mehrteilige *Deckenausstattung,* 1634), der 112-teilige Zyklus für den Kardinalinfanten Ferdinand in Madrid, dessen Hofmaler Rubens 1636 wird, sowie Entwürfe für großformatige Teppichserien sind gewaltige Kraftakte des Künstlerdiplomaten.

Das letzte politische Bild des Malers, die 1637 für den Großherzog von Toscana geschaffenen *Folgen des Krieges*, vermittelt eine persönliche und pessimistische Sicht auf die politischen Entwicklungen. Rubens zeigt über allegorische Figuren, welche negativen Auswirkungen der Auszug des Kriegsgottes Mars für das Gemeinwesen und die Menschen hat. Seine Kompositionen entwickelt Rubens aus dem schwungvollen Duktus des Pinsels, was die zahlreichen Ölskizzen verdeutlichen; die Farbe hat immer – anders als bei Poussin – den Vortritt vor der Linie. Aus diesem Gegensatz entwickelt sich ein Glaubenskrieg zwischen »Poussinisten« und »Rubenisten« in einer der spannendsten kunsttheoretischen Debatten des Barocks. Rubens' pragmatischer wie formvollendeter Umgang bei der Umsetzung von Themen für die jeweiligen Auftraggeber, hat bis ins 19. Jahrhundert immer wieder zu Kritik Anlass gegeben – gerade auch im konstruierten Vergleich zu den »verinnerlichten« Werken der Zeitgenossen Rembrandt oder Vermeer.

Anthonis van Dyck, **König Karl I. von England,** um 1635, Öl auf Leinwand, 266 x 307 cm, Musée du Louvre, Paris. Van Dycks Einzel- und Gruppenporträts der Hof- und Adelsgesellschaft von Genua und besonders auch England sind eleganter und psychologisieren stärker als die Bildnisse von Rubens.

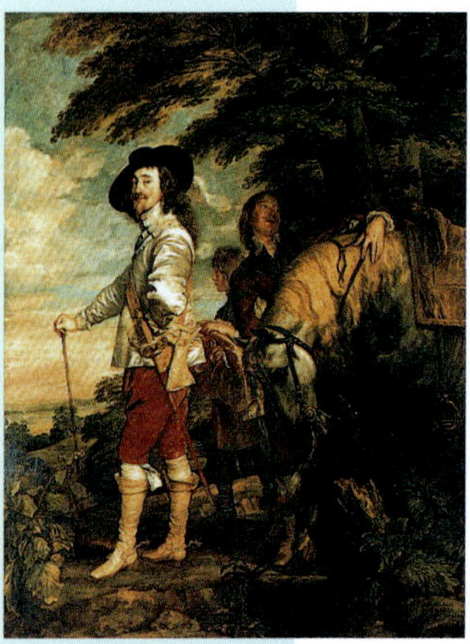

Von den Schülern orientiert sich **Jacob Jordaens** (1593–1678) eng am Stil des Lehrers. Er malt rustikale, bisweilen derbe Genrebilder. Bedeutender ist **Anthonis van Dyck** (1599–1641), der nach fünfjähriger Tätigkeit in der Rubenswerkstatt einige Jahre in Italien verbringt, bevor er sich 1632 als Hofmaler Karls I. in England niederlässt. Seine Porträts sind so erfolgreich, dass sie nicht nur die englische Porträt-

Ursprünglich als kleinformatige Vorstudie für den Patron vor Auftragserteilung gedacht, wird die **Ölskizze** bei Rubens zur selbstständigen Kunstform. In der Ölskizze experimentiert der Künstler mit dem Medium der Farbe um die angemessene Form des Bildes. Sie erlangt mit Rubens eine Bedeutung, die seit der Renaissance der Vorzeichnung zugekommen war. Später wird sie vor allem als Vorstudie für barocke Altar- und Deckengemälde wichtig, z. B. bei Tiepolo in Venedig, Troger und Maulbertsch im süddeutsch-österreichischen Spätbarock.

kunst eines Sir **Peter Lely** (1618–1680) entscheidend prägen, sondern noch bis zu Gainsborough im 18. Jahrhundert stilbildend wirken. Das »Van-Dyck-Kostüm« mit schimmernden Seidenstoffen und Spitzenkragen bleibt ein fester Begriff. Mit den dekorativen Blumenbildern **Jan Bruegels d. Ä.** (1568–1625) und **Jan Bruegels d. J.** (1601–1678) sowie den Wirtshaus- und Spielszenen der vorwiegend als Genremaler tätigen **Adriaen Brouwer** (um 1605–1638) und **David Teniers d. J.** (1610–1690) verwischt sich die thematische und stilistische Abgrenzung der flämischen und holländischen Malerei.

Die Malerei der Niederlande – Die Voraussetzungen

Der Aufstieg Hollands und der übrigen Provinzen der nördlichen Niederlande ist in politischer wie wirtschaftlicher Hinsicht bemerkenswert. Man kann sagen, dass Amsterdam im 17. Jahrhundert, dem »Goldenen Zeitalter«, zur Hauptstadt des Welthandels wird und Antwerpen an zweite Stelle verweist.

Gestützt von England im Kampf gegen das spanisch gebliebene Flandern, nutzen die Vereinigten Niederlande die Gunst der Stunde und bauen ein eigenes Kolonialreich sowie eine eigene Welthandelsflotte auf. Ähnlich wie in den italienischen Stadtstaaten der Renaissance wird die merkantile, hier calvinistisch geprägte Mentalität der Holländer eine Voraussetzung des Erfolgs. Rechnen, kartografieren, mit akribischer Genauigkeit und Neugierde hinsehen und analysieren: Dies alles garan-

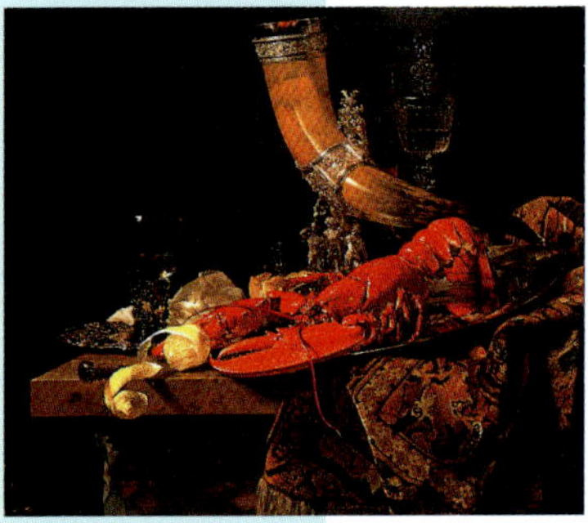

Willem Kalff, **Stillleben mit dem Trinkhorn der St. Sebastians-Schützengilde, Hummer und Gläsern,** um 1653, Öl auf Leinwand, 86,5 x 102 cm, National Gallery, London.

tiert Wohlstand und Weitläufigkeit. Nicht ohne Grund entwickelt Antonis van Leeuwenhook in diesem Umfeld das Mikroskop und beschreibt als erster Blutkörperchen und Samenzellen. Fauna und Flora werden für umfangreiche Sammlungswerke in Buchform systematisch erfasst und gezeichnet. Die verfeinerte Entwicklung optischer Geräte, vor allem der verstärkte Gebrauch der *Camera obscura* (s. S. 111), dienen der genauen Schilderung des Lebens und bereichern die Malerei um ein neues Hilfsmittel.

Die Schilderung »nach dem Leben« ist das große Thema der holländischen Malerei. Im Gegensatz zu Italien, wo der *disegno* nicht nur die Zeichnung, sondern vor allem auch das gedankliche Konzept des Künstlers in den Vordergrund rückte, wird die Kunst Hollands vom Realismus der Bildoberfläche geprägt. Es beschäftigt die Forschung seit dem 19. Jahrhundert, ob von den verschiedenen spezialisierten Künstlern nur die Realität und nichts weiter »abgeschildert«, dargestellt sein sollte, weshalb man nach einem tieferen Sinn in den Bildern zu suchen begann. In den »Emblembüchern« der Zeit, die Sinnsprüche mit bildlichen Darstellungen verbinden, liegt ein Schlüssel zum Verständnis, vor allem der Stillleben, Marinebilder und Genremale-

Svetlana Alpers: »Die Kunst der Beschreibung«. Die amerikanische Kunsthistorikerin hat mit ihrem 1983 erschienenen Buch Bewegung in eine Forschung gebracht, welche sich bis dahin überwiegend auf inhaltliche (ikonografische) Bedeutungsfragen der holländischen Bilder konzentriert hatte. Alpers stellt die visuelle Kultur Hollands in den Vordergrund und begreift die Kunst des 17. Jahrhunderts als eine der genau erschauten Oberflächen. Sie betont den aktiven Prozess des »Bildermachens« (engl. *picturing*), der zur dem Thema jeweils angemessenen »Repräsentation« der Bildinhalte führt. Das Bild ist für die Forscherin Experimentierfeld der Künstler, damit gleichsam eine spezifisch holländische Form der Weltaneignung. Das Buch ist kritisiert worden, da in ihm die Bildinhalte gegenüber dem gemachten Bild als Kunstprodukt einer differenzierten Gesellschaft in den Hintergrund treten.

rei. Verwelkende Blumen, verfaulendes Obst, das untergehende Schiff oder der abgestorbene Baum deuten demnach auf die *Vanitas,* die Vergänglichkeit der Dinge und des Lebens; glänzendes Silbergeschirr verweist auf die Eitelkeit des Seins. Mit dieser Interpretation gelangt der durch die Bilderstürme der Reformation verloren geglaubte religiöse Sinn wieder ins Bild und damit ins häusliche Umfeld. In Genrebildern erkennt man moralische Botschaften, für die sich auch viele weitere überzeugende Belege finden lassen.

Die holländischen Bildgattungen – Spiegel des Lebens

Stillleben: Das Blumenstillleben oder mit Gegenständen des täglichen Lebens bereicherte Stillleben ist zwar seit dem 16. Jahrhundert als eigene Kunstform bekannt, erfährt aber jetzt eine Hochkonjunktur. Bei allem Realismus zeigt sich die genau kalkulierte Anlage, was etwa in den sorgfältig, »künstlich« arrangierten Sträußen deutlich wird, deren Blüten nie gemeinsam zur gleichen Zeit blühen würden. Die Luxuspflanze par excellence ist die Tulpe, deren Zwiebeln in Holland zum Spekulationsobjekt werden (Börsenkrise von 1637).

Marinemalerei: Seestücke erfreuen sich großer Beliebtheit. Schiffe in Seenot oder in der Seeschlacht sind die Hauptthemen. Sie schildern die Transportprobleme der aufstrebenden Welthandelsmacht auf ihrem Weg in die Provinzen. Inwieweit auch das Scheitern der menschlichen Existenz vor der Natur im Angesicht Gottes dargestellt wird, fragt der ikonografische Zugang zu den Themen aus Sicht der Kunstgeschichte.

Landschaftsmalerei: Im Gegensatz zu den Fantasie- und Weltlandschaften der Renaissance und des Manierismus wird nun erstmals die reale Landschaft Hollands dargestellt. Charakteristisch ist die Erweiterung des Horizonts. Das Landschaftsbild dient der Vergewisserung und Ausmessung der Umwelt, ihrer Chancen und Gefahren, dem Schildern der Friedlichkeit und der Gefährdung der eigenen Existenz. Sie stellt aber auch,

Wichtige Meister des Stilllebens:
Ambrosius Bosschaert (1573–1621)
Pieter Claesz (1597/98–1661)
Willem Kalff (1619–1693)
Willem van Aelst (1625/26–1683)

Wichtige Meister der Marinemalerei:
Ludolf Backhuysen (1631–1708)
Willem van de Velde d. J. (1633–1707)

Wichtige Meister der Landschaftsmalerei:
Hercules Seghers (1589/90–1638)
Jan van Goyen (1596–1659)
Salomon van Ruysdael (1600/03–1670)
Jacob van Ruisdael (1628/29–1682)
Philips Wouwermans (1619–1668)
Philips Koninck (1619–1688)
Aelbert Cuyp (1620–1691)
Meindert Hobbema (1638–1709)

Wichtige Meister der Innenraummalerei:
Pieter de Hooch (1629 – nach 1683)
für häusliche Szenen
Pieter Saenredam (1597–1665)
für Kirchenräume

Wichtige Meister der Genremalerei:
Pieter Codde (1599–1678)
Willem Duyster (1599–1635)
Adriaen van Ostade (1610–1685)
Gerard Dou (1613–1675)
Gerard Terborch (1617–1681)
Jan Steen (1626–1679)
Gabriel Metsu (1629–1667)
Nicolaes Maes (1634–1693)
Frans van Mieris (1635–1681)

Wichtige Meister des Porträts:
Thomas de Keyser (1596/97–1667)
Gerard van Honthorst (1590–1656)
(Letzterer wurde auch durch Historienbilder bekannt.)

Wichtige Meister des Historienbilds:
Pieter Lastman (um 1583–1633)
Govaert Flinck (1615–1660)

gerade in der Darstellung eingedeichten, entwässerten Landes, der geordneten Stadtlandschaft, den Stolz über das wirtschaftlich und technisch Erreichte in den Vordergrund. Eine Besonderheit sind die Landschafts- und Tierstudien des **Albert Eckhout** (um 1610–1666) und **Frans Post** (1612–1680), die auf Anregung des Generalgouverneurs der »Westindischen Kompanie« (gegründet 1609) exotische Ansichten Brasiliens anfertigen.

Innenraummalerei: Ähnlich wie der Außenraum wird auch der Innenraum sorgfältig vermessen und in oft überraschenden Ausschnitten, wohl auch mit optischen Hilfsmitteln, erfasst. Eine Besonderheit sind die Innenraumbilder von Kirchen, deren Maler der Zentralperspektive Italiens kühne Schrägperspektiven entgegensetzen.

Tierbilder: Berühmt sind die monumentalen Rinder- und Stierbilder des **Paulus Potter** (1625–1654), der Kompositionsprinzipien der »Hochkunst« in die Tiermalerei überführt.

Genremalerei: Die ikonografische Analyse der Bilder ist hier am fruchtbarsten, da moralisierende Texte gut mit den Bildern in Einklang zu bringen sind und eine Tradition aus dem 16. Jahrhundert nachgezeichnet werden kann (Pieter Bruegel d. Ä. und Nachfolger). Mit häuslichen Szenen, Saufgelagen im Wirtshaus, Jahrmarktstreiben halten die Künstler der bürgerlichen Gesellschaft den Spiegel vor. Der trivial erscheinende Bildgegenstand wird mit Mitteln der Feinmalerei geadelt: Die luxuriösen Stoffe schimmern im Kerzenlicht, auch das nebensächliche Detail wird minuziös geschildert.

Porträt: Das Einzel-, Doppel-, Familien- oder Gruppenbildnis ist vielleicht die vornehmste Bildgattung der holländischen Malerei. Die Porträts dienen der sozialen Kommunikation und Dokumentation gesellschaftlicher Zusammenhänge, etwa in den Gruppenbildnissen von Mitgliedern einer Gilde. Die beigefügten Attribute und Bildgegenstände sind (bis auf den Sonderfall Rembrandt) weit weniger verschlüsselt als in italienischen oder französischen Porträts des Manierismus. Der Dargestellte zeigt sich im natürlichen Umfeld oder mit den Attributen, die die gesellschaftlichen Aufgaben und Pflichten verdeutlichen.

Historienbild: Das Historienbild spielt eine geringere Rolle als im barocken Frankreich oder Italien. Antike Themen sind relativ selten, alttestamentarische häufiger. Wichtiger sind historische Darstellungen aus der Geschichte des Freiheitskampfes gegen Spanien, meist für offizielle Gebäude der jungen Republik in Auftrag gegeben.

Alois Riegl: **Das holländische Gruppenporträt.** Der österreichische Kunstwissenschaftler Alois Riegl (1858–1905), hat den viel zitierten Begriff des »Kunstwollens« geprägt, »das sich im Kampf mit Gebrauchszweck, Rohstoff und Technik durchsetzt.« In seiner Studie zum holländischen Gruppenporträt (1902) untersucht er die Möglichkeiten der Kunst, Menschen miteinander in Beziehung zu setzen. Im Gegensatz zur italienischen Kunst mit handelnden Figuren, die der Komposition untergeordnet sind, findet er im holländischen Gruppenbildnis eine koordinierte Komposition aufmerksam beobachtender Individuen innerhalb ihrer gesellschaftlich bestimmten Umgebung (s. a. S. 172).

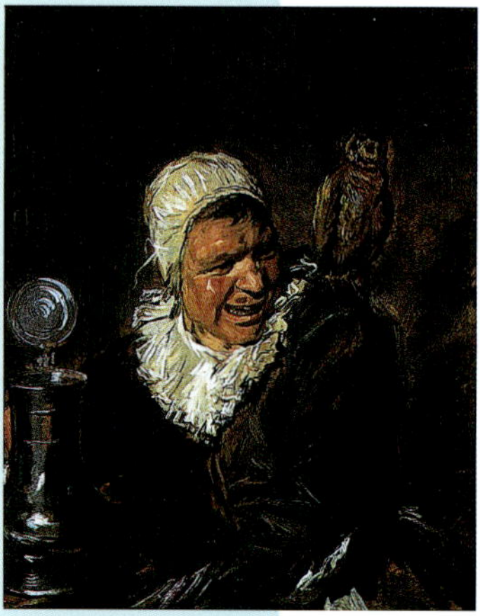

Frans Hals, **Die »Malle Babbe«**, um 1650, Öl auf Leinwand, 75 x 63,5 cm, Staatliche Museen Preußischer Kulturbesitz, Gemäldegalerie, Berlin.
Die »Malle Babbe« (Verrückte Babbe) symbolisiert möglicherweise das Laster der Trunksucht. Der Krug, das enthemmte Lachen, die Eule – alles weist darauf hin, dass Hals das niederländische Sprichwort »So betrunken wie eine Eule« bildlich umsetzt. Courbet erkennt schon 1869 die besondere Qualität dieser kühnen Farbmalerei und kopiert das Bild.

Frans Hals

Nach der Besetzung Antwerpens 1585 wandert die Familie Hals nach Haarlem aus, wo **Frans Hals** (1581/85–1666) sein ganzes Leben verbringt. Nach eher konventionellen Anfängen entwickelt sich Hals zu einem der bedeutendsten Bildnismaler seiner Zeit. Dabei fertigt er fast ausschließlich Bildnisse der Haarlemer Gesellschaft bis hin zum späten Meisterwerk der *Regentinnen des Altmännerhauses in Haarlem,* (1664, Frans-Hals-Museum, Haarlem). Neu an diesen Bildern ist, dass Hals die Personen in psychologisch genau definierte Beziehungen zueinander setzt. Der Pinselstrich wird im Verlauf von Hals' künstlerischer Entwicklung immer lockerer, impressionistischer. Nicht zuletzt deshalb nehmen die Künstler in der zweiten Hälfte des 19. Jahrhunderts auf ihn Bezug. Die Palette seiner Farben wird im Spätwerk zunehmend einfacher, Hals variiert Schwarz, Grau, Braun und Weiß. Diese durchgängige Abdunkelung der Farbigkeit wird charakteristisch für die Vorstellung des 19. Jahrhunderts von einem typisch holländischen »Galerieton«.

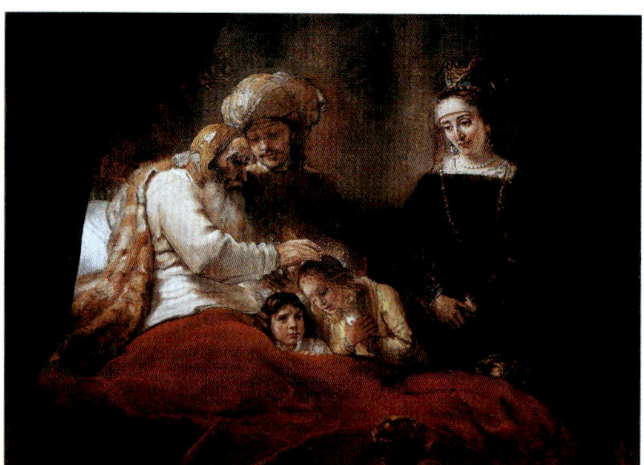

Rembrandt, **Der Segen Jakobs,** 1656, Öl auf Leinwand, 177,5 x 210,5 cm, Staatliche Kunstsammlungen, Gemäldegalerie, Kassel.

Rembrandt

Die Bedeutung von **Rembrandt Harmenszon van Rijn** (1606–1669) für die Niederlande ist nur mit der von Rubens für Flandern zu vergleichen. Im Gegensatz zu diesem virtuosen katholischen Farbkünstler wird seit dem 19. Jahrhundert oft der in sich gekehrte, verinnerlichte und »dunkle« protestantische Charakter Rembrandts verklärt. Nach seiner Ausbildung in Leiden lässt er sich 1632 in Amsterdam nieder. Sein Leben ist von persönlichen Verlusten gezeichnet: 1642 stirbt seine Frau Saskia, 1663 die Lebensgefährtin Hendrickje Stoffels, 1668 der Sohn Titus. 1656 geht er mit seiner Werkstatt in Konkurs.

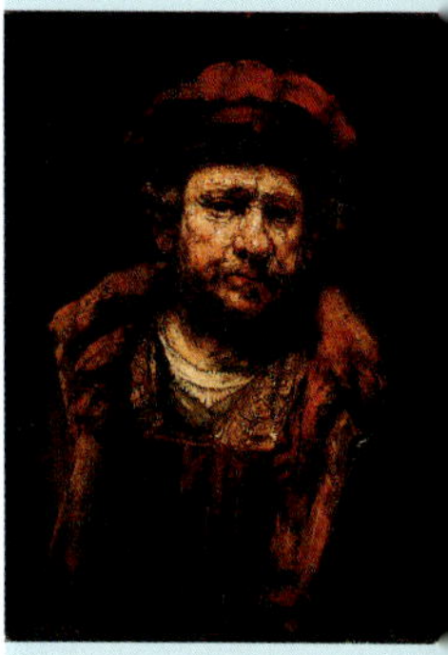

Rembrandt, **Selbstbildnis,** um 1661, Öl auf Leinwand, 68 x 56,5 cm, Staatsgalerie, Stuttgart. In jeder seiner Lebensphasen erzeugt der Blick in den Spiegel ein psychologisierendes Bild vom Ich des Malers, gleichsam ein biografisches Protokoll.

Dies nährt die romantische Legende vom verkannten Genie. Erst in der jüngeren Vergangenheit hat eine Neubewertung des umfangreichen, mit dem Namen »Rembrandt« verbundenen Werkes stattgefunden, die den Blick auf die zahlreichen Schüler gelenkt hat, welche den Stil Rembrandts kopierten.

Rembrandts künstlerische Wurzeln sind international: Italienische (Caravaggio) und deutsche Einflüsse (Elsheimer) treffen mit niederländischen Traditionen im Frühwerk zusammen. In den 1630er Jahren bildet Rembrandt seinen charakteristischen Stil aus: eine auf der Variation von Braun- und Goldtönen, mit wenig kraftvollem Rot aufbauende Ölmalerei, bei der die entscheidenden Momente zunächst fast theatralisch, im Spätwerk beruhigter, wie mit Scheinwerferlicht aus dem dunklen Hintergrund herausgearbeitet sind. Im Gegensatz zu Caravaggio lebt seine Malerei jedoch von atmosphärischen Übergängen. Formen werden über Farbnuancen, nicht über harte Linien definiert.

Rembrandt, **Der predigende Christus,** um 1652, Radierung, 15,5 x 16,5 cm.

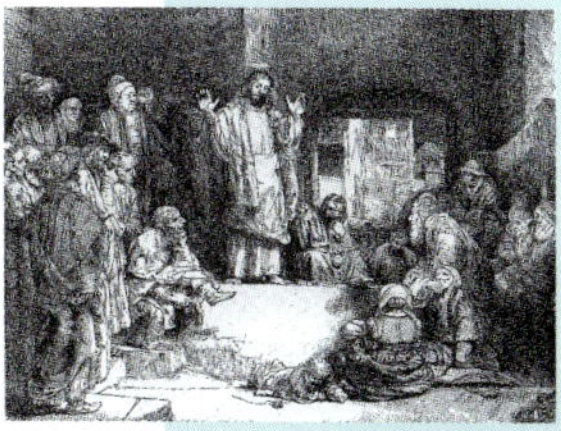

Die Themen sind vielfältig. Landschaften stehen neben ausdrucksstarken Porträts *(Anatomie des Dr. Tulp,* 1632; *Nachtwache,* 1642; *Staalmeesters,* 1662), besonders wichtig sind die alt- und neutestamentarischen, tief empfundenen Darstellungen der Heilsgeschichte, mit einem Höhepunkt in *Der Segen Jacobs*.

Die **Radierung** ist eine Weiterentwicklung des Kupferstichs. In die mit Wachs oder einem anderen Material überzogene Kupferplatte wird die Zeichnung eingeritzt, dann die Platte in ein Säurebad gelegt, wobei die gezeichneten Linien durch Ätzung vertieft werden. Nach dem Abwaschen der Deckschicht wird gedruckt. Als Variante wird bei der Kaltnadelradierung ohne Deckschicht direkt in die Platte gezeichnet. Die Ätzradierung ermöglicht schattige Hell-Dunkel-Effekte. Beide Verfahren werden kombiniert, insbesondere von Rembrandt, dem Meister dieser im 16. Jahrhundert für die Waffenindustrie erfundenen Methode (von Daniel Hopfer aus Kaufbeuren). Die Radierung erlebt zum Ende des 19. Jahrhunderts eine Renaissance im Impressionismus und Symbolismus.

Zahlreiche Radierungen, die meist in mehreren Stadien der Ätzung erhalten sind, markieren neben den Selbstporträts einen anderen Schwerpunkt im Werk. Die nach Dürer und bis zu van Gogh und den Malern des 20. Jahrhunderts (Corinth, Schiele, Beckmann, Dix) unerreichte Folge von Selbstbildnissen aus allen Schaffensperioden vermittelt ein eindrucksvolles Bild vom Selbstverständnis des großen Künstlers.

Vermeer, **Straße in Delft**, um 1659/61?, Öl auf Leinwand, 54 x 44 cm, Rijksmuseum, Amsterdam. Bestimmt wird die Stille der Straßenszene von den körnigen, warmen, fast greifbaren Oberflächen der Ziegelmauern. Die geweißten Erdgeschosse heben die leuchtenden Farbtupfer der Frauenkleider umso stärker hervor.

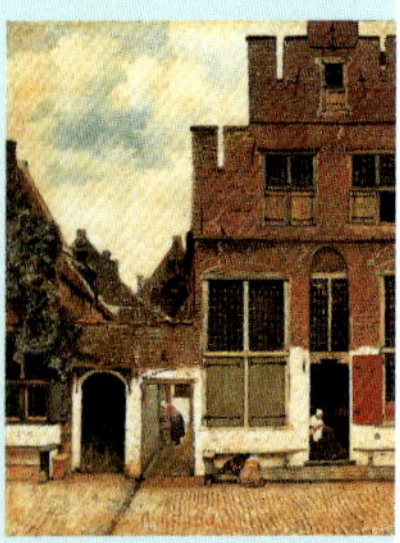

Vermeer

Das Werk **Jan Vermeer van Delfts** (1632–1675) zählt zu den Wundern der Malerei. Seine Lehrer sind nicht bekannt, scheinbar verkauft der Kunsthändler Vermeer keines seiner 36 gesicherten Werke zu Lebzeiten. Finanziell stand er sich nicht besonders gut; gemalt hat er vermutlich für Freunde oder sich selbst. Die meisten Bilder werden nach seinem Tod zur Deckung der Schulden beschlagnahmt. Seine Vaterstadt Delft scheint Vermeer nie verlassen zu haben. Erst im 19. Jahrhundert wird er von der Kunstgeschichte »entdeckt«.

Bis auf wenige Ausnahmen im Frühwerk schafft er Gemälde, die man aufgrund der Bildgegenstände als Genre- oder Interieurbilder bezeichnen könnte. Hinzu kommen zwei phänomenale *Stadtlandschaften* (*Straße in Delft* sowie die *Ansicht von Delft,* um 1660/61, Mauritshuis, Den Haag).

Alle Bilder sind ikonografisch interessant, viele verweisen darüber hinaus auf die Problematik menschlicher

Beziehungen vor dem Hintergrund der Religion als das Leben bestimmendem Faktor. Was die nur mittelformatigen Bilder einzigartig macht, ist ihre malerische Textur. Der Betrachter eines Vermeer-Bildes macht die Erfahrung, dass er sich dem Bild nähert, dessen Thema und seine Komposition erkennt, bei weiterer Annäherung die Farbflächen und Oberflächen der Gegenstände an Bedeutung gewinnen, bevor der Blick schließlich in ein Flächenwerk von kleinsten leuchtenden Farbflächen und -punkten eintaucht und sich das Bild in diese unscharf auflöst. Man hat versucht, dieses »Wunder« der Vermeer'schen Bilder durch den Gebrauch der *Camera obscura* während des Malens zu erklären. Der punktartige Auftrag der reinen Farbe in vielen Bildern reflektiere demnach die feinen Ringe um die Farbpunkte, welche die Camera obscura aufgrund physikalischer Gesetze abbilde.

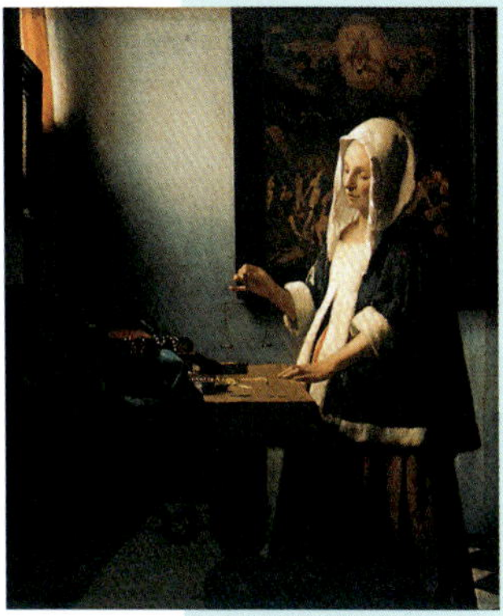

Vermeer, **Die Perlenwägerin,** um 1664/65, Öl auf Leinwand, 42 x 38 cm, National Gallery of Art, Washington. Die in sich gekehrte Frau wiegt Perlen oder Münzen auf einer Handwaage ab, so wie der Erzengel Michael im Jüngsten Gericht die Seelen auf die Waage legt und prüft. Das Gemälde des *Jüngsten Gerichts* hinter der Frau an der Wand legt nahe, dass sie über den ebenfalls wägenden Aspekt des biblischen Geschehens nachdenkt.

Diese Interpretation erklärt nicht die atmosphärische Dichte der aus wenigen, stets wiedererkennbaren Gegenständen aufgebauten Bilder: Immer fällt das Licht von links ein, oft arrangiert der Maler einen Stuhl, eine Karte an der Rückwand des Raumes. Mit den in uneitler Perfektion an stofflicher Darstellung schwelgenden Meditationen Vermeers zu Künstlertum *(Allegorie der Malerei),* Gerechtigkeit und Jüngstem Gericht sowie menschlichen Empfindungen ist ein Höhepunkt künstlerischen Gestaltens erreicht. Die Werke bilden zugleich den denkbar größten Gegensatz zur barocken Malerei der Zeitgenossen in Italien und Flandern.

Als Vorläufer des modernen Fotoapparates war die **Camera obscura** vom Prinzip her bereits im Mittelalter bekannt. Der Astronom Kepler gab ihr diesen Namen zu Beginn des 17. Jahrhunderts. Bei dieser einfachen Lochkamera entsteht in einem Kasten das umgedrehte Bild vom Gegenstand, das über eine Spiegelvorrichtung aus dem Kasten an die Wand – oder auf die Leinwand – geworfen werden kann. Vermeer, später Canaletto oder Reynolds nutzen die Technik, um »unbestechliche« Raumbilder zu produzieren – was natürlich wiederum eine Illusion ist.

Die Auflösung traditioneller Bildmuster

Bis zum Ausbruch der Französischen Revolution 1789 feiern sich die absolutistischen Höfe, deren wirtschaftliche Machtbasis sich langsam aber stetig aushöhlt, in prunkvollen Festen und Bildern, lassen aber zunehmend auch das Sentimentale im kleinen Format zu – sozusagen das Schäferstück zur großen Oper.

Das politisch mittlerweile bedeutungslose Venedig wird zum wichtigsten Partyschauplatz Europas und ist auch deshalb eine Etappenstation der *Grand Tour*, jener obligatorischen großen Bildungsreise der englischen Aristokraten nach Italien, die um 1750 ihren Boom erlebt. Die *Milordi Inglesi* kaufen über Agenten wie den berühmten Consul Smith in Venedig italienische Kunst für ihre im Stil des Renaissancebaumeisters Palladio angelegten Landsitze ein. Beliebte Reisemitbringsel sind gemalte, gestochene oder radierte Veduten, minutiöse Abbildungen der Stadtansichten von Rom und Venedig. Mehr noch dem Trend der Zeit nach Neuem, so bisher nicht Gesehenem, entsprechen die *Capricci*, freie Fantasien und Zusammenstellungen von Architekturteilen, Szenen und Landschaften.

Im 18. Jahrhundert entwickelt sich der Kunstmarkt als Vorstufe zu dem, was wir heute kennen. Was im 17. Jahrhundert noch stark personenabhängig im kleineren Rahmen (neben dem traditionellen Auftraggeber-Maler-Verhältnis) abläuft, wird nun über Agenten zum Kunstgeschäft im großen Stil. Begünstigt wird die Entwicklung von den absolutistischen Fürsten, die ihre Bildergalerien bestücken möchten – und dies zunehmend nach rationalen Gesichtspunkten, wie etwa Sammlungsschwerpunkten.

Religiöse Kunst entsteht nach 1700 vor allem in den vom Dreißigjährigen Krieg heimgesuchten ländlichen Gegenden. In den neu errichteten Pfarrkirchen und Klöstern Bayerns und der habsburgischen Gebiete von Böhmen bis Ungarn überführen die Architekten und Stukkateure den Prunk der Fürstenschlösser in das

1689–1725
Peter I. von Russland
1697–1718
Karl XII. von Schweden
1701
Krönung Friedrichs I. zum ersten König in Preußen
1701–13/14
Spanischer Erbfolgekrieg als erster umfassender »Weltkrieg«
1714–1901
Regierung des Hauses Hannover in England
1715–74
Ludwig XV. von Frankreich (1715–23 vertreten durch den Regenten Philipp von Orléans)
1717
Eroberung Belgrads durch Prinz Eugen von Savoyen für Habsburg
1740–80
Kaiserin Maria Theresia von Österreich
1740–1786
Friedrich II. von Preußen, »der Große«
1748
Montesquieu entwirft das Modell der konstitutionellen Monarchie.
1754/55–63
Britisch-französischer Kolonialkrieg
1756–63
Siebenjähriger Krieg
1762
Rousseau entwirft im »Contrat Social« einen Staat, bei dem der Wille vom Volk ausgeht.
1769
Erfindung der Dampfmaschine (Watt)
4. Juli 1776
Amerikanische Unabhängigkeitserklärung
1783
Friede von Versailles; Großbritannien erkennt die Unabhängigkeit der Vereinigten Staaten von Amerika an.
1789
Beginn der Französischen Revolution
1791
Verkündigung der französischen Verfassung
1793
Hinrichtung König Ludwig XVI.
1794
Sturz Robespierres
1795
Dritte Teilung Polens, welches aufgelöst wird
1797
Ende der Republik Venedig; die Stadt wird habsburgisch.
1804
Code Civil als erstes modernes Gesetzwerk, Krönung Napoleons zum Kaiser
1805
Sieg Englands in der Seeschlacht von Trafalgar
1806
Gründung des Rheinbunds; Franz II. verzichtet auf die Kaiserkrone, Ende des Heiligen Römischen Reiches Deutscher Nation
1812
Eroberung Moskaus durch Napoleon
1813
Völkerschlacht bei Leipzig, Niederlage Napoleons
1815
Schlacht von Waterloo, Abschluss des Wiener Kongresses
1821–29
Griechischer Befreiungskampf
1823
Monroe-Doktrin: »Amerika den Amerikanern« gegen Einmischung der europäischen Mächte in Südamerika
1830
Erste Eisenbahn Liverpool-Manchester; Juli-Revolution in Frankreich, Unabhängigkeit Belgiens
1830–48
Louis-Philippe als »Bürgerkönig«
1848
Revolution in fast allen europäischen Staaten

Rokoko der Kirchen. Architektur, Malerei und Skulptur fügen sich zu Gesamtkunstwerken geistlicher Macht zusammen, in denen sich die Gattungsgrenzen aufheben.

Das Interesse am religiösen Bild nimmt im Zuge der Aufklärung ab. Die Ikonografie des religiösen Bildes, der Renaissance und des Hochbarock wird nun auf andere Genres übertragen, sei es die Karikatur, die bürgerliche Kunst Hogarths oder die amerikanische Historienmalerei von West.

Im 18. Jahrhundert sind Kunststile wie Barock, Spätbarock, Rokoko, Klassizismus und Frühromantik parallele Erscheinungen. Im Jahrhundert des galanten Romans, der Aufklärung und Französischen Revolution öffnet sich der Blick auf das Neue, das oft genug zu den Lehrmeinungen der Akademien im Widerspruch steht. Zum nüchternen Tageslicht der Aufklärung gehört ebenso das Gegenbild des Dunklen, Unvernünftigen und Bedrohlichen. Von **Alessandro Magnasco** (1667–1749) lässt sich über die Radierungen Piranesis bis hin zu Füssli und Blake ein Längsschnitt des Irrationalen durch das Jahrhundert der Vernunft legen. Sie alle bereiten den Subjektivismus der Romantik vor.

Wichtig ist die Verschränkung der Literaturgeschichte mit der Geschichte der Malerei. Der Rückgriff auf angeblich keltische Lieder Ossians oder Shakespeares Dramenwelt in der Mitte des Jahrhunderts literarisiert auch die bildende Kunst und erfordert angemessene, neue Ausdrucksmittel in der Malerei. Begriffe wie das *Sublime* und *Pittoreske* verweisen auf ein neues Erleben von Landschaftsbildern. Im romantischen Gemälde entfalten sich revolutionäre Spannungen, wie in den Farbwirbeln Turners, oder implodieren wie in den religiösen Landschaften Friedrichs.

Die Romantik bedeutet nur eine Möglichkeit, künstlerisch auf die Ablösung der traditionellen Bildinhalte durch weitgehend freie Erfindungen zu reagieren. Weit konformer mit dem Pathos der Revolution wie paradoxerweise auch mit dem kaiserlichen Empire Napoleons wird ab 1780 ein Klassizismus, der politische Leitlinien eindeutig vermittelt. Wie die Romantik baut diese letztlich idealistische Kunstform auf traditionellen Wertemustern auf. Erst nach den zweimaligen Enttäuschungen der Revolutionen von 1830 und 1848/49 entwickeln sich mit dem Realismus und dem Impressionismus Stilrichtungen, deren Künstler vorgeben, Farben ohne idealistischen Hintergrund unmittelbar auf der Leinwand zu verteilen.

Fortführung der großen Traditionen – Tiepolo
Die Helldunkel-Malerei **Giovanni Battista Piazzettas** (1682–1754) und die späten, in lichten Farben erzählenden Fresken und Leinwandbilder des **Sebastiano Ricci** (1659–1734) bereiten den Boden für das umfangreiche Werk des Venezianers **Giovanni Battista Tiepolo** (1696–1770). Ähnliche Qualität offeriert in Neapel der virtuose Freskenmaler **Francesco Solimena** (1657–1747) als Nachfolger **Luca Giordanos** (1634–1705).

Als Abschluss des Barocks lassen sich in Tiepolos Fresken ein letztes Mal in Apotheosen und Allegorien die Repräsentanten der barocken Feudalgesellschaft feiern: auf Deckenbildern und Saalwänden in einem Feuerwerk der Farben. Dank ökonomisch eingesetzter Mittel kommt Tiepolo nach seinen brillanten Frühwerken im Palazzo Arcivescovile in Udine (1726–28) mit nur wenigen stilistischen Anpassungen bis zu den ruhigeren Spätwerken im Palacio Real in Madrid (1764–66) aus. Gekonnte Feder- und Tuschzeichnungen sowie Ölskizzen bereiten die Altarbilder und Fresken vor. Das übersichtliche Figurenrepertoire wird – immer wieder geschickt variiert – jeweils vor der Folie flächiger, pastellfarbener Wolkengebilde neu komponiert. Das verlorene Profil einer jungen Frau, die uns als Cleopatra, Armida oder biblische Figur immer wieder begegnet, zeugt von einem neuen rationalen Umgang des Künstlers mit seinen Ressourcen wie vom Bewusstsein für

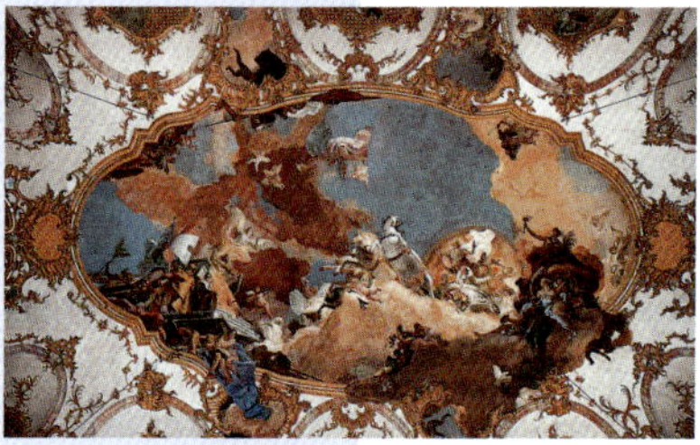

Giovanni Battista Tiepolo, **Apollo führt dem Genius des Deutschen Reiches die Braut Burgund zu,** 1751–52, Deckenfresko mit Stuckarbeiten, 9 x 18 m, Residenz, Kaisersaal, Würzburg.
Die venezianische Formensprache Tiepolos internationalisiert gewissermaßen die deutsch-mittelalterlichen Themen der Gewölbe und Wände des Kaisersaals.

eine gewünschte Wiedererkennbarkeit seines Stils.

Ein Gipfel profaner Freskomalerei ist die spätbarocke *Ausmalung der Würzburger Residenz,* die mit den Stuckarbeiten und der Architektur Balthasar Neumanns eine geglückte Einheit bildet. Die Beherrschung des enormen Formats sowie die ikonografische Ausgestaltung des Themas der *Vier Weltteile* im Treppenhaus ist beeindruckend. Tiepolo zieht die Bewegung des Betrachters, der die doppelläufige Treppe heraufsteigt, in die Komposition des Deckenfreskos mit ein.

Ein Künstler, dessen technisches Können so souverän die mittlerweile recht fernen Sujets überstrahlt, muss sich oft des Vorwurfs der Oberflächlichkeit erwehren, insbesondere dann, wenn die Fülle seiner Werke auch noch rasche Arbeitsprozesse und eine große Werkstatt voraussetzt. Bereits Goethe zieht die nüchternen, im weitesten Sinne bürgerlichen Arbeiten des Sohnes **Giovinni Domenico Tiepolo** (1727–1804) in der Villa Valmarana *(Geschichte Rinaldos und Armidas,* um 1757) bei Vicenza den Arbeiten des Vaters vor.

Rokoko in Mitteleuropa

Es sind vor allem italienische Maler und Stukkateure, die nach den Verwüstungen des Dreißigjährigen Krieges in Mitteleuropa in Bayern und Österreich als Wanderkünstler aktiv werden. Zu Beginn des 18. Jahrhunderts ändert sich dies und Teams von nun deutschen Stukkateuren, Bildhauern und Malern prägen einen eigenen Dekorationsstil. Die Brüder **Cosmas Damian** (1686–1739) und **Egidius Quirin Asam** (1692–1750) verbinden als Architekten, Bildhauer, Stukkateure und Maler die unterschiedlichen Medien in lichtdurchfluteten Bühnenbildern religiösen Theaters (Chorausstattungen in Kloster Weltenburg und Rohr, beide 1716–

1722). **Johann Baptist Zimmermann** (1680–1758) schmückt die Bauten seines Bruders **Dominikus** (1685–1766) mit Wandfresken, welche die Architekturen in einer Einheit von Form und Farbe himmelwärts öffnen.

Im Übergang vom Rokoko zum beginnenden Klassizismus werden die Deckenbilder wieder eindeutig von Rahmen eingefasst, womit sich die entgrenzten Himmelslandschaften des Spätbarocks und Rokoko schließen. Die Untersicht wird zugunsten der seitlichen Ansicht gemieden: ein Rückgriff auf die Wand- und Deckenbilder der Renaissance. Im Werk des **Januarius Zick** (1730–1797) lässt sich dieser Prozess beobachten (Klosterkirche Wiblingen/ Ulm, 1778–80). Auch **Franz Anton Maulbertsch** (1724–1796) reagiert ab etwa 1765 auf die veränderten Wünsche der Auftraggeber mit einer Beruhigung und farblichen Balance seiner Kompositionen. Im viel provinzielleren Milieu Ungarns und Mährens findet er noch Aufgaben, bei denen er seinen exaltierten, farblich ex-

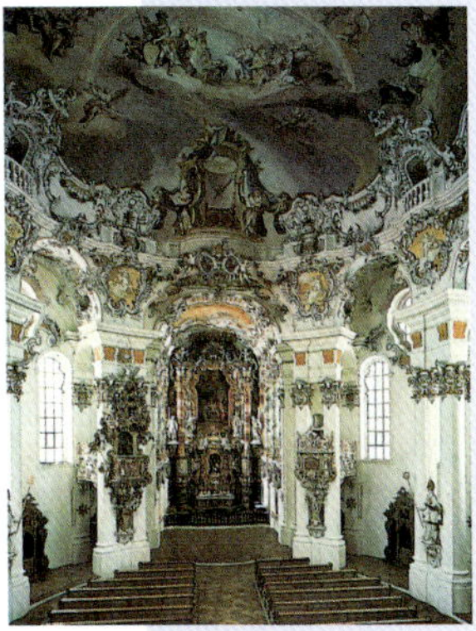

Dominikus und Johann Baptist Zimmermann, **Wieskirche** (Innenraum), 1745–54.

Das **Rokoko** (von frz. *rocaille*, Muschelwerk) bezeichnet im engen Sinne eine Phase der französischen Kunst während der Regierungszeit Ludwigs XV. von etwa 1730–50. Dieser *Style de Rocaille* beschreibt eine stilistisch einheitliche, ornamentbestimmte Kunst der Innenräume, die Kunstgewerbe (Porzellan und Möbel), wie Architektur und Malerei umfasst. Das Rokoko löst in Frankreich den Régence-Stil ab. Der Begriff wird erstmals 1842 im Ergänzungsband des »Dictionnaire de l'Académie Française« gebraucht. Die Ornamentstiche Meissonniers (»Livre d'ornements«, 1734) und Lajoues (»Livre nouveau de divers morceaux de fantasie«, 1736) liefern die Vorlagen. In ihnen verschmelzen natürliche Elemente mit Figuren zum fantastischen Ornament, das in »bizarrer« Weiterführung der Renaissance-Groteske die gewohnten Größenverhältnisse aufhebt. Rokoko als Stil wird durch keine Theorien begründet, der Begriff wird aber von der Kunstgeschichte auch außerhalb Frankreichs für Spätphase des Barock vor Klassizismus und Romantik angewandt. Vom »Friederizianischen Rokoko« in Potsdam, dem »Wilhelminischen Rokoko« in Bayreuth (der Residenz der Schwester Friedrichs II., Markgräfin Wilhelmine), dem fränkischen und bayerischen Rokoko im Schloss- und Kirchenbau (Cuvilliés, Fischer, Zimmermann, Neumann) bis hin zur piemontesischen Architektur in der Nachfolge Guarinis (Vittone) werden ganz unterschiedliche Phänomene als Rokoko bezeichnet, deren kleinster gemeinsamer Nenner die vergleichsweise freie Grundrissgestaltung und asymmetrische Anordnung wie Binnenstruktur des Ornaments sind.

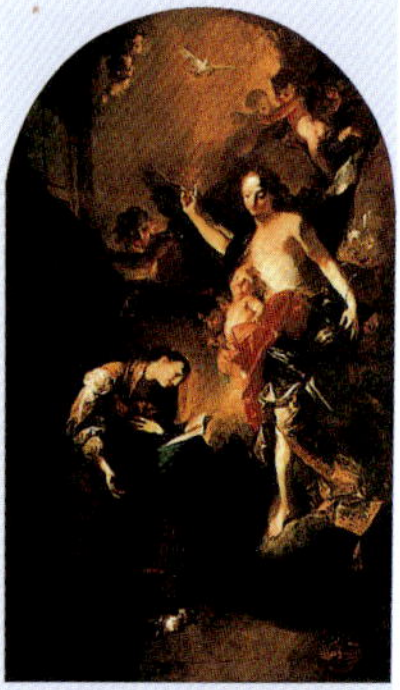

Franz Anton Maulbertsch, **Verkündigung**, 1766–67, Öl auf Leinwand, 318 x 192,5 cm, Österreichische Galerie im Belvedere, Barockmuseum, Wien.

travaganten Stil weiter pflegen und in den flackernden Farbkaskaden erregter Helldunkel-Bilder ein letztes Mal religiöse Ekstase bildlich umsetzen kann.

Die Welt als Komödie und Hirtenspiel – Das französische Rokoko

Es entspricht dem Wesen des Rokoko mehr als dem des Barock, die künstlerischen Gattungen miteinander zu verschmelzen und deren Grenzen zu verwischen. Für die höfische und großbürgerliche Innenraumdekoration bedeutet dies, dass die Rahmung, dass Schnitz- und Spiegelwerk gleichbedeutend zur gemalten Wandfüllung werden. Das Decken- oder Wandfresko hat in den privaten Kabinetten des Rokoko keinen Platz mehr, wohl aber das intime Leinwandbild, für das Frankreich berühmt wird.

Die »galanten Feste« des **Jean-Antoine Watteau** (1684–1721) werden bereits zu Lebzeiten zum Synonym für eine erotisch tändelnde Malerei, deren an Veronese geschulte silbrige Farbigkeit ihr mit den vielfachen Brechungen der hellen Blau-, Gelb-, Rosa- und Grüntöne die Schwere nimmt. Watteaus Bilder übersetzen den galanten Roman und das perlende Konversationsdrama eines Marivaux in die Malerei. Er bewegt ähnlich wie Tiepolo ein überschaubares Repertoire an Figurentypen, mit denen er je nach Thema die Szenen bevölkert. Der schwebenden Flüchtigkeit der Bilder entspricht die vermeintliche Beliebigkeit und Koketterie des malerischen Prozesses. Als Ausnahmewerk in seinem Œuvre überrascht der ausdrucksstarke *Gilles* mit seiner unironischen Humanität. Das *Ladenschild des Kunsthändlers Gersaint* (1720, Schloss Charlottenburg, Berlin) verblüfft als Höhepunkt fein nuancierter Farbmalerei in seinem vergänglich angelegten Charakter als Firmenschild für einen Bilderladen. Der junge Kronprinz Friedrich von Preußen (der

Jean-Artoine Watteau, **Gilles**, 1719, Öl auf Leinwand, 185 x 145 cm, Musée du Louvre, Paris.

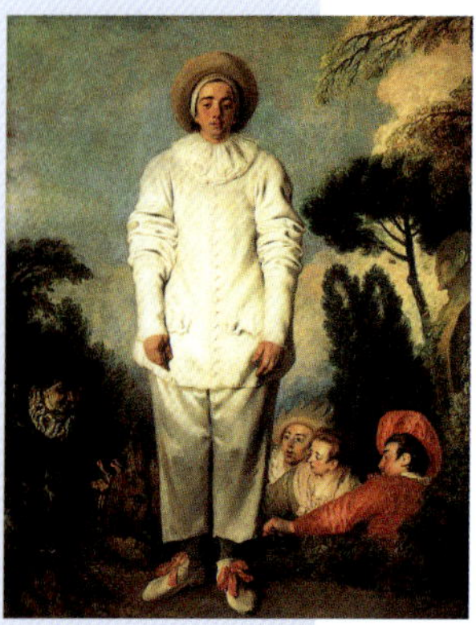

spätere König Friedrich II.) gehört zu den Sammlern von Watteaus Bildern sowie denen seiner Schüler **Nicholas Lancret** (1690–1743) und **Jean-Baptiste Pater** (1695–1736), die ihm eine glückliche Gegenwelt zur eigenen, in Zwängen eingebundenen Existenz vorführen. Für **François Boucher** (1703–1770) ist Watteau prägend. Der Günstling der Madame de Pompadour verkündet mit gekonnt arrangierten, mythologischen Szenen, deren fleischliches Rosa mit dem Grün der Natur eine erotisierte Synthese eingeht, und seinen heiteren Porträts eine vorgebliche Leichtigkeit des Seins.

Jean-Honore Fragonard (1732–1806) beschließt die Reihe der Maler des *Ancien Régime* vor der Revolution. Einige seiner Porträts erinnern in ihrem leichten Strich an Frans Hals (s. S. 108), seine Zeichnungen gehören zu den besten des 18. Jahrhunderts. Mit dem Ausbruch der Französischen Revolution erhält er kaum noch Aufträge. **Jean-Baptiste Greuze** (1725–1805) ergeht es nicht anders, obwohl der aufklärerische Literat Diderot dessen »moralische« Genreszenen als Gegenbilder zum Rokoko eines Boucher oder Fragonard lobt.

Experimente mit der Farbe

Jean-Baptiste Simeon Chardin (1699–1779) ist nach Watteau der zweite französische Maler, für dessen Aufnahme die Académie ein besonderes Genre erfindet: Bereits 1728 akzeptiert ihn die Institution als »Maler von Tieren und Früchten«, obwohl seine Bilder sich deutlich vom offiziellen Akademiestil unterscheiden. In klassischer Tradition ausgebildet, konzentriert er sich zunächst ganz auf Jagd- und Früchtestillleben, später kommen häusliche Interieurszenen im kleinbürgerlichen Milieu hinzu: Küchenmägde, Kinder im Gebet, beim Spiel, beim Lernen und Zeichnen. Nach 1770 leidet er zunehmend unter Augenproblemen, die durch die Ölfarben und Lösungsmittel ver-

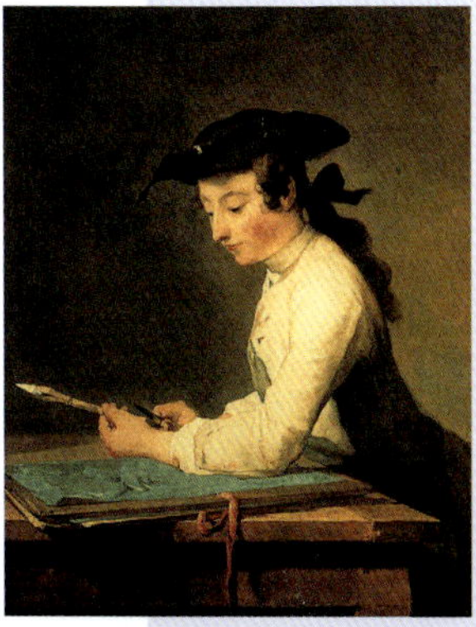

Jean-Baptiste Chardin, **Der Zeichner,** 1737, Öl auf Leinwand, 81 x 67 cm. Staatliche Museen Preußischer Kulturbesitz, Gemäldegalerie, Berlin.
Der Betrachter Chardin'scher Bilder bleibt von der Welt der Stillleben, den Küchen- und Stubenszenen ausgeschlossen. Die Figuren nehmen keinen Kontakt mit ihm auf, denn sie sind ganz von ihrem Tun absorbiert. So auch der Zeichner, der bei der Vorbereitung seines Geräts bereits über den Fortgang der Arbeit nachdenkt, ohne aufzusehen.

stärkt werden, weshalb er zum Pastell wechselt. Mit dieser Technik, dem Vorbild der berühmten venezianischen Malerin **Rosalba Carriera** (1675–1757) folgend, fertigt er Porträts.

Der Erfolg seiner unzeitgemäßen, weil keineswegs galanten Themen erstaunt. Chardin stellt an den Betrachter hohe Anforderungen: Wie van Eyck und Vermeer macht er das Sehen selbst zum Gegenstand der Bilder. Die Farbe scheint vom Maler jeweils neu erfunden, um den Gegenstand über dessen farbige Oberfläche neu zu definieren. Chardin malt nicht einen Tisch als Abbild eines realen Tischs – wie dies die holländischen Künstler des 17. Jahrhunderts taten –, sondern setzt seine künstlerische Idee von einem Tisch um. So vollzieht der Betrachter nicht nur den Malvorgang mit, sondern erhält in der Anschauung des Bildes ein Bild vom Tisch, das er mit ihm bekannten, realen Tischen vergleichen wird. Ähnlich wie bei Vermeer vermag man der Machart dieser Malerei der Oberflächen und Texturen nie ganz auf den Grund zu kommen. Chardins als der Meister einer in sich ruhenden, nur sich selbst verpflichteten Farbwelt: Der Maler wählt möglicherweise gerade deshalb fast banale Gegenstände, um an diesen die neue Sicht anschaulich zu machen.

Noch stärker als Chardin reduziert **Luis Eugenio Meléndez** (1716–1780) das Vokabular seiner Bilder. Der »spanischer Chardin« genannte Maler schafft Stillleben aus wenigen, immer wiederkehrenden Gegenständen. Sein Einsatz der Farbe ist allerdings konventioneller, rustikaler als bei Chardin. In ganz anderer Weise führt der Schweizer Pastellmaler und Radierer **Jean-Etienne Liotard** (1702–1789) den Gegensatz von Farbe und Form zu neuen Lösungen. Liotard bedient die Türkenmode des späten Rokoko mit entsprechenden Bildformulierungen und bereitet damit den Orientalismus des 19. Jahrhunderts (Ingres, Gérome) vor.

Canaletto, **San Marco mit dem Dogenpalast,** nach 1730, Öl auf Leinwand, 50 x 82 cm, National Gallery, Washington.
Canaletto nutzt die Vorzüge der *Camera obscura* zur Bestandsaufnahme der Stadtansichten Venedigs.

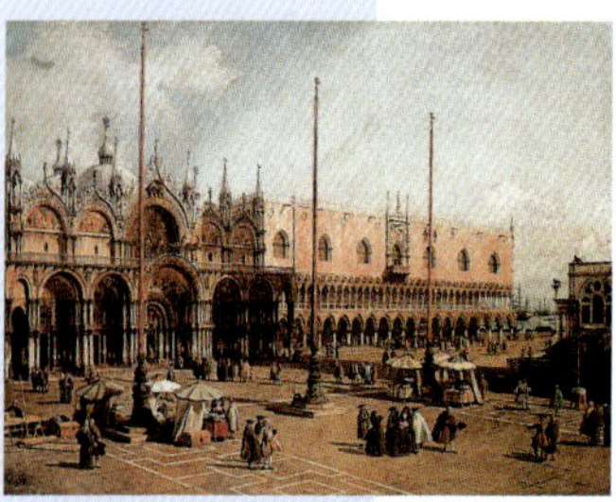

Vedute und Capriccio
Als topografisch genaue Stadt- oder Landschaftsansicht spiegelt die Vedute den seit dem 17. Jahrhundert steigenden Bedarf an touristischen Souvenirs. Ihren Höhepunkt erreicht diese Kunst deshalb zwischen 1720 und 1760, der Glanzzeit der *Grand Tour* englischer Adeliger. Im Wunsch nach genauer Abbildung von Stadtlandschaften und Besitztümern schwingt der aufklärerische Gedanke exakter Ausmessung und optischer Erfassung mit.

Die erste radierte Venedigserie des **Luca Carlevaris** (1663–1729) von 1703 bereitet den Boden für die Kunst des Giovanni Antonio Canal, genannt **Canaletto** (1697–1768). Über seine Kontakte zu dem einflussreichen Auftraggeber und Kunsthändler Consul Joseph Smith gelangen seine lichterfüllten Veduten Venedigs, vor allem des *Canale Grande* (Serie von 1735 auch als radierte Folge) und des *Markusplatzes* nach England. Die späten Werke wirken oft als Wiederholungen einmal gefundener Muster. **Bernardo Bellotto** (1721–1780), der Neffe Canalettos, exportiert die Vedutenkunst Venedigs erfolgreich nach Wien, Dresden und Warschau. Die subjektiven, impressionistisch vibrierenden Stadtansichten Venedigs des **Francesco Guardi** (1712–1793) kommen den Kriterien für ein Capriccio bereits nahe. Neben Venedig wird Rom als beliebtes Reiseziel zu einem anderen Zentrum der Vedutenmaler, mit **Giovanni Paolo Panini** (1691/92–1765) als wichtigstem Künstler.

Giovanni Battista Piranesi, **Blatt VII der Carceri** (2. Druckzustand), 1750, Radierung, 55,5 x 44 cm. Piranesi gestaltet labyrinthische Räume fiktiver und unendlicher Kerkerlandschaften – eine Vorwegnahme der Kulissen für die abgründig maßlosen Romane des Marquis de Sade. In den Räumen wird der Mensch zum Opfer seiner Fantasie, zum Nichts angesichts der albtraumhaften Ausweglosigkeit der Szenerie.

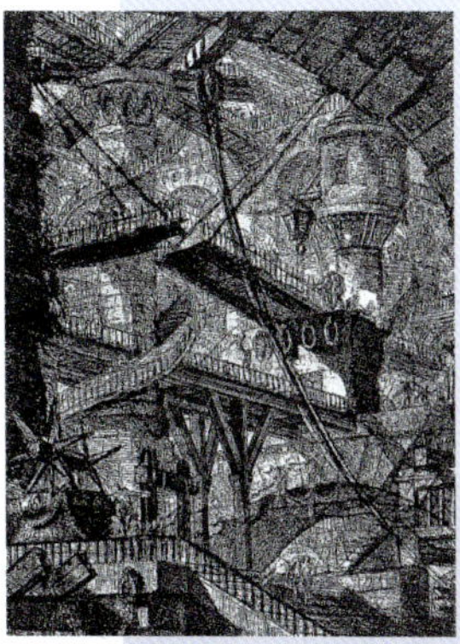

Das *Architekturcapriccio* entsteht mit den posthum publizierten Radierungsfolgen des **Marco Ricci** (1676–1730). Panini erkennt den Vorzug der Gattung für den eiligen Liebhaber und Kenner, indem er viele antike Monumente in einem einzigen Bild vereinigt – ganz Rom in einem Bilderrahmen gewissermaßen. Der geniale Architekt, Kupferstecher und Radierer **Giovanni Battista Piranesi** (1720–1778) verbindet in seinen

Unter **Capriccio** versteht man im 18. Jahrhundert eine gemalte, gestochene oder gezeichnete Komposition, die mithilfe der künstlerischen Fantasie erdachte Teile mit realer Architektur in einem pittoresken Ganzen mischt. Der Begriff bezeichnet im Italienischen unterschiedliche Dinge, ursprünglich wohl das unberechenbare Springen einer jungen Ziege. Reine Fantasieprodukte, die traumähnlich nicht zusammengehörige Einzelteile zu nie gesehenen Szenen zusammenfügen, werden ebenfalls als Capriccio bezeichnet. Diese Tradition wurzelt in manieristischen Bilderfindungen des 16. Jahrhunderts und wird bereits bei Vasari genannt. In diesem weiteren Sinn müssen die Bilderfindungen des **Alessandro Magnasco**, die Capricci des Giambattista Tiepolo sowie *Los Caprichos* von Goya (s. S. 129) und selbst die Genreszenen **Pietro Longhis** (1702–1785) begriffen werden.
Im Capriccio werden die Bildinhalte und formalen Elemente der Malereitradition plötzlich freigesetzt und für neue Kombinationen verfügbar. Für die Romantiker wird das Capriccio aus diesen Gründen wichtig, insbesondere für die Kunstform der Arabeske.

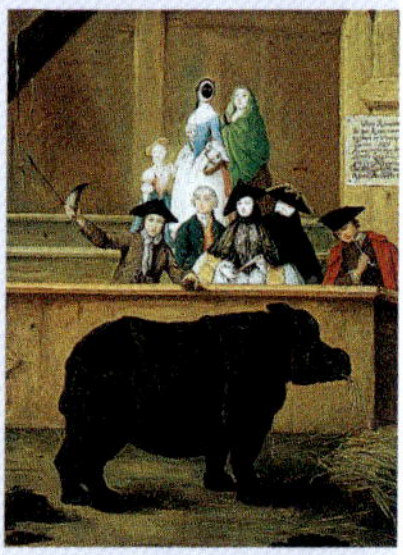

Pietro Longhi, **Das Nashorn,** 1751, Öl auf Leinwand, 62 x 50 cm, Ca'Rezzonico, Museo del Settecento Veneziano, Venedig.
Longhis Genreszenen schildern das Alltagsleben der venezianischen Gesellschaft in oftmals überraschender Zusammenstellung der Figuren, womit sie Elemente des Capriccios aufnehmen. Als Vorlage für das Panzernashorn dient immer noch der Holzschnitt Albrecht Dürers, den dieser 1515 fertigte.

ersten Architekturcapricci die Ornamentstiche des französischen Rokoko mit den gestochenen Bühnendekorationen des italienischen Barocktheaters.

Das Architekturdetail wird unendlich vervielfältigt und vergrößert; der Mensch geht in der kalkulierten Unübersichtlichkeit dieser aus Ruinen, Natur und Zeit generierten künstlichen Welt verloren. Diese Tendenz zeigt sich auch in den Veduten der römischen Antike oder der Tempel Paestums, die unter Piranesis Grabstichel dämonischen Charakter annehmen. Ein Höhepunkt der frei fantasierten Capricci sind die *Carceri d'Invenzione,* die ab 1749/50 in mehreren Zuständen als Serie entstehen. Die Radierfolgen Piranesis sind als Ergänzung wie Gegenpol zur Philosophie der Aufklärung zu sehen. Die Erkenntnis, dass die Dunkelheit der menschlichen Psyche nicht restlos ausgeleuchtet werden kann, vermittelt den Romantikern bereits vor 1800 in den albtraumhaften *Carceri,* den *Landschaftscapricci* des **Claude-Joseph Vernet** (1714–1789) sowie den Ruinenlandschaften des **Hubert Robert** (1733–1808) eine bildnerische, gleichsam negativ formulierte Ausgangsposition.

Malerei in England

Erst im 18. Jahrhundert beginnt eine eigenständige britische Malerei erkennbar zu werden. Neben dem seit dem 17. Jahrhundert eingeführten Porträt werden andere Gattungen selten genutzt: Religiöse Malerei stellt sich als Aufgabe so gut wie nicht, Historienmalerei wird aus Frankreich oder Italien eingekauft, die Landschaftsmalerei steht noch im Schatten Lorrains. Die adlige Oberschicht ist mit dem Ausbau ihrer Landsitze und zugehöriger Gärten beschäftigt, bedeutende offizielle, gar königliche Aufträge sind selten.

In dieser Situation beginnt **William Hogarth** (1697–1764) mit Zyklen kleinformatiger, moralisierender Bilder ein unterhalb der Historienmalerei angesiedeltes Genre von Bilderzählung zu etablieren (z. B. *The Rake's Progress,* Gemäldezyklus um 1733, Sir John Soane's Museum, London). Hogarths Zyklen sind auf ihre Verbreitung als Kupferstichserien hin angelegt, Zielpublikum ist das aufstrebende Bürgertum. Bewusst setzt er sich vom Genre der Karikatur ab. Der Romanautor Henry Fielding leistet ihm im Vorwort des »Joseph Andrews« 1742 Schützenhilfe, indem er ihn als »comic history painter« bezeichnet, dem jedoch jede Form der simplen Burleske fremd sei. Hogarth greift Bildmuster der religiösen Malerei des 16. und 17. Jahrhunderts auf, womit er seine bürgerlichen Themen nobilitiert. Hogarths lebensvolle Charakterstudien können als Gründungsbilder einer englischen Tradition des bürgerlichen, realistischen Porträts angesehen werden. In der kunsttheoretischen Abhandlung »The Analysis of Beauty« (1753) definiert er im Rückgriff auf Raffael und Le Brun die künstlerischen Gattungen, darunter erstmals auch die Karikatur. Eine genuin eigene Idee ist die von der Natur abgeleitete, s-förmig geschwungene »Schönheitslinie«, die »Line of Beauty«, die wahrer Kunst unterlegt sei.

Die Karikatur wird als eigenständige Gattung erst als Antwort auf die Ereignisse der Französischen Revolution und der Napoleonischen Kriege mit **James Gillray** (1757–

William Hogarth, **Gin Lane (Schnapsgasse),** 1751, Kupferstich, 36 x 30 cm.
Es ist interessant zu sehen, wie Hogarth den Stil seiner Werke von der Zielgruppe abhängig macht: Die an das gehobene Bürgertum und den Adel gerichtete Serie *Marriage à la Mode* (1742–44, National Gallery, London: ebenfalls als Kupferstichedition) ist deutlich höfischer, fast rokokohaft gemalt und besser gestochen als die an die Moral der unteren Mittelklasse gerichteten Stiche *Gin Lane/ Beer Lane* (1751), mit ihrer drastischen Schilderung des Schadens durch übermäßigen Alkoholkonsum.

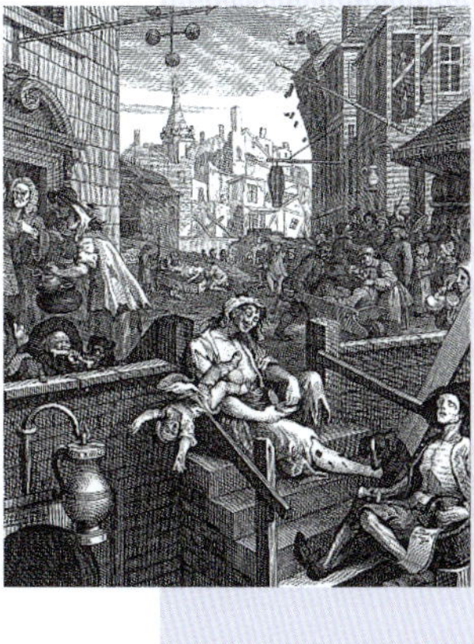

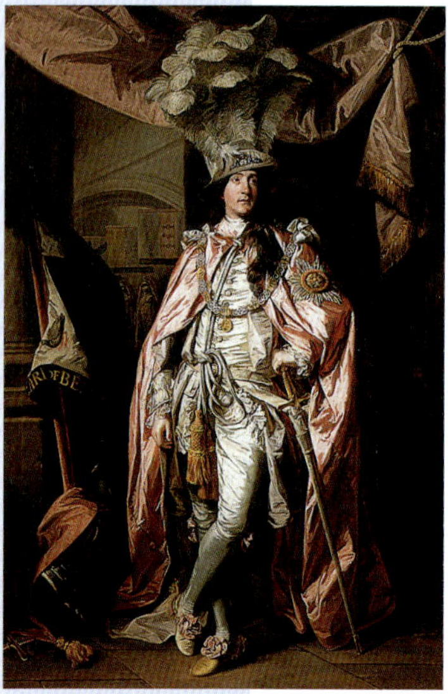

Joshua Reynolds, **Charles Coote, Duke of Belmont,** 1774, Öl auf Leinwand, 245 x 182 cm, National Gallery of Ireland, Dublin.
Reynolds ist sicher nicht der trockene Akademiker, als der er oft beschrieben wird; seine Porträts können mit ihrem Pomp bis zum Sarkasmus ironisch sein.

1815) und **Thomas Rowlandson** (1756–1827) einen ersten Höhepunkt erleben. Erst 1768 wird die Royal Academy gegründet; auch dies ist ein Zeichen für die späte Entwicklung der englischen Malerei. Gründungspräsident ist der im selben Jahr geadelte **Sir Joshua Reynolds** (1723–1793), gefragtester Porträtmaler der Epoche. Seine zahlreichen Bildnisse berücksichtigen in Pose, Mimik und Gestik jeweils die gesellschaftliche Position der Abgebildeten. Die »Discourses on Painting« (erschienen 1769–90) werden international stark beachtet, da aus diesem theoretischen Hauptwerk der englischen Malerei des 18. Jahrhunderts die offizielle Kunstkritik Englands spricht. Dabei ist bemerkenswert, dass Reynolds seinem Antipoden **Thomas Gainsborough** (1727–1788) in seinem 14. Diskurs von 1788 immerhin Respekt zollt. Biografie und Malweise beider Künstler könnten kaum unterschiedlicher sein. Gainsborough lernt im Umfeld der von Hogarth gegründeten St. Martins Lane Academy die Grundlagen des Malens und Zeichnens. Über den französischen Kollegen Gravelot lernt er die Kunst Watteaus kennen, was sich im Kolorit und linearen Fluss seiner Bilder niederschlägt. Erst 1774 zieht es ihn aus der Provinz nach London, wo er mit dem aufstrebenden Kunstmarkt sowie der Politik der Royal Academy konfrontiert wird.

Gainsborough kann es sich leisten, an Reynolds vorbei eigene Wege zu gehen. Sein großer Erfolg als Porträtist hält ihn nicht davon ab, noch im hohen Alter neue Themen aufzugreifen *(Fancy Pictures,* nach 1776, eine Serie von Armenbildern) und mit Mischtechniken zu experimentieren. Sein Stil ist eigentümlich schwerelos. Die Landschaften, in denen seine Porträts und

Genreszenen eingebettet sind, gewinnen zunehmend impressionistischen Charakter.

Ganz anders sind Themen und malerischer Charakter der Werke des **Joseph Wright of Derby** (1734–1797). Auch er macht um die Hauptstadt London einen großen Bogen und wirkt vorwiegend in Mittelengland (Derby, Liverpool). Seine bahnbrechenden Hauptwerke passen in kein Genre: Es sind formal Historienbilder, die naturwissenschaftliche Experimente zeigen. Das den Bildern unterlegte malerische Prinzip ist ohne Kenntnis Caravaggios und Rembrandts nicht denkbar. Erstmalig werden naturwissenschaftliche Phänomene und Experimente dargestellt und in dem Maße beleuchtet, wie diese die Zuschauer erleuchten. Die Richtigkeit des Experiments wird bildlich bewiesen und dokumentiert. Eine solche Kunst ist nur in einem fortschrittlichen Milieu möglich, wie es Wright in den Midlands antrifft, wo sich die frühindustrielle Revolution anbahnt, deren Voraussetzung gesicherte physikalische und chemische Kenntnisse sind.

Erst 1773 zieht es ihn nach Italien, wo ihn der Vesuvausbruch von 1774 zu mehr als 30 Variationen dieses Naturereignisses inspiriert. Vielleicht liegt hier auch der Ausgangspunkt für die späten, mit neuen Formen expe-

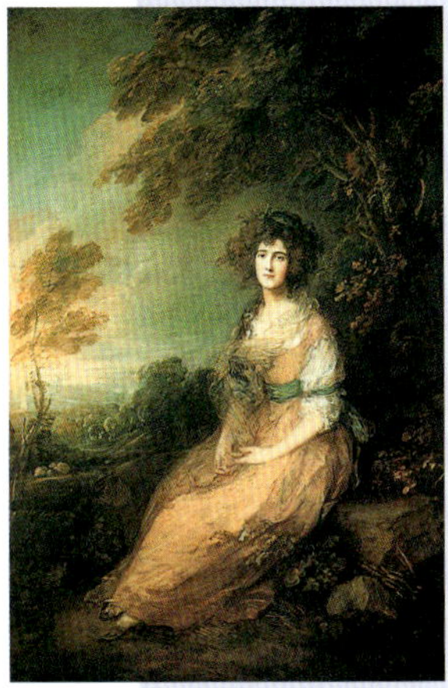

Thomas Gainsborough, **Mrs. Richard Brinsley Sheridan,** 1785–87, Öl auf Leinwand, 220 x 154 cm, National Gallery, Washington. Die parallel geführten, kurzen Einzelstriche setzen sich erst im Auge des Betrachters zum Formengerüst der Bilder zusammen; im Spätwerk lösen sich die weich dahinfließenden Formen gänzlich auf.

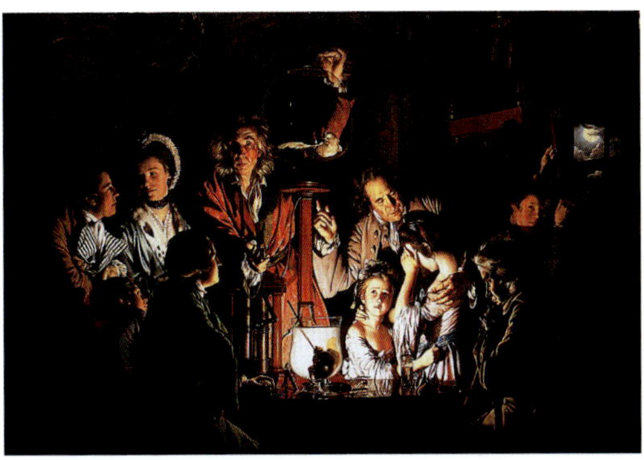

Joseph Wright of Derby, **Das Experiment mit der Luftpumpe,** 1768, Öl auf Leinwand, 183 x 244 cm, National Gallery, London. Die Figuren sind ins Dunkel getaucht, das von nur einer Lichtquelle erhellt wird, wodurch Teile der Gesichter schlaglichtartig aufscheinen.

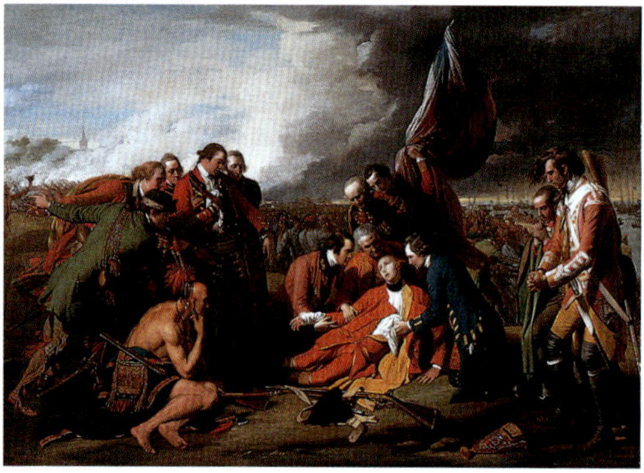

Benjamin West, **Der Tod des General Wolfe,** 1770, Öl auf Leinwand, 151 x 214 cm, National Gallery of Canada, Ottawa.
In der zentralen Gruppe um den sterbenden General zitiert West die eingeführte Komposition der Beweinung Christi und wertet damit das historische Ereignis auf.

rimentierenden Landschaften, die Wright nach seiner Rückkehr aus Italien neben literarischen Themen malt.

Da der erste bedeutende amerikanische Maler **Benjamin West** (1738–1820) bereits 1763 nach England geht, wo er 1793–1815 als Nachfolger Reynolds die Royal Academy leitet, findet er hier Erwähnung. West belebt die unenglische Gattung des Historienbildes um zeitgenössische Themen der amerikanischen Befreiungskriege. Ihm gelingt eine Neudefinition der noblen Gattung, indem er auf jede Form idealisierender Kostümierung verzichtet, andererseits aber die Kompositionen subtil an religiöse Bildmuster anlehnt.

Klassizismus in der Malerei – Jacques-Louis David

Der internationale Erfolg der Malerei des Winckelmann-Freundes **Anton Raphael Mengs** (1728–1779) und der italienischen Landschaften **Jacob Philipp Hackerts** (1737–1807) bei den höfischen Auftraggebern liegt ganz sicher in ihrer beruhigenden Harmlosigkeit. Ein letztes Mal vermag klassische Malerei die harmonische Vision eines Wunschbildes von Mythos und arkadischer Landschaft zu beschwören, was gesellschaftlich und malereigeschichtlich bereits anachronistisch ist.

Jacques-Louis David, **Der Schwur der Horatier,** 1784, Öl auf Leinwand, 330 x 422 cm, Musée du Louvre, Paris.

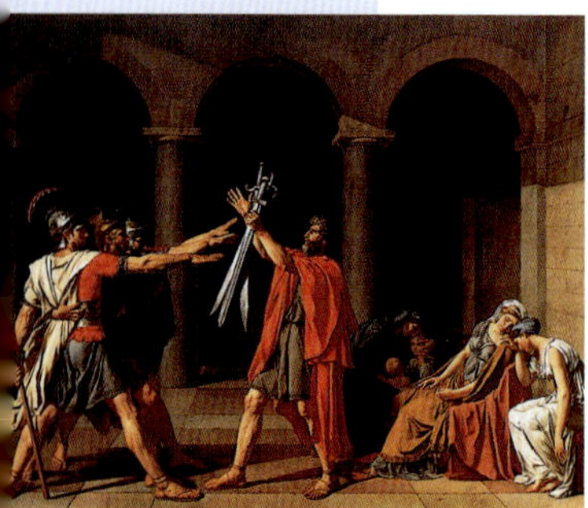

Jacques-Louis David (1748–1825) wird oft als Hauptmeister des Klassizismus bezeichnet, doch beschreitet er einen anderen Weg als Mengs. Der nach Anfängen im Rokoko-Stil Bouchers und der obligatorischen Italienreise gemalte *Schwur der Horatier* ist ein klassizistisches Ereignisbild der römischen Geschichte, allerdings ohne die Mittel der Akademiemalerei. Im Gegenteil: Die Komposition wird heftig kritisiert, da die drei Hauptpersonen links hintereinander und nicht gut sichtbar nebeneinander gestellt sind. Viel eher kann man sagen, dass David die Poussin'sche Formensprache (s. S. 98) radikalisiert. Im labilen politischen Milieu der 1780er Jahre bedeutet die Wahl eines antiken Themas eine gewisse Absicherung; der überwältigende Erfolg des Gemäldes wird aber gerade im revolutionären Inhalt des Schwurmotivs gelegen haben, wie ähnlich vorrevolutionäre Elemente in den zeitgleichen Opern Mozarts, der »Nozze di Figaro« (1786) und dem »Don Giovanni« (1787) sowohl im Libretto da Pontes als auch musikalisch angelegt sind.

Ob David in dieser Zeit revolutionäre Gedanken beschäftigen, mag bezweifelt werden. Zunächst betreibt er 1783 aktiv seine Aufnahme in die Académie, stellt sich mit dem Ausbruch der Revolution allerdings umgehend zur Verfügung. Der Maler freundet sich mit Robespierre an und wird im Januar 1794 Präsident des Konvents, dem wichtigsten Instrument des Terrors. Das Hauptwerk der Revolutionsjahre ist *Der tote Marat*.

Nach der Revolution weiß Napoleon Davids künstlerische Qualität zu nutzen, wenn auch mit einer gewissen Reserviertheit. Er bevorzugt den weniger vorbelasteten **Antoine-Jean Gros** (1771–1835), einen Schüler Davids, als Chronist seiner politischen Erfolge. Und doch bleibt Davids *Krönung Napoleons*

Jacques-Louis David, **Der tote Marat,** 1793, Öl auf Leinwand, 165 x 128 cm, Musées Royaux des Beaux-Arts, Brüssel. Alles an dieser »Ikone« ist präzise konstruiert – von den Bildachsen bis zur Gegenüberstellung des Mordwerkzeugs mit der Schreibfeder des Ermordeten, seiner unsterblichen Waffe. Die Lage des Körpers im Bad ruft das Bild Christi bei der Grablegung oder einer Pietà in Erinnerung, was das Märtyrerbild des »heiligen« Revolutionärs Marat zusätzlich mit Bedeutung auflädt.

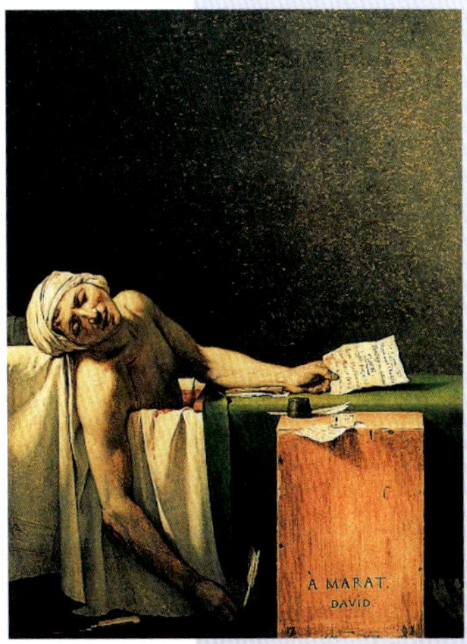

Von etwa 1760 an lässt sich international unter Einfluss der rationalen Philosophie der Aufklärung eine verstärkte Rückwendung auf antike Formen und Themen feststellen - der **Klassizismus.** Diese Tendenz macht sich zuerst in der Architektur und Innenraumgestaltung bemerkbar. Das französische Rokoko wird vom Louis-Seize abgelöst, dem Stil der Zeit König Ludwig XVI. (z. B. Petit Trianon im Garten von Versailles, 1762–68). Der Rückkehr zu den klassizistischen Monumentalformen des 17. Jahrhunderts entspricht im Innenraum eine strenge Systematisierung der Wandgliederung sowie bei Möbeln eine Abmagerung der üppigen, mit Holzintarsien verzierten Louis-Quinze-Formen zu den schlichten, nur noch mit Bronze beschlagenen Möbeln David Roentgens (1743–1807). Im Gesamtkunstwerk des englischen Landhauses mischen sich Rückgriffe auf die Renaissance (Palladio als Architekt) und das 17. Jahrhundert mit der Aufnahme antiker Gebäude und Denkmäler in den frühen Landschaftsgärten. Robert Adam (1728–1792) verbindet in seinen kleinteiligen, auf der Wiederholung und Aneinanderreihung antiker Motive aufbauenden Innenraumgestaltungen (z. B. Kedleston Hall, Syon House, Osterley Park) die fantastischen Dekorationsformen Piranesis mit der Kenntnis der ab 1738 bzw. 1748 systematisch begonnenen Ausgrabungen in Herculaneum und Pompeji. Sein Stil wirkt sich bis ins Chippendale-Möbel und die Wedgewood-Keramik aus und beeinflusst wiederum die Kunst des Empire in Europa.

und Josephines in Notre Dame (1805–07, Louvre, Paris) in ihrer splendiden Pracht das monumentale Hauptbild des napoleonischen Empire, wobei David auf den Medici-Zyklus von Rubens zurückgreift. David ist vielleicht der einflussreichste europäische Maler der Jahrhundertwende, weil er wie kein anderer die akademische Tradition mit Mitteln einer neuen, wiewohl klassischen Bildsprache überwindet.

Goya

Ähnlich wie David dient auch **Francisco de Goya y Lucientes** (1746–1828) vielen Herren, vor allem ab 1786 den spanischen Bourbonenkönigen als Hofmaler. Auch er fügt sich trotz seiner liberalen politischen Überzeugung pragmatisch in die jeweilige Situation, aber er nimmt in seinem Malstil auf die betreffenden Auftraggeber offenbar keine besondere Rücksicht. Man fragt sich, wie die porträtierten Aristokraten seine schonungslos offenen Bildnisse eingeschätzt haben mögen, doch ist dieser unverstellte Umgang mit der Physiognomie vielleicht eine Eigenheit Spaniens, da bereits El Grecos und Velázquez'

Porträts deutlich weniger beschönigen als alle italienischen Maler.

Goyas Malstil lässt sich in seiner Vielfalt schwer fassen. Der Künstler beginnt 1774 mit großformatigen Kartonentwürfen für die Madrider Königliche Tapisseriemanufaktur in einem späten spanischen Rokoko. Parallel entstehen religiöse Fresken und die ersten bedeutenden Bildnisse, eine Gattung, die Goya bis zu seinem Tod Erfolg garantiert. Die französische Besatzung und die Kriegsereignisse der Folgezeit, die er in Madrid und bei einem Besuch in Zaragoza 1808 miterlebt, schlagen sich in bewegenden Meisterwerken nieder: Die Ereignisse in Madrid vom 2. und 3. Mai 1808 in den beiden gleichnamigen, großformatigen Ölbildern.

Der skeptische Humanist Goya spricht am deutlichsten in der Druckgrafik. Bereits die 80 Radierungen der *Caprichos* von 1799 verspotten die Dummheit menschlicher Existenz. Nach Blättern, auf denen er die menschlichen Sünden und Laster humorvoll geißelt, tritt mit dem berühmten Blatt 43 *Der Schlaf der Vernunft gebiert Monstren* eine Wende ein: Wahnsinn und Hexenkräfte treiben die Menschen um. Noch pessimistischer ist die Serie der 82 *Desastres de la Guerra,* die 1810–20 ent-

Mit den »Gedanken über die Nachahmung der griechischen Werke in der Malerei und Bildhauerkunst« (1755) und der »Geschichte der Kunst des Altertums« (1764) rückt der deutsche Altertumsforscher **Johann Joachim Winckelmann** (1717–1768) erstmals die griechische Kunst ins Zentrum des Interesses und zieht diese mit ihrer »edlen Einfalt und stillen Größe« der römischen vor. Der Erfolg ist enorm: Die Literaten des Sturm und Drang sowie der Romantik besinnen sich auf die Versepen Homers, die Protagonisten der Weimarer Klassik setzen sich mit der griechischen Tragödie auseinander, Piranesi radiert die bis dahin übersehenen Tempel von Paestum. Noch für den »Panhellenismus« des 19. Jahrhunderts und die romantische Griechenlandbegeisterung Lord Byrons wird Winckelmann die Argumente liefern. Geistesgeschichtlich sind die kunstkritischen Werke Winckelmanns bedeutsam, da er erstmals beschreibende Kategorien der Anschauung von Kunst entwickelt, deren System nun auch auf die Betrachtung anderer Epochen oder Stile angewandt werden kann. Er hinterlegt seiner Geschichte der antiken Kunst in Anlehnung an Vasari einen durchgehenden Entwicklungsgedanken, den Georg Wilhelm Friedrich Hegel (1770–1831) zu einem Grundpfeiler seines geschichtsphilosophischen Gebäudes ausbauen wird.

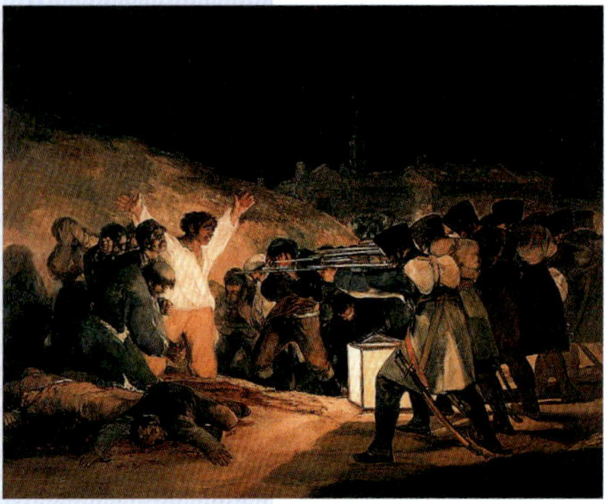

Francisco Goya, **Die Erschießung der Aufständischen am 3. Mai 1808,** 1814, Öl auf Leinwand, 266 x 345 cm. Museo del Prado, Madrid.
Goya zieht hier eine Summe aus den verehrten Vorbildern Rembrandt und Velázquez und begründet (noch vor Delacroix) eine farblich kühne, ganz aus dem Pinselduktus entwickelte zeitgenössische Historienmalerei ohne jede gekünstelte Klassizität. Manet ist dieses Gemälde Vorbild für das Bild *Erschießung Kaiser Maximilians* (1867, Kunsthalle, Mannheim).

steht. Goya geißelt als Nachfolger Callots die Greuel des Krieges, aber auch der verbrecherischen Kirche. Die Themen der Radierungen überträgt Goya für die 14 *Schwarzen Bilder* (1820–22, Prado, Madrid) auf die Wände seines eigenen Hauses vor den Toren von Madrid (u. a. *Saturn frisst seine Kinder*).

1824 verlässt er Spanien und geht ins Exil nach Bordeaux. Er hat keine Schule begründet. Sein Ruhm außerhalb Spaniens beginnt erst mit der Neubewertung seines Werks durch die Impressionisten.

Die Romantik

Sucht man romantische Momente und Tendenzen in der abendländischen Malerei, so wird man in allen Epochen fündig. Fraglich ist indes, ob jene der Romantik des späten 18. und frühen 19. Jahrhunderts zugrunde liegende Befreiung des Individuums aus den Fesseln der Konvention in diesen Fällen eines formalen Romantizismus bereits stattgefunden hat. Ist beispielsweise Lorrains Landschaftsmalerei im französischen 17. Jahrhundert bereits »romantisch«? Wohl kaum. Lorrain nutzt nur bestimmte Bildrequisiten und eine atmosphärisch weiche Stimmung. Oder ist Goya ein Romantiker? Hat die Kunst Davids romantische Elemente, weshalb die Kunstgeschichte auch zum Hilfsbegriff eines »romantischen Klassizismus« greift? Romantische Tendenzen verstärken sich im Laufe des 18. Jahrhunderts. Letztlich ist bereits die Idee des Capriccios, insbesondere des Landschaftscapriccios, ohne die Vorstellungen von Individualität und Subjektivität nicht zu erklären. Vernets oder Loutherbourgs *Seestürme,* Piranesis wilde *Architekturfantasien,* die 1773–78 gemalten 170 *Alpenansichten* des **Caspar Wolf** (1735–1798) oder die merkwürdig zwischen systematischer Erfassung und subjektivem Erleben schwankenden Landschaften und Wolkenbilder des **Alexander Cozens** (1717–1786) haben allesamt romantische Züge, auch wenn ihnen noch keine romantische Theorie unterlegt ist. Diese kommt schließlich aus Deutschland. Friedrich Schlegel prägt den Begriff »Romantik« erstmals 1798 in der Zeitschrift »Athenäum« und leitet ihn vom mittelalterlichen Versepos und Roman ab. Schlegels Definition begleitet allerdings lediglich die aus dem Sturm und Drang und als Gegenpol zur Weimarer Klassik Goethes und Schillers bereits vorhandene Praxis in Lyrik und Roman. Das Unvollendete, Angedeutete, mystisch Raunende, ekstatisch Religiöse, Zauber- und Sagenhafte, Volkstümliche, Ritterliche wird zum Thema. Madame de Staël macht diese Gedanken in ihrem Buch »De l'Allemagne« ab 1810 auch den französischen und englischen Lesern zugänglich.

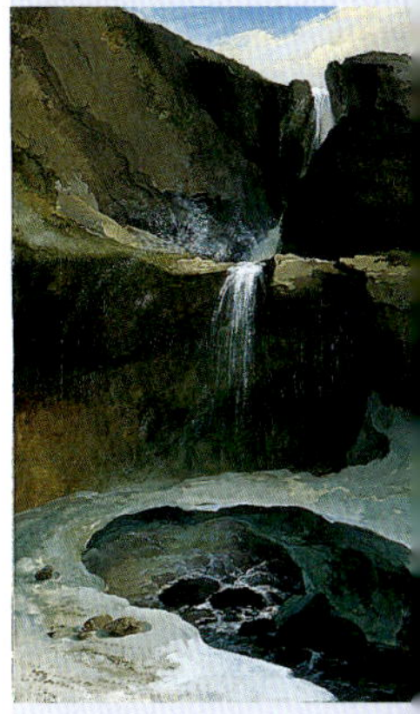

Caspar Wolf, **Der Geltenbachfall im Winter,** um 1773–78, Öl auf Leinwand, 82 x 54 cm, Museum Oskar Reinhart, Winterthur.

In England findet Edmund Burke bereits 1756 mit dem Begriff des *Sublimen* (des Erhabenen) eine Kategorie, um das Unheimliche, Überirdische oder gewalttätig Riesenhafte zu umschreiben. Hinzu kommt der Begriff des *Pittoresken,* der erstmals vor den in ihrer lieblichen Herbheit überwältigenden Landschaften des englischen

Unter **Romantik** versteht man eine kulturelle Strömung des späten 18. und frühen 19. Jahrhunderts, die die bildende Kunst, Architektur, Literatur und Musik umfasst. Die Romantiker formulieren eine eigene Theorie, was sie von den Künstlern und Literaten des Barocks und Rokoko unterscheidet. Als kleinsten gemeinsamen Nenner der Romantik lassen sich mit dem »Dictionary of Arts« drei Grundtendenzen festhalten: Romantik bedeutet demnach erstens, die Emotionen und die Intuition über (oder zumindest gleichbereichtigt neben) die Vernunft zu stellen; zweitens den festen Glauben, dass es entscheidende Momente von Erfahrungen gibt, die vom Vernunftsinn nicht erfasst und vernachlässigt werden und drittens die Überzeugung von der umfassenden Wichtigkeit des Individuellen, Persönlichen und Subjektiven. Erstmals in der Kulturgeschichte stellen die Literaten der Romantik den bildenden Künstlern ein Vokabular zur Verfügung, mit dem sie sich zu den eigenen künstlerischen Erzeugnissen sprachlich äußern können. Diese theoretische Begleitung des Kunstschaffens gehört von nun an zu jeder erfolgreichen künstlerischen Stilrichtung. Auch in dieser Hinsicht wirkt die Romantik bis weit ins 20. Jahrhundert.

Lake District als visuelle Erfahrung ausgesprochen wird. Lord Byron und Shelley verschmelzen beide Begriffe in ihren Versen mit den deutschen und klassischen Traditionen. Die Romantik bietet sich als die künstlerische Strömung der Freiheitsbewegungen gegen Napoleon an, gerade auch mit ihren nationalistischen Tönen. Als solche blüht sie zuerst in Mitteleuropa, aber auch in Skandinavien. In der Restaurationsphase nach 1815 werden allzu emotionale Ausbrüche romantischer Gesinnung politisch nicht mehr gewünscht. In Deutschland mündet die Romantik in ein behagliches, ins Private zurückgezogenes Biedermeier, in Frankreich in den Interessensausgleich des *Juste Milieu* unter dem »Bürgerkönig« Louis-Philippe, wie dies eindrücklich der Romancier Stendhal beschreibt.

Füssli und Blake

Johann Heinrich Füssli (1741–1825) verbindet als Schweizer Maler und Dichter, der ab 1779 in London lebt, mitteleuropäische mit englischen Traditionen. Bereits 1767 ermuntert ihn Reynolds, die Dichtung und Theologie zugunsten der Malerei aufzugeben. Auf seiner Italienreise interessieren ihn weniger die Klassiker der Akademieausbildung (Raffael, Carracci und Reni), vielmehr faszinieren ihn Michelangelo und die Manieristen. Nach der Übersiedlung nach London findet Füssli, der sich nun Fuseli nennt, zu einem aus der Linie entwickelten, manierierten Malstil. Themen erfindet er frei oder entnimmt sie literarischen Vorlagen. Mit dem *Nachtmahr* wird er auf einen Schlag berühmt. Auf der Schlafenden hockt der *Incubus* als kleine albtraumhafte Erscheinung, aus dem Vorhang stürmt schnaubend ein weißes Pferd in den Raum. Füssli wählt ein freies Thema, um die erotischen Albträume einer Frau zu schildern. Dabei betritt er Bereiche des Unbewussten und Unkontrollierbaren, die sich der vernunftbezogenen Aufarbeitung entziehen.

Johann Heinrich Füssli, **Der Nachtmahr,** 1782, Öl auf Leinwand, 76,5 x 63,5 cm, Freies Deutsches Hochstift, Goethe-Museum, Frankfurt a. M.

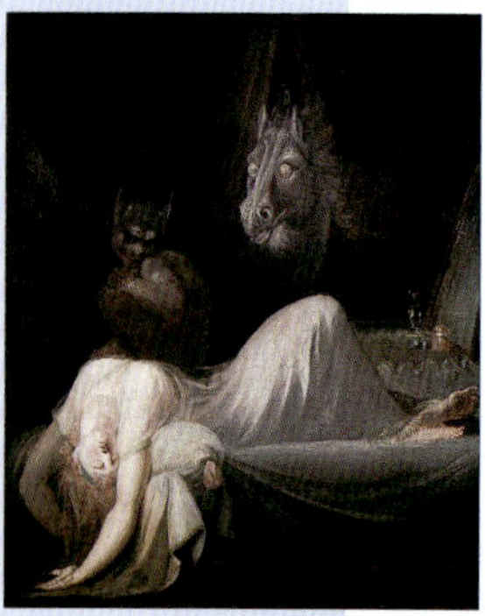

Füsslis Bild ist besonders wirkungsvoll, weil die Bedrohung auf hohem ästhetischen Niveau stattfindet. Wichtige Beiträge für die ständige Ausstellung von John Boydells »Shakespeare Gallery« entstehen, und 1790 wird Füssli Mitglied der Royal Academy. Bald widmet er sich seinem persönlichen Gegenprojekt, der »Milton-Gallery«, für die er ab 1790 mehr als 40 Gemälde schafft. In der Folgezeit konzentriert sich Füssli auf erotische Frauenbilder und sublime, unheimliche Mythologien sowie auf theoretische Schriften, die auch seine Distanz zur Akademietradition deutlich machen.

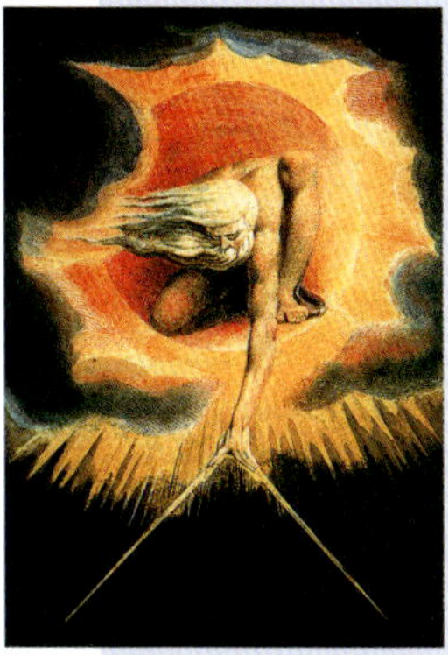

William Blake, **Der erste Tag,** 1794, Radierung mit Wasserfarben, 23,3 x 16,8 cm, British Museum, London.

William Blake (1757–1827) zur Romantik zu zählen ist nicht ganz richtig. Und doch ist der Grafiker und Dichter, der die Ölmalerei strikt ablehnt, mit seinem Begriff von Genie und seinem System einer obskuren gnostischen Theologie durchaus mit romantischen Kategorien zu fassen.

Trotz seiner Freundschaft zu Füssli und dem Bildhauer **John Flaxman** (1755–1826), dessen lineare Umrisszeichnungen zu Homers Versepen ihn inspiriert haben dürften, bleibt Blake ein Einzelgänger. Seine illustrierten Bücher und *Large Colour Prints* (1795–1804, Tate Gallery, London) stehen technisch und thematisch außerhalb aller Traditionen. Erfolg hat er erst lange nach seinem Tod, vor allem die Symbolisten nutzen die bis zur Abstraktion reichende Modernität von Blakes Erfindungen.

Philipp Otto Runge, **Der kleine Morgen,** 1808, Öl auf Leinwand, 109 x 85,5 cm, Hamburger Kunsthalle, Hamburg.

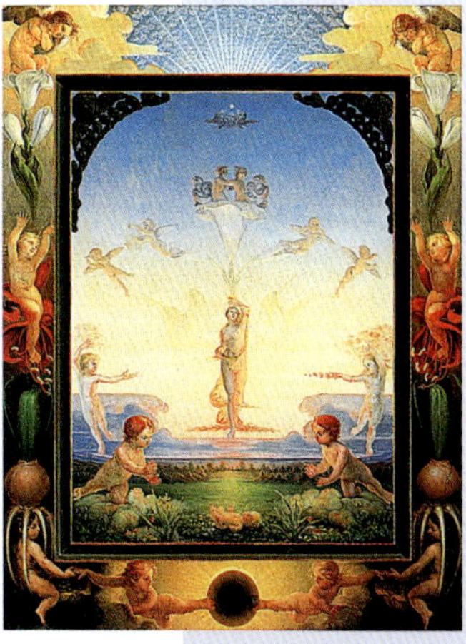

Runge und Friedrich

Philipp Otto Runge (1777–1810) ist wie Füssli und Blake Literat und bildender Künstler, bei ihm kommt noch ein ausgeprägtes kunsttheoretisches Interesse hinzu, das sich in der *Farbenkugel* von 1810 niederschlägt. Aufgrund seiner kurzen Lebenszeit sind nur wenige Werke

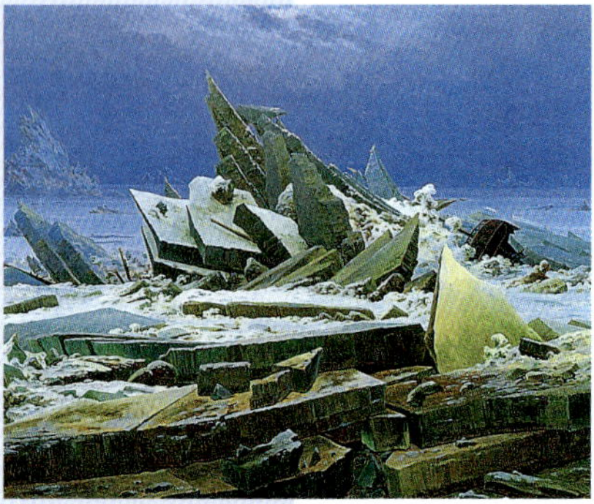

Caspar David Friedrich, **Das Eismeer/ Gescheiterte Hoffnung,** 1823/24, Öl auf Leinwand, 97 x 127 cm, Hamburger Kunsthalle, Hamburg.

vollendet. Neben den Porträts verdeutlichen vor allem die *Tageszeiten* Runges Kunstverständnis und seine naturphilosophisch orientierte Theologie.

Das umfangreiche malerische Werk **Caspar David Friedrichs** (1774–1840) bedeutet einen Höhepunkt der deutschen Romantik. Unbeeindruckt von den nach Rom eilenden Malerkollegen, wie dem wichtigen Landschaftsmaler **Joseph Anton Koch** (1768–1839), bleibt Friedrich zeit seines Lebens zwischen Dresden und Greifswald aktiv. In Dresden findet er im Austausch mit dem romantischen Dichter Ludwig Tieck und in der näheren und weiteren Umgebung Themen genug für eine Landschaftsmalerei, welche die persönlichen Schilderungen der Natur in all ihren Erscheinungen mit religiösem und damit letztlich universalem Inhalt auflädt.

Bereits mit seinem ersten großen Ölgemälde, dem *Kreuz im Gebirge (Tetschener Altar)* (1808, Galerie Neue Meister, Dresden), schafft Friedrich mit der Darstellung eines Kreuzes in der Natur das erste protestantische Altarbild aus romantischem Geist. Friedrichs Thema der Einsamkeit des Menschen korrespondiert mit **Georg Friedrich Kerstings** (1785–1847) Bild vom Künstler. Dieser malt *C. D. Friedrich in seinem Atelier*. Das stille Interieurbild dokumentiert die Arbeitsweise des Malers, der nur Zeichnungen nach der Natur anfertigt, das Ölbild als klassisches Staffeleibild aber im geschlossenen Raum nach der Idee malt, die er gedanklich entwickelt. Das zu einem Drittel verschlossene Fenster gewährt keinen Ausblick in die Landschaft und bestärkt den Eindruck der Abgeschlossenheit des einsamen Malers. Vom *Mönch am Meer*

Georg Friedrich Kersting, **C. D. Friedrich in seinem Atelier,** 1811, Öl auf Leinwand, 51 x 40 cm, Hamburger Kunsthalle, Hamburg.

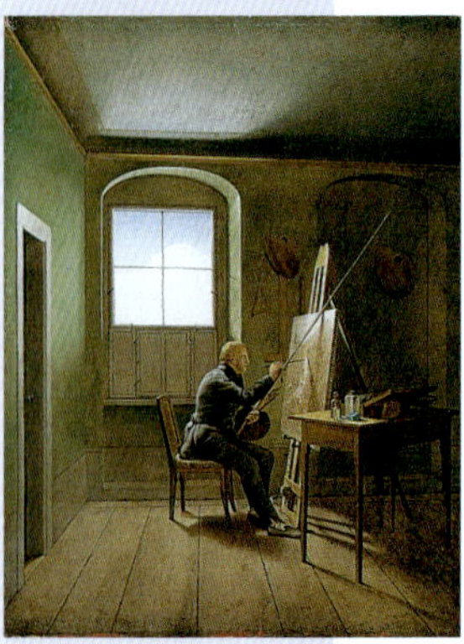

(1809/10, Alte Nationalgalerie, Berlin) zum *Wanderer über dem Nebelmeer* (1818, Kunsthalle, Hamburg) beschäftigen Friedrich die romantischen Themen von Vergänglichkeit, Einsamkeit und unendlicher Weite. Das relativ großformatige *Eismeer/Gescheiterte Hoffnung* thematisiert im Scheitern des William Edward Parry, der 1821 vergeblich versucht, die Nord-West-Passage zu meistern, das Scheitern menschlichen Tuns überhaupt. Der französische Bildhauer David d'Angers prägt anlässlich eines Besuchs in Friedrichs Atelier 1834 den Begriff von der »Tragödie der Landschaft«.

Deutsche und dänische Malerei zwischen Romantik und Realismus

Carl Gustav Carus (1789–1869) verleugnet in poetischen Wald-, Mondschein- und Ideallandschaften nicht Friedrichs Einfluss. Die Bilder des bedeutenden Architekten **Karl Friedrich Schinkel** (1781–1841) beschwören in Idealansichten eine Verschmelzung deutscher Gotik, romantischer Landschaft und klassisch ruhiger Bildaufbauten, die an Lorrain erinnern. Irritierender sind die vorimpressionistischen Landschaften **Karl Blechens** (1798–1840), der die Kompositionen Friedrichs mit Bewegung und natürlichen Lichteffekten, aber auch Ironie erfüllt. Blechen bevorzugt das kleine Bildformat. Skizzenhafte Arbeitsweise und überraschende Bildausschnitte sind typisch für seinen Malstil.

Neben Deutschland entwickelt sich Dänemark zum Zentrum der Romantik. **Christoffer Wilhelm Eckersberg** (1783–1853), ein Freund des klassizistischen Bildhauers Berthel Thorwaldsen, malt bedeutende Porträts, vor allem aber kleinformatige Ansichten der Stadt Rom mit farblicher Raffinesse. Sein Schüler **Christen Schjelderup Købke** (1810–1848) übertrifft ihn noch an psychologischer Durchdringung der Bildnisse und Landschaften.

Bereits 1809/10 schlagen die Nazarener **Friedrich Overbeck** (1789–1869) und **Peter von Cornelius** (1783–

Christen Schjelderup Købke, **Der Landschaftsmaler Frederik Sodring,** 1832, Öl auf Leinwand, 40 x 36 cm, Hirschsprungske Samling, Kopenhagen.

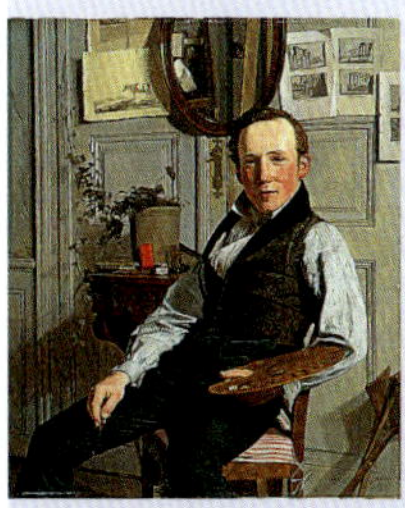

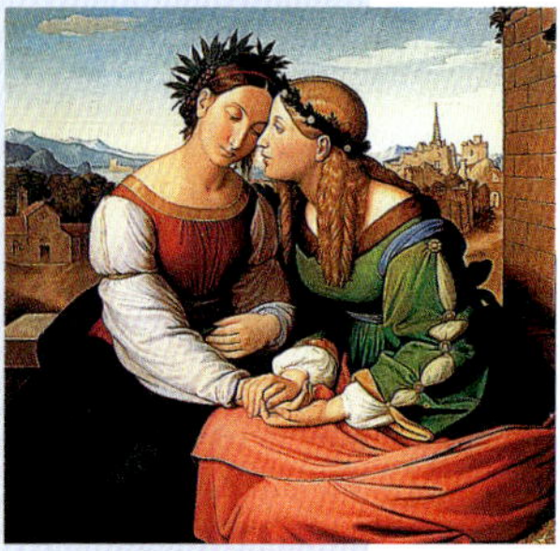

Johann Friedrich Overbeck, **Germania und Italia**, 1828, Öl auf Leinwand, 95 x 105 cm, Bayrische Staatsgemäldesammlungen, Neue Pinakothek, München. Dieses Bild vermittelt die Wunschvorstellung inniger Verschmelzung von deutscher und italienischer Kunst, wie sie den Nazarenern als Ideal vorschwebt – eine rückgewandte Utopie der Zeit nach Napoleon.

1867) einen Sonderweg ein, indem sie sich rigoros auf die Kunst der Früh- und Hochrenaissance, vor allem Raffael und Dürer zurückbeziehen. Der »Lukasbrüderschaft« haftet etwas Stilisiertes im Religiösen an, das im Lebensrückzug der Maler, die sich nun Nazarener nennen, in ein Kloster bei Rom gipfelt. In der deutschen Kunst der Spätromantik verbinden sich die Strömungen in ruhigen, abgeklärten Bildern und Fresken, die das Glück im Kleinen oder im Zitat einer vorgeblich heilen Welt suchen, oft mit einer gerade noch schicklichen Ironie versetzt (Moritz von Schwind, Ludwig Richter, Carl Spitzweg).

Menzel

Bereits in eine spätere Zeit hineingeboren wird **Adolph von Menzel** (1815–1905), der vielleicht größte deutsche Zeichner des 19. Jahrhunderts. Akribisch versucht er, den Dingen auf den Grund zu kommen, und diese realistische Tendenz seines Schaffens kommt hier eher zum Tragen als in den Ölbildern. Phänomenale Atelierwände, Ritterrüstungen, atmosphärische Innenraumbilder und die romantisierende Schilderung des Rokoko am Hofe Friedrichs II. bereits knapp 100 Jahre nach den geschichtlichen Ereignissen sind merkwürdig brüchige Facetten eines letztlich noch romantisch geprägte Künstlerlebens, in dem Genialisches neben Biederem steht. Menzels Interieurs und Hinterhoflandschaften – die ersten Darstellungen der Industriearbeit – leiten sozusagen aus der facettenreichen Romantik in einen Impressionismus deutscher Prägung über.

Adolph Menzel, **Selbstbildnis mit Arbeiter an Dampfhammer** (Ausschnitt), 1872, Gouache, 16 x 12,5 cm, Museum der bildenden Künste, Leipzig.

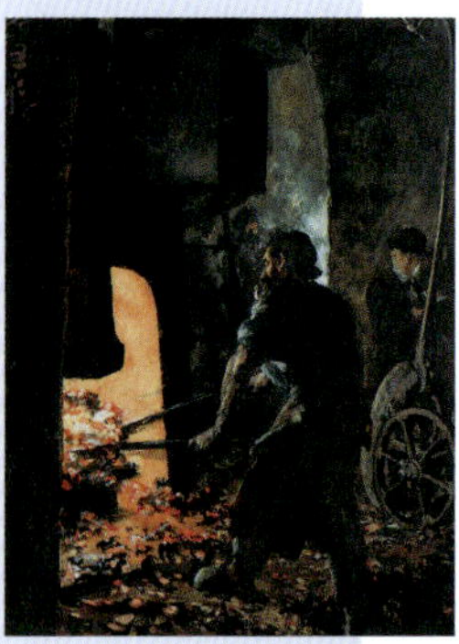

Constable und Turner

John Constable (1776–1837) wächst auf dem Land auf, und die Sehnsucht nach der intakten Landschaft seiner Kindheit begleitet ihn sein

Leben lang. Bauwerke – immer wieder die Kathedrale von Salisbury – das Landvolk, die Katen seiner Heimat, Stonehenge, Naturerscheinungen wie Gewitter oder Regenbogen verschmelzen in seinen Bildern. Constables Kunst wird zum Ende seines Lebens zunehmend unwirklich, weil er spürt, dass die Einheit der von ihm beschworenen Idylle im frühindustrialisierten England zerbricht. Auch wenn der Maler sich an Vorbildern des holländischen 17. Jahrhunderts orientiert (Ruysdael, Hobbema), wirken seine Bilder in ihrer frischen Farbigkeit völlig anders. Eine Anekdote überliefert, dass sich ein Auftraggeber über das Grasgrün eines Bildes beschwert und den üblichen bräunlichen »Galerieton« einfordert. Constable geht mit ihm vor das Haus, legt eine Geige ins Gras und fragt den hohen Herrn, ob denn das Gras ebenso braun sei wie das Instrument, was diesen sofort zum Einlenken bewegt.

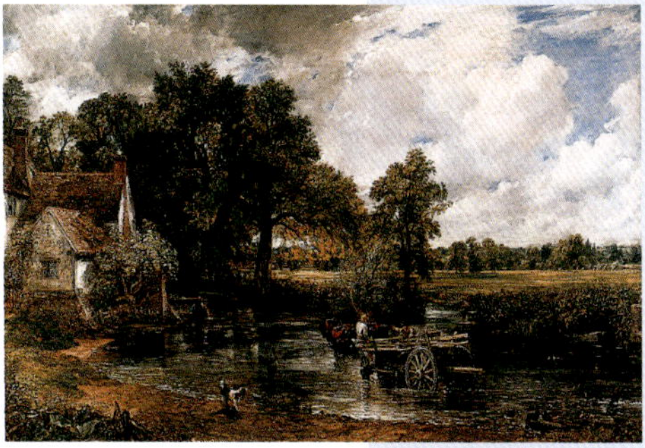

John Constable, **Der Heuwagen,** 1821, Öl auf Leinwand, 130 x 185 cm, National Gallery, London.

Sein bekanntestes Werk, *Der Heuwagen*, wird vor allem im Ausland hoch gelobt (Medaille im Pariser Salon von 1824) und gerade in Frankreich werden Delacroix und die Maler der »Schule von Barbizon« durch sein Schaffen angeregt.

William Turner (1775–1851) beschreitet einen ganz anderen Weg. Ihn interessiert nicht die Landschaft als heile Welt, sondern Landschaft vermittelt für ihn vielmehr die Dynamik mythologischer und geschichtlicher Ereignisse.

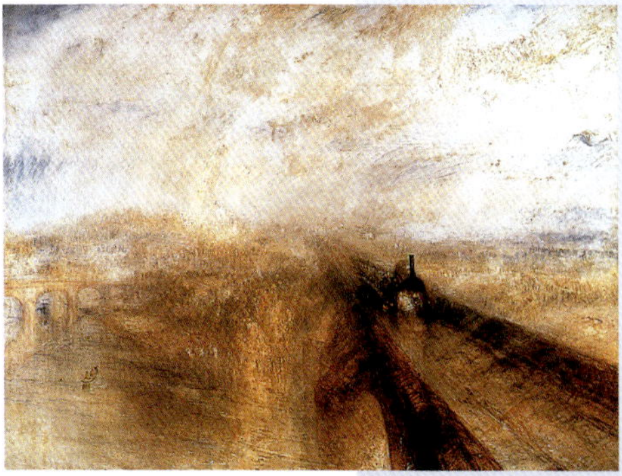

William Turner, **Regen, Dampf und Geschwindigkeit – Die Great Western Railway,** 1844, Öl auf Leinwand, 91 x 122 cm, National Gallery, London.
Je abstrakter seine Farb- und Bewegungsstudien werden, desto unverstandener bleibt Turners Kunst zu seinen Lebzeiten.

Sie bietet die Bühne für das Geschehen von Mythos, Sage und Welt. Seine Malweise setzt Stadt- und Landschaftsbilder in strudelnde Bewegung. Nach akribischem Studium der Maltradition lernt der Aquarellist Turner bald die Vorzüge der Ölmalerei schätzen. Früh bekommt er offizielle Anerkennung für seine Arbeiten, wird 1802 Mitglied der Royal Academy, 1807 Lehrer für Perspektivlehre. Seine Reisen nach Deutschland und Italien begleitet er mit vielen Aquarellen. In freiester Weise nutzt er die gesamte Farbpalette, um in subtilen Abstufungen Dynamik, Geschehen und zeitliche Abfolge ins ereignislose Bild zu bringen – Ähnliches wird auch Delacroix versuchen. Über dieses Verfahren visualisiert er selbst abstrakte Vorgänge wie die Bewegung einer anrollenden Lokomotive, indem unscharfe Farbwirbel mit momenthaft aufblitzenden, realistisch gemalten Details eine Einheit bilden.

Géricault und Delacroix

Théodore Géricault (1791–1824) entzieht sich einer Ausbildung im klassizistischen Stil. Stattdessen kopiert er über vier Jahre (1811–15) konsequent Alte Meister im Louvre, der durch Napoleons Raubzüge eine der exquisitesten Kunstsammlungen aller Zeiten bereithält. Angeregt durch die modernen napoleonischen Historienbilder von Antoine-Jean Gros, versucht sich Géricault mit wechselndem Erfolg in Soldatenbildern. Sein überlebensgroßer *Gardeoffizier* (1812, Louvre, Paris) erhält auf Anhieb die Goldmedaille des Salons. Stilistisch ist er schwer einzuschätzen, was die Kritiker irritiert: Keinesfalls klassizistisch, lässt sich der aus der dynamischen Linie entwickelte gedeckte Farbstil eher im Rückblick auf Rembrandt beschreiben. 1819 stellt Géricault dann sein Hauptwerk im Salon vor: *Das Floß der Medusa*. Das großartige Bild schildert den Schiffbruch der französischen Fregatte Meduse, der drei Jahre zuvor einen Skandal in Frankreich hervorgerufen hatte, da offizielle Versäumnisse in der Ausbildung des Kapitäns,

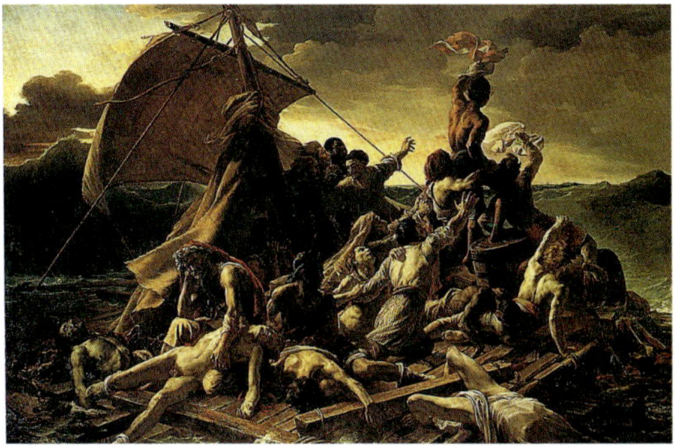

Théodore Géricault, **Das Floß der Medusa,** 1819, Öl auf Leinwand, 491 x 717 cm, Musée du Louvre, Paris.
Die dramatische Situation spiegelt sich in Gesten und Mimik der Gesichter wider, höchste Spannung erfüllt das meisterhaft komponierte, riesige Leinwandformat - und bleibt in der olivbraunen, gedeckten fahlen Farbigkeit doch in sicherer, anschaubarer Distanz zum Betrachter.

aber auch der Sklavenhandel zum öffentlichen Thema wurden. Géricault schildert den entscheidenden Moment, als die Schiffbrüchigen auf ihrem Floß nach 13 Tagen das rettende Schiff am Horizont sehen. Vom Misserfolg des Bildes deprimiert, konzentriert Géricault sich ganz auf Lithografien, Skizzen, Zeichnungen und wenige Werke in Öl. Erst lange nach seinem Tod werden die einfühlsamen Porträts psychisch Kranker von 1822 gewürdigt.

Eugéne Delacroix (1798–1863) wird als der große Romantiker gegen Géricault, vor allem aber David und Ingres abgegrenzt. In der Tat verweisen die literarischen Bezüge seines Werks auf die Beschäftigung mit den klassischen Stoffen der Romantik (Dante, Shakespeare), aber auch mit den Romantikern selbst (Byron, Scott, auch Goethes »Faust«). Formal schließt Delacroix eher an ein schwungvolles Empire im Stil von Gros oder Géricault an. Seine Malerei bereitet die Salonmalerei der Gründerzeit vor, ebenso wie sein Freund Frédéric Chopin die Salonmusik bis ins 20. Jahrhundert hinein bereichert. Delacroix ist keinesfalls der zurückgezogene, grübelnde Romantiker deutscher Prägung, sondern der genialische Romantiker des großen Salons, wo die erfolgreichen großen Leinwände einer staunenden Öffentlichkeit präsentiert werden. Besonders nach der Nordafrika- und Spanienreise 1832 – auf der er

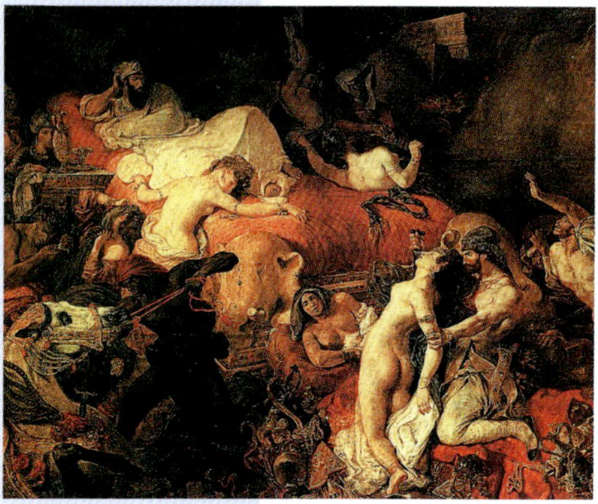

Eugène Delacroix, **Der Tod des Sardanapal,** 1827, Öl auf Leinwand, 392 x 496 cm, Musée du Louvre, Paris. Delacroix schildert hier das Ende des Assyrerkönigs Sardanapal, der sich nach Einnahme der Hauptstadt Ninive mit seinem Harem verbrennen lässt. Gelassen sieht der König der Vorbereitung des entsetzlichen Endes zu. Grundlage dieses Bildes ist Lord Byrons romantische Tragödie »Sardanapalus«, die sechs Jahre vor dem Bild entstand.

auch Goya schätzen lernt – bilden arabische Sujets, Tierjagden und Haremszenen einen wichtigen Teil seiner Produktion. Ab 1833 ist er mit öffentlichen Aufträgen für Wandbilder in Paris ausgelastet, die er, seinem impulsiven Malstil entsprechend, in einer Mischung aus Wachs- und Ölmalerei, und nicht als Fresko ausführt.

Über viele Jahre reflektiert Delacroix sein künstlerisches und privates Leben in einem Tagebuch, dem »Journal«, auch auf Seiten seiner Skizzenbücher notiert er theoretische Ideen und Überlegungen, vor allem zur Theorie der Farbe. Für ihn ist »Farbe um der Farbe willen« der Linie und dem Helldunkel übergeordnet. Farbe wird nicht mit Dunkelheit kontrastiert, sondern jeweils mit der Komplementärfarbe, was Delacroix dem Theoretiker Chevreul abgeschaut hat: Rot-Grün, Blau-Orange, Gelb-Violett sind die drei erstgenannten Haupt- bzw. Zwischenfarben. So wirft eine gelbe Kutsche, wie der Maler bemerkt, einen violetten Schatten. Der Kolorismus Delacroix' ist weit moderner als seine Art der Komposition. Noch der Postimpressionist Signac (s. S. 163) wird sich auf ihn beziehen.

Der **Salon** ist bis zum Ende des 19. Jahrhunderts die wichtigste, unter königlicher Schirmherrschaft stehende Kunstausstellung in Frankreich. Die Auswahl der teilnehmenden Künstler ist Ausdruck der öffentlichen Kunstpolitik und wird über eine akademielastige Jury entschieden – wie auch die Findung der Preisträger. Der Salon bestimmt entscheidend den Marktwert eines Künstlers, weshalb dieser bei einer Ablehnung seiner Werke alles daran setzt, sie in einer Art »Anti-Salon«, dem Salon des Refusés, oder in eigens angemieteten Räumen auszustellen. Gustave Courbet ist der erste Künstler, der dies gezielt zur Propagierung seiner Arbeiten einsetzt. Der Name »Salon« kommt vom ersten Ort der Ausstellung, dem »Salon d'Apollon« im Pariser Louvre.

Ingres

Jean Auguste Dominique Ingres (1780–1867) verbindet zeitlich den Klassizismus Davids mit dem beginnenden Impressionismus. In seinem Schaffen zeigt er sich hiervon indes unbeeindruckt. Mit einer gewissen Starrheit verteidigt er die Vorherrschaft der Linie gegen die Dominanz der Farbe, wie sie sein Gegenspieler Delacroix erfolgreich praktiziert. In der raffinierten formalen Stilisierung sind seine Bilder eine wichtige Voraussetzung für die Kunst des Symbolismus und Jugendstils. Vielleicht basiert die Betonung der weichen, wie aus Marzipan geformten Körper, auf einem Missverständnis von Ingres' Kunst, deren glatte Oberflächen ebenso vibrieren wie die polierten Körper der italienischen Manieristen. Die weiblichen Akte machen seit jeher den eher anzüglichen Teil von Ingres' Ruhm aus, gleichwohl sie als kühne Formexperimente bis weit ins 20. Jahrhundert ausstrahlen. Die Porträtierten sind genau charakterisiert, die Unterschiede von Mann und Frau werden bis in das subkutane Fettgewebe offenbar. Bei aller Glätte der äußeren Erscheinung binden die oft verrätselte Mimik und die symbolhaft aufgeladenen Interieurs die Dargestellten in eine manierierte Romantik zurück. Es ist das Wunder des farblichen und stofflichen Details, das die Betrachtung fast jeden Porträts unvergesslich macht: eine Schleife aus silbrig glänzendem Atlas, ein dunkelgelbes Tuch auf einen Sessel geworfen, ein roter Streifen am Ordensband. In der fast aggressiven Gegenwart dieser Farbflecken wird die scheinbar unverbindliche Sanftheit der Frauengesichter charakterlich zugespitzt: Mit einem Mal blicken die Romanfiguren Stendhals und Flauberts den Betrachter an. In gewisser Weise ist Manets *Olympia* (s. S. 149) die einzig wahre Erbin des Ingres'schen Salons, obwohl diese den Parfumduft aus den Räumen treibt und Nacktheit als aggressiv vorgetragene Einladung vorführt.

Jean-Auguste Dominique Ingres, **Die Comtesse d'Haussonville,** 1845, Öl auf Leinwand, 132 x 92 cm, Frick Collection, New York.
Am wenigsten zeitgebunden wirken Ingres' äußerst vielfältige Porträts, die jeweils von akribisch genauen Bleistiftzeichnungen vorbereitet werden, und zu den bleibenden Eindrücken der Kunst des 19. Jahrhunderts gehören.

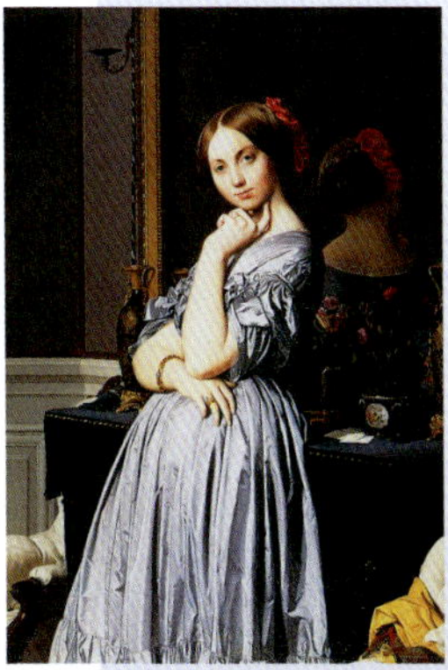

Aufbruch in die Moderne

Europaweite revolutionäre Unruhen 1848/49 sind das Resultat veränderter gesellschaftlicher Rahmenbedingungen; die wachsende Industriearbeiterschaft entwickelt sich zu einem neuen Faktor der Geschichte. Parallel hierzu werden die Großstädte zu Schmelztiegeln verschiedener Gesellschaftsgruppen, mit Paris als der Kulturhauptstadt des Jahrhunderts an der Spitze. Das aufstrebende Handels- und Industriebürgertum übernimmt die politische Führung und löst schrittweise die Adelsgesellschaft ab. Mit dem Wiener Kongress von 1815 und der nachfolgenden Restauration sind die Grenzen der Nationalstaaten auf den Landkarten festgelegt. Deutschland und Italien folgen in ihrem späten Einigungsprozess als Nachzügler. In den überseeischen Kolonien expandieren die europäischen Großmächte, was sie in Europa selbst kaum noch können. Nach den Sezessionskriegen bauen die Vereinigten Staaten stetig ihre wirtschaftliche und politische Rolle aus. Zu Beginn des 20. Jahrhunderts haben sie, beinahe unbemerkt, eine ökonomische Führungsposition erreicht, die sie mit ihrem Eintritt in den Ersten Weltkrieg auf politischer Ebene bekräftigen.

Die Künstler reagieren unterschiedlich rasch auf die Entwicklungen. Die gründerzeitlichen Architekten verfügen über alle historischen Baustile, der Gebrauch von Eisen und Stahl als Werkstoff verändert erst spät auch die Ästhetik des Bauens. Der Bau des Eiffelturms in Paris, der Passagen, Ausstellungspaläste und Bahnhöfe als Kathedralen des Kapitalismus haben Signalwirkung für das nächste Jahrhundert. Skulptur und Kunstgewerbe rufen noch einmal feudale Erinnerungen wach und umgeben das Bürgertum mit vorindustriellen Werten. Erst **Auguste Rodin** (1840–1917) und **Medardo Rosso** (1858–1928) gehen mit ihren Skulpturen neue Wege.

Revolutionär für die Entwicklung der Kunst ist die Entdeckung der Fotografie 1839/40 durch Louis

1844–1900
Friedrich Nietzsche
1846
Erste Äther-Narkose durch Morton
1847
»Das Kommunistische Manifest« von Karl Marx und Friedrich Engels
1848
Märzrevolution in Deutschland. Eröffnung der verfassunggebenden Nationalversammlung in der Frankfurter Paulskirche, Bundesverfassung der Schweiz
1848–1916
Kaiser Franz Joseph I. von Österreich
1848–86
Königin Victoria von England
1848–52
Zweite Republik in Frankreich
1851
Erste Weltausstellung in London
1852–70
Napoleon III. in Frankreich (3. Kaiserreich)
1856
Beginn der synthetischen Farbenherstellung
1858
Indien wird britisches Vizekönigreich
1861
Aufhebung der Leibeigenschaft in Russland
1861–1878
Viktor Emanuel II. König von Italien
1861–88
Wilhelm I. König von Preußen
1861–65
Sezessionskrieg in den Vereinigten Staaten, Abraham Lincoln Präsident
1862
Berufung von Otto von Bismarck als Ministerpräsident
1863–67
Maximilian Kaiser von Mexiko
1864
Gründung der »1. Sozialistischen Internationale« in London
1870/71
Deutsch-Französischer Krieg
1871
Proklamation Wilhelms I. zum Deutschen Kaiser in Versailles (Gründung des 2. Deutschen Kaiserreiches); Aufstand der Pariser Commune
1875
Proklamation der 3. Republik in Frankreich
1876
Erfindung des Telefons durch Bell und Gray
1881
Erfindung der Autotypie (Schwarz-Weiß-Foto im Druck)
1882
Besetzung Ägyptens durch Großbritannien
1888–1918 Kaiser Wilhelm II. Deutscher Kaiser
1890
Entlassung Bismarcks
1895
Entdeckung der Röntgen-Strahlen

Jacques Mandé Daguerre und William Henry Fox Talbot. Eine scheinbar unbestechliche Technik ist erfunden, die Bilder über chemische Prozesse ohne Umwege erzeugt und bald Momentaufnahmen von Dingen ermöglicht, die das menschliche Auge nie hatte sehen können. Die Maler machen sich dies zu Nutze, reagieren nach einer ersten Euphorie aber auch im gegensätzlichen Sinn, indem sie die handwerkliche Seite ihrer Kunst und das künstlerische Konzept in den Vordergrund rücken. Bereits seit Klassizismus und Romantik von grundlegender Bedeutung für die Erklärung eines Werkes, wird die theoretische Reflexion über das künstlerische Schaffen nun zum Standard. Die Zeit der in immer rascheren Abständen sich überholenden »Ismen« beginnt. Manifeste, Pamphlete, Zeitschriften, Kataloge und die beginnende professionelle Kunstkritik der Zeitungen begleiten und steuern die Prozesse. Kunst hat ihre Anbindung an Fürsten oder Mäzene verloren und wird zur käuflichen Ware auf einem Kunstmarkt, der kapitalistischen Gesetzen unterliegt. Die Kunstgeschichte als junge Disziplin begleitet die Produktion von nun an mit ihrem wissenschaftlichen, meist stilkritischen Kommentar. Akademien und große Ausstellungen üben einen normativen Druck auf die Künstler aus, auch um allzu heftige Entwicklungsprozesse im Sinne einer konservativen Kulturpolitik zu dämpfen.

Mit Courbet tritt ein Vertreter realistischer Malerei an, die Gesellschaft zu verändern und jahrhundertealte Werte unter Hinweis auf die künstlerische Wahrheit der eigenen Werke zu verneinen. Im Impressionismus trennen sich offizielle Kunstdoktrin und künstlerische Avantgarde zum ersten Mal in der Geschichte der Kunst. Die Malerei ist die Vorreiterin. Die innovativen Künstler werden Teil einer Bohème, die für ihre Ziele darbt und ihr anti-bürgerliches Dasein von Fall zu Fall romantisiert. Der Impressionismus prägt das moderne Bild vom Künstler als selbstbewusstes, für seine Ideale leidendes Individuum. Zwischen Kunstproduktion und gesellschaftlicher Akzeptanz der Werke entsteht eine zeitliche Differenz, die im 20. Jahrhundert zur Regel wird und unser Verhältnis zur zeitgenössischen Kunst bis heute prägt.

Courbet und der Realismus

Gustave Courbet (1819–1877) ist der erste konsequent in politischen Kategorien denkende und arbeitende Maler. Aus bäuerlichen Verhältnissen des franzö-

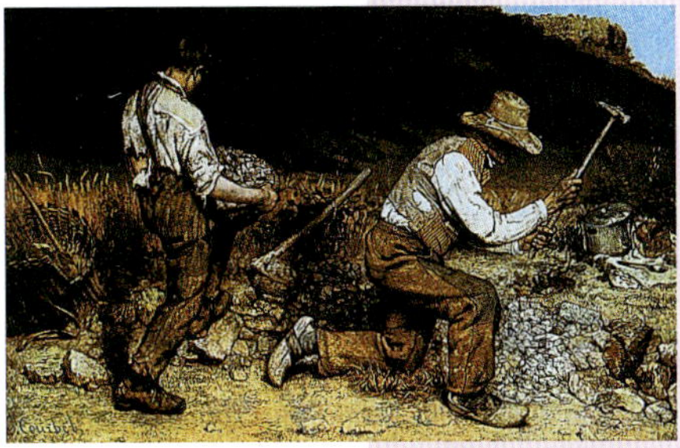

Gustave Courbet, **Die Steinbrecher**, 1849, Öl auf Leinwand, ehemals Dresden (Kriegsverlust).

sischen Jura stammend, begegnet er ab 1840 in Paris dem anarchistischen Gedankengut Pierre-Joseph Proudhons, der im gleichen Jahr die berühmt gewordene These aufstellt, dass Eigentum Diebstahl sei. Proudhon entwickelt das System eines Staatswesens, in dem Geld und Zinsen abgeschafft und Eigentum nur durch gerecht verteilte Arbeit erwirtschaftet werden darf. Für Courbets Bildwelt ist er insofern bedeutsam, da Proudhon die anachronistische Utopie einer von Bauern und Handwerkern getragenen Gesellschaft träumt. Courbet reagiert hierauf mit dem frühen Gemälde der *Steinbrecher*, das großes Aufsehen erregt, da erstmals Lohnarbeiter in Lebensgröße dargestellt sind – noch dazu in zerschlissener Kleidung. 1850 schildert Courbet im großformatigen *Begräbnis in Ornans* (Musée d'Orsay, Paris) die dörfliche Gemeinschaft seines Geburtsortes und sucht bewusst den Konflikt mit Académie und Salon, um seine gesellschaftlichen Utopien zu verbreiten. Der Untertitel des Begräbnisses mit *Tableau Historique* (Historienbild) ist bereits eine Provokation, denn für diesen Bildtyp kamen nur geschichtliche Ereignisse von großer Bedeutung infrage. Dies ist aber hier gewiss nicht der Fall. Hinzu kommt die provozierend grobe Ausarbeitung der Details. Die Mitarbeit an der Pariser Weltausstellung 1855 lehnt Courbet trotz Einladung ab und organisiert die berühmt gewordene Ausstellung seiner Werke im provisorischen »Pavillon du Réalisme«, darunter auch die riesige Leinwand *Das Atelier*. Im Zentrum des Bildes malt der Künstler selbst eine Landschaft, hinter ihm steht die künstlerische Wahrheit als nackte Ganzfigur. Ein Junge betrachtet das entstehende Bild. Er symbolisiert die Unschuld des Menschen im Urzustand. Links davon wird die gesellschaftliche Rea-

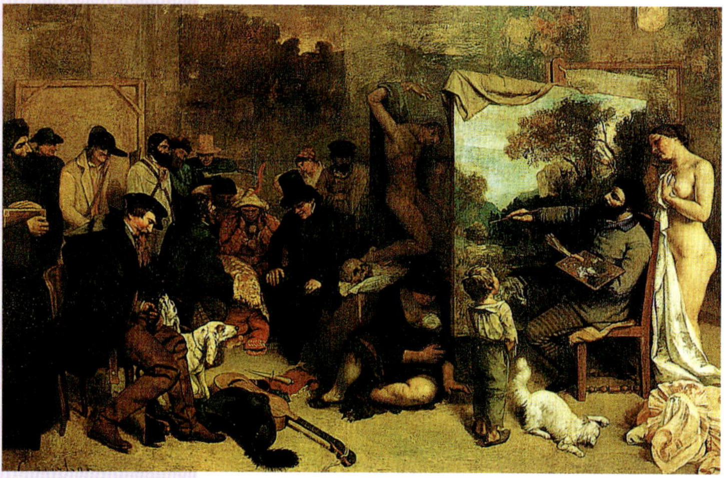

Gustave Courbet, **Das Atelier des Künstlers** (Ausschnitt), 1855, Öl auf Leinwand, 361 x 597 cm, Musée d'Orsay, Paris.
In diesem programmatischen Bild kommt dem Künstler eine entscheidende Rolle als Gestalter gesellschaftlicher Veränderungen zu.

lität als eine Gruppe von Ausbeutern und Ausgebeuteten geschildert, rechts sind die Freunde des Künstlers dargestellt, darunter der Dichter Charles Baudelaire und Pierre-Joseph Proudhon.

In seinen Schriften lehnt Courbet den Idealismus und damit die klassischen Genres der vorangegangenen Kunst ab, um über eine Selbstbefreiung des Individuums zur Verwirklichung der Demokratie zu gelangen. Paradoxerweise ist aber gerade *Das Atelier* ein programmatisches Werk voller Idealismus.

Courbets Landschaften wecken keine romantischen Assoziationen wie die lichterfüllten, lyrischen Stimmungsbilder **Camille Corots** (1796–1875) oder der »Schule von Barbizon«, etwa im Werk des **Théodore Rousseau** (1812–1867). Mit **Jean François Millet** (1814–1875) verbindet ihn zwar die Thematik des einfachen bäuerlichen Lebens; die stimmungsvollen Bilder des von den Zeitgenossen mit Michelangelo verglichenen Millet sind jedoch ohne die soziale Sprengkraft des Courbet'schen Werks. Vielleicht sind sie deshalb langfristig erfolgreicher, noch van Gogh und später Dalí kopieren die träumerisch stillen Szenen. Die frühen Werke

z. B. eines van Gogh sind auch wiederum ohne Courbet kaum denkbar, ebensowenig der amerikanische Realismus von Eakins.

Menzel begegnet Courbet zweimal persönlich. Auch das Werk des bedeutenden deutschen Realisten **Wilhelm Leibl** (1844–1900) ist von Courbet geprägt, den er 1869 trifft. In der reinfarbigen Feinmalerei seiner Bilder des Landlebens orientiert sich Leibl zudem an der niederländischen Malerei des Spätmittelalters und Barocks.

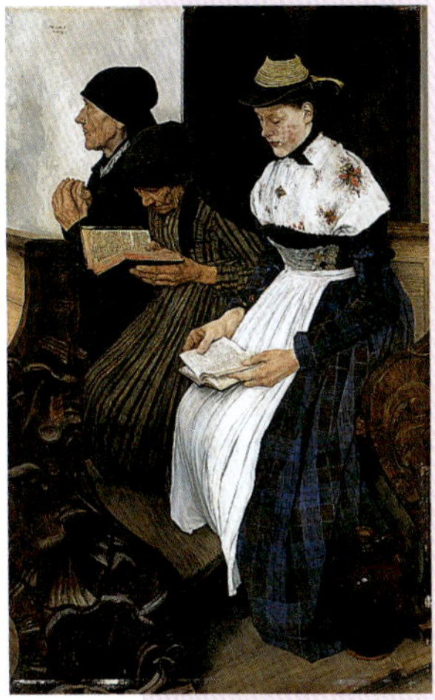

Wilhelm Leibl, **Drei Frauen in der Kirche,** 1878–82, Öl auf Holz, 113 x 77 cm, Hamburger Kunsthalle, Hamburg.

Die Präraffaeliten

Im Revolutionsjahr 1848 gründen **William Holman Hunt** (1827–1910), **John Everett Millais** (1829–96) und **Dante Gabriel Rossetti** (1828–1882) in London die »Pre-Raphaelite Brotherhood«, die bald auf sieben Mitglieder anwächst. Vorbild ist der deutsche Lukasbund (s. S. 136), dessen Zielsetzungen der locker mit den Präraffaeliten verbundene **Ford Madox Brown** (1821–1893) als Freund des Nazareners Overbeck vermittelt.

Die Malerei der Präraffaeliten beruht auf akribisch genauer Naturbeobachtung. Alle Teile des Bildes, so etwa die Figuren und die Landschaft, werden gleichwertig ausgeführt. Die Farbigkeit ist leuchtend und klar. Technisch schließen sie an italienische Maler vor Raffael (daher der Name der Gruppe) und an die Niederländer des 15. Jahrhunderts an. Ganz anders als Courbet oder die Impressionisten arbeiten sie mit ausgefeilten Grundierungstechniken, Lasuren und Firnis, um den Gemälden größtmöglichen Glanz zu verleihen. Für eine Wiederbelebung religiöser Malerei experimentieren die Künstler mit neuen ikonografischen Erfindungen und

John Everett Millais, **Ophelia,** 1852, Öl auf Leinwand, 76 x 112 cm, National Gallery, London.

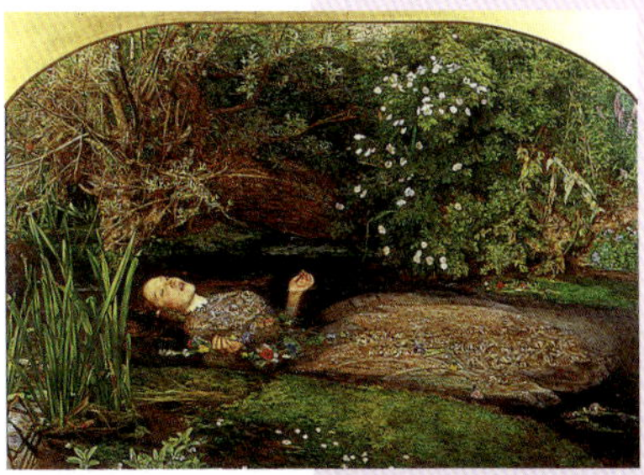

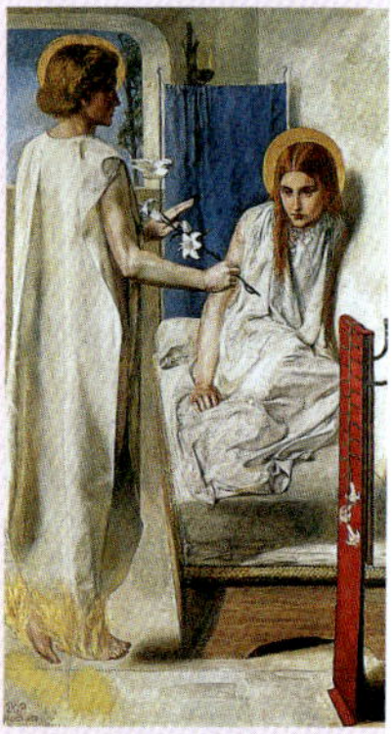

Dante Gabriel Rossetti, **Ecce Ancilla Domini,** 1849/50, Öl auf Leinwand, auf Holz montiert, 73 x 42 cm, Tate Gallery, London.

Variationen traditioneller Bildmuster. Aber auch Shakespeare, Keats und die mittelalterliche Geschichte werden als Vorlagen genommen. Bei den ersten Ausstellungen werden die Präraffaeliten heftig attackiert, vor allem wegen der freien Themenerfindungen und der angeblich schwachen Zeichnung. 1853 löst sich die Gruppe auf, der Einfluss der einzelnen Künstler wird in der Folgezeit aber eher größer.

Rossetti lernt **Edward Burne-Jones** (1833–1898) und **William Morris** (1834–1896) 1856 in Oxford kennen, beide repräsentieren eine zweite Generation präraffaelitischer Künstler. Sie erarbeiten Entwürfe für Glasfenster, Bücher, Wandteppiche, Vorhänge und Tapeten. Burne-Jones illustriert Sagen und literarische Themen in Form von Bilderzyklen. Er strebt mit den Ausstattungen im von Morris begründeten »Arts-and-Crafts«-Stil ein Gesamtkunstwerk an, in dem sich Romantik, Symbolismus und Jugendstil zu einem bis zur Dekadenz verfeinerten Gegenbild der Industriegesellschaft mit ihren rauchenden Schloten und sozialen Problemen verbinden. Die politischen Utopien der frühen Präraffaeliten und Ruskins teilt Burne-Jones nicht mehr.

John Ruskin (1819–1900), Zeichner, Philosoph, Kunstkritiker und konservativer Kulturrevolutionär ist eine der schillerndsten Figuren des 19. Jahrhunderts. Er unterstützt die Präraffaeliten, weil deren künstlerisches Schaffen seinen Theorien der frühen 1850er Jahre entspricht. Grundlage aller Kunst ist für ihn die genaue Zeichnung nach der Natur, um dort die idealen Linien der Schöpfung aufzuspüren. Später studiert er die Architektur Venedigs, was im berühmten Buch der »Stones of Venice« (1851–53) seinen Niederschlag findet. Ruskin sieht hier die Harmonie und handwerkliche Präzision einer Stadt als künstlerisches und doch rational geplantes Gesamtkunstwerk, wie er es in der Hässlichkeit der englischen Industriestädte schmerzlich vermisst. Bezugspunkte zu den Gedanken Courbets sind offensichtlich. Ruskins Begeisterung für die Malerei Turners und der Präraffaeliten schlägt sich in den vier Bänden der »Modern Painters« (1843–60) nieder.

Ruskins Einfluss auf den Kunstbegriff der viktorianischen Gesellschaft ist groß. Über seine Bemühungen, in den Industriezentren Zeichenschulen zu gründen bis hin zu seiner Tätigkeit als erstem Professor für Kunstgeschichte in Oxford (ab 1864) spannt sich der Bogen der rastlosen Aktivitäten eines Mannes, der ständig kritisch reflektiert und Anstöße gibt.

Manet
Aus bürgerlichen Verhältnissen stammend, vom Salonmaler Couture klassisch ausgebildet, verfolgt **Edouard Manet** (1832–1883) einen kritischen, bürgerlichen Realismus ohne die sozialrevolutionären Zielsetzungen Courbets. Breite gesellschaftliche Anerkennung ist sein Ziel, was er allerdings erst 1881 mit einem 2. Preis im Salon erreicht. Paradoxerweise und für ihn unvermutet wird er mit seinen Bildern zum Bürgerschreck. Erstmals 1863 provoziert er mit seinem *Frühstück im Grünen* (Musée d'Orsay, Paris) einen handfesten Skandal. Das Bild wird nach der Ablehnung vom offiziellen Salon im »Salon des Refusés« gezeigt, wo auf Anordnung Napoleons III. die zurückgewiesenen Bilder ausstellt sind. Es ist weniger die Malweise, die schockiert, sondern die offene Freizügigkeit des modernen, frei erfundenen Sujets einer erotischen Parkszene von Männern mit Prostituierten. Es schockiert auch, dass Manet mit berühmten Bildmustern der Alten Meister spielt, hier mit Giorgiones *Ländlichem Konzert,* das als Prunkstück des Pariser Louvres bekannt ist. Der Skandal wiederholt sich mit der *Olympia*, für die Manet ein *Venusbild* Tizians in eine moderne, im hellen Tageslicht sich dem Zuschauer anbietende Frau umdeutet. Die zeitgenössischen Kritiker stoßen sich vor allem an der mit breiten Pinselstrichen aufgetragenen Farbe Weiß,

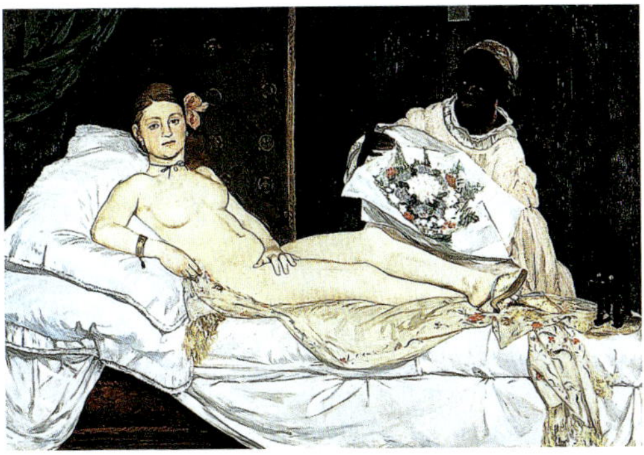

Edouard Manet,
Olympia, 1863,
Öl auf Leinwand,
130,5 x 190 cm,
Musée d'Orsay, Paris.

was in der flächigen Wirkung die Nacktheit noch unterstreicht. Die jungen Maler des beginnenden Impressionismus bewundern Manet als ihren Wegbereiter, obwohl dieser freundliche Distanz hält und an keiner Impressionistenausstellung teilnimmt.

Manet setzt sich intensiv mit spanischer Malerei auseinander, insbesondere mit Velázquez und Goya, und unternimmt 1865 eine Spanienreise. 1872 lernt er das Werk von Hals in Holland kennen. Manet komponiert seine ins helle Licht getauchten Figuren vor graue oder nur mäßig dunkle, verschiedenfarbige Hintergründe. Seine Malerei schafft einen Ausgleich von Betonung der Linie und Farbdominanz: Mit breiten Pinselstrichen verteilt er Farbe zu größeren Flächen, was ihre Leuchtkraft verstärkt.

Im späten Meisterwerk der *Bar im Folies Bergère* spielt Manet hintersinnig mit dem Thema von Velázquez' *Las Meninas* (s. S. 95): Der Betrachter sieht eine Frau hinter dem Bartresen. Hinter der Frau schließt ein Wandspiegel den Raum ab, in dem ihre Rückenansicht, der Bartisch mit den Flaschen sowie der Innenraum des Varietés sichtbar werden. Allerdings steht ihr im Spiegelbild ein Mann gegenüber. Wo steht er in Wirklichkeit? Der Betrachter nimmt seinen Standpunkt vor dem Tresen ein. Ähnlich wie bei Velázquez, wo der Be-

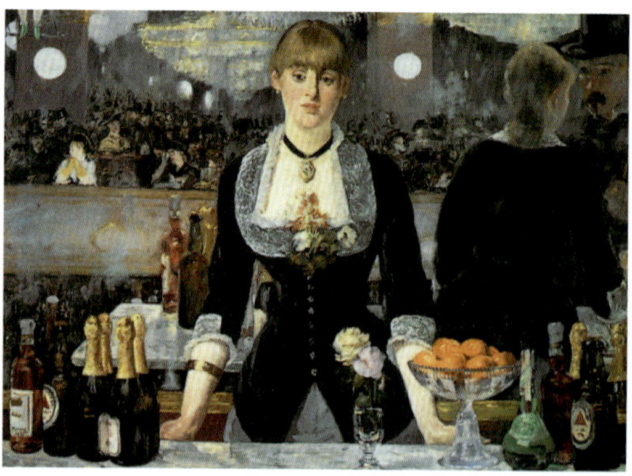

Edouard Manet, **Bar im Folies Bergère,** 1881/2, Öl auf Leinwand, 93 x 130 cm, Courtauld Gallery, London. Dieses Bild greift ein impressionistisches Thema auf, wie es von Degas, Renoir oder Toulouse-Lautrec sein könnte. Allerdings nur das Thema, denn die intellektuelle Umsetzung ist im Spiel von Fläche und Raum so nur bei Manet denkbar. Bild und Wirklichkeit verschwimmen, was durch die impressionistische Malweise noch verstärkt wird.

trachter die Position vor dem Bild innehat, den eigentlich König und Königin besetzen, die dieser im Spiegelbild erblickt, bleibt auch hier seine Position unklar. Er wird von der jungen, melancholischen Dame in ihrer bunten, doch tristen Welt eingefangen, aber verwirrt wieder zurückgewiesen.

Salonmalerei und Orientalismus

Parallel zu Realismus und Impressionismus halten seinerzeit erfolgreiche, erst in unserer nachmodernen Zeit wieder geschätzte Künstler für das Publikum weiterhin die Malerei als »große Oper« bereit. Die akademische Salonmalerei schildert Geschichte und Mythen der Antike, des Mittelalters und der Renaissance sowie Szenen aus der Literatur im großen Format und Stil. Sie ist ein europaweites Phänomen der zweiten Jahrhunderthälfte und klingt, nun mit Bedeutung aufgeladen, im Symbolismus und Jugendstil nach. Diese Malerei ist die offiziell geförderte Kunst der zweiten Jahrhunderthälfte, und die Salonmaler erzielen regelmäßig die höchsten Preise auf dem Kunstmarkt. Ein gutes Beispiel für einen heute ins Abseits geratenen Künstler ist **Ernest Meissonier** (1815–1891), der mit seinen in aufwendiger Altmeistertechnik gemalten Bildern napoleonischer Schlachten den Bürgern der Belle Époque die glorreiche Zeit Frankreichs vor Augen führt.

Mit dem Monumentalbild *Die Römer der Verfallszeit* (1847, Musée d'Orsay, Paris) erzielt auch **Thomas Couture** (1815–1879), der Lehrer Manets, in Paris triumphalen Erfolg. Wie dieser wendet sich **Jean-Léon Gérôme** (1824–1904) zunächst antiken Themen zu; sein *Hahnenkampf* schildert allerdings eine typische Salonszene, deren erotische Anspielungen kaum verdeckt sind. Immerhin wird er mit dem brillant ausgeführten Werk zum Vorreiter der »Neo-Grec«-Bewegung in Paris, bevor er sich nach einer Orientreise 1856 exotischen Themen zuwendet, darin Delacroix folgend. Gérôme wird einer der Hauptmeister des Orien-

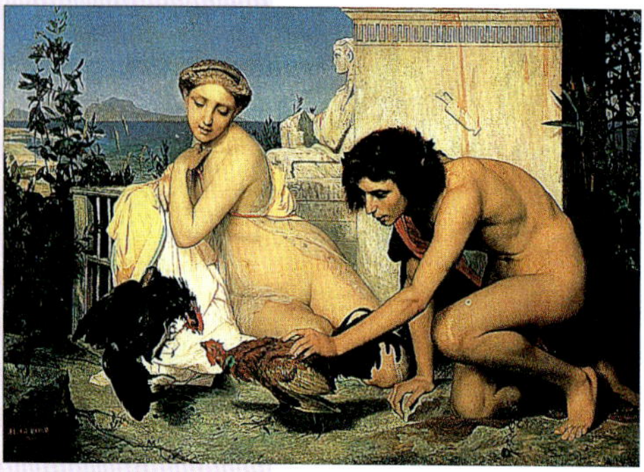

Jean-Léon Gérôme, **Junge Griechen beim Hahnenkampf,** 1846, Öl auf Leinwand, 143 x 204 cm, Musée d'Orsay, Paris.

talismus in der Malerei. Vergleichbar beziehen sich die in London wirkenden **Frederic Lord Leighton** (1830–1896) sowie **Lawrence Alma-Taddema** (1836–1912) auf antike Motive. Die Malweise ist exakt im Sinne genauester Wiedergabe von Stoffen und Oberflächen. Die Sujets sind meist nur bei oberflächlicher Sicht moralisch anrührend, darunter verbirgt sich eine subtil verschlüsselte Frivolität, eine akademisch präsentierte Obszönität der Haut und Geschmeide, die gleichermaßen der gesellschaftlichen Doppelmoral des napoleonischen Frankreichs und viktorianischen Englands entspricht.

Die deutsche Salonmalerei ist vergleichsweise zurückhaltend. **Karl Theodor von Piloty** (1826–1886) erringt seinen größten Erfolg mit dem blendend gemalten Historienbild *Seni an der Leiche Wallensteins* (1855, Neue Pinakothek, München). Sein Schüler **Hans Makart** (1840 – 1884) ist noch erfolgreicher, man spricht vom »Makart-Stil«. Er arrangiert in neubarocker Manier Massenszenen, stattet Festumzüge aus und dekoriert das Wien der neuen Ringstraße mit Großleinwänden und Fresken. **Franz von Lenbach** (1836–1904) porträtiert nach starken Frühwerken intimer Genres als der Münchener Malerfürst der Gründerzeit die Prominenz der Epoche. Auch wenn er dies persönlich wahrscheinlich ablehnte, kann man **Anselm Feuerbach** (1829–1880) zur Salonmalerei zählen. Allerdings verfolgt er eine gleichsam entschlackte, strenger akademische Variante.

Malerei in Nordamerika

Die Malerei Amerikas erlebt im 19. Jahrhundert einen enormen Aufschwung. Die zeitliche Differenz zwischen dem Höhepunkt eines Stils auf dem europäischen Kontinent und seiner Übernahme und Adaptation in Amerika wird immer kürzer, bis der Impressionismus in Amerika bereits gleichzeitig mit dem französischen als Stilrichtung eingeführt wird.

Zu Beginn des Jahrhunderts begründet **Thomas Cole** (1801–1848) die »Hudson River School«, eine romantische Malrichtung von etwa 1825–80, deren Vertreter die Schönheiten der Berge, Täler und Seen Neuenglands schildern. Die zweite Generation dieser Schule zieht Richtung Westen: **Albert Bierstadt** (1830–1902), der 1853 in Europa vor allem Lorrain studiert, und **Frederick Edwin Church** (1826–1900) allen anderen voraus. 1859 schließt sich Bierstadt einem ersten Treck zum Pazifik an. In der Folgezeit malt er die Ansichten des Yosemite Tales und der Rocky Mountains. Die Motive sind noch unverbraucht und idealisieren ein vermeintliches Paradies lyrischer bis erhabener Stimmungsbilder; dass die Indianer im Vorfeld ihrer künstlerischen Trecks über die Pässe und durch die Wüsten des Westens gerade erst blutig vertrieben wurden, stört die Künstler bei der malerischen Inbesitznahme der Neuen Welt nicht.

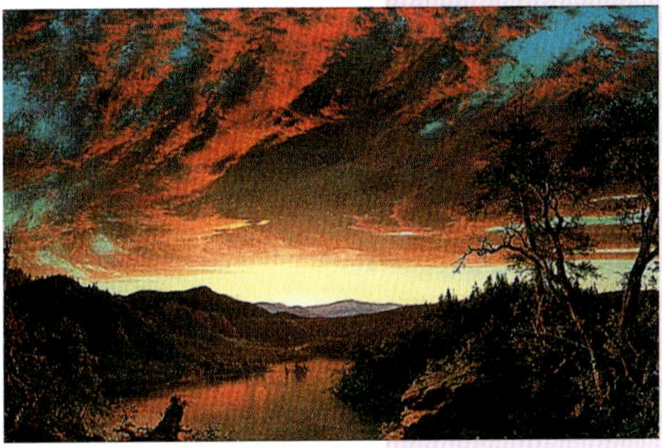

Frederick Edwin Church, **Dämmerung in der Wildnis,** 1860, Öl auf Leinwand, 106 x 162 cm, Museum of Art, Cleveland.
Seine Landschaftsbilder in ihrem glühend atmosphärischen Pathos überschreiten bisweilen die Grenze zum Kitsch, doch sind sie im Osten der USA sehr erfolgreich, weil sie die gerade eroberten Gebiete zum ersten Mal in friedlicher Schönheit heroisieren.

Im Unterschied dazu protokolliert **Winslow Homer** (1836–1910) für das Magazin »Harper's Weekly« die Leiden und menschlichen Tragödien des Sezessionskrieges 1866/67. Während einer Frankreichreise lernt er die Malerkollegen der Schule von Barbizon kennen. Seine Themen bleiben weiterhin vielfältig, am bekanntesten sind wohl die späten Tier- und Meerszenen, in denen die Einsamkeit des Menschen im Kampf gegen die Elemente bildlich vermittelt wird.

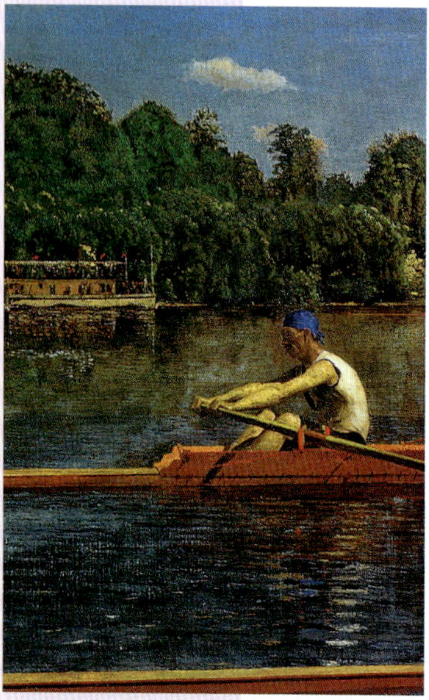

Thomas Eakins, **Die Biglin-Brüder beim Bootsrennen** (Ausschnitt), um 1873, Öl auf Leinwand, 60 x 91 cm, National Gallery of Art, Washington.

Der bedeutendste Maler des amerikanischen 19. Jahrhunderts nach Cole ist sicher **Thomas Eakins** (1844–1916). In Paris unter Gérôme akademisch ausgebildet, entwickelt er einen dunkeltonigen, gleichwohl leuchtenden »kritischen Realismus«. Die spanische Malerei des 17. Jahrhunderts ist ihm das große Vorbild. Mit *Regatta-Szenen* beginnend, etabliert er mit dem umstrittenen Bild einer realistischen Operationsszene der *Gross Clinic* (1875, Thomas Jefferson University, Medical Collection, Philadelphia) ein zeitgenössisches amerikanisches Historienbild als neues Genre, das die Fortschrittlichkeit der Vereinigten Staaten thematisiert.

Impressionismus

Mit dem Impressionismus vollziehen die Maler einen endgültigen Bruch mit ihrer jahrhundertealten Geschichte. Das Bild hat nun den Status als autonomes Kunstwerk erobert, d. h. als Kunstwerk, das durch die Kunst des Malers geschaffen, ohne eine Bindung an Auftraggeber, vorgegebene Bildthemen, Konventionen eines Malstils als eigenständiges Produkt dasteht. Für die Impressionisten ist kein Bildthema, kein Motiv zu gering, als dass es nicht darstellungswürdig wäre. Allerdings kristallisieren sich Schwerpunktthemen heraus: Das Leben der modernen Großstadt zieht in seiner lauten Bewegtheit, mit den bunten Boulevards und ihren Flaneuren, der florierenden Prostitution, dem schillernden Treiben in Café, Varieté und Pferderennen die Maler magisch an. Glanz und Elend liegen hier dicht nebeneinander, auch wenn den sozialkritischen Bildern der revolutionäre Impetus Courbets fehlt. Zum anderen zieht es die Impressionisten aus der Stadt aufs Land, wo sie am Rande von Paris in Pontoise, Argenteuil oder Giverny die bescheidenen Schönheiten der nahen Provinz in ihrer flüchtigen, auch bedrohten Poesie schildern. Andere beliebte Rückzugsorte der Impressionisten sind die Seebäder der Normandie und Bretagne. Hier überwiegt die Freude an der Entdeckung friedlicher Momente abseits der quirligen Metropole: Strandszenen, Bootsregatten, Frühstücke im Freien, Gartenlokale, Häuser mit prächtig blühenden Vorgärten sind die bevorzugten Themen. Es sind Alltagsmotive, die sich dem Auge der Maler direkt anbieten, im Spiel von Licht und Schatten, Farbe und Form. Der Malstil trägt der Flüchtigkeit der Naturstimmungen, dem ausschnitthaften, bewegten Großstadtleben Rechnung, die »Plein-Air-Malerei« erlebt einen ersten Höhepunkt: das rasche Malen draußen, direkt vor dem Motiv, ohne langwierige Vorzeichnungen auf die Leinwand. Der Künstler macht sich mit Staffelei, Palette, Leinwand und Farbtuben selbst auf den Weg zum Motiv. Dieses Bild vom Künstler, wie auch der Stil selbst, leben hartnäckig im verfänglichen Begriff vom Freizeitmaler bis heute nach.

Es ist kein größerer Gegensatz denkbar als zwischen dem im kargen Atelier eingeschlossenen Romantiker Friedrich (s. S. 134) und Renoirs Bild von Monet, der im farbenprächtig blühenden Garten seines Hauses in Argenteuil an der Staffelei sitzt (1873, Wadsworth Atheneum, Hartford). Voraussetzung der Freiluftmalerei sind fertig gemischte Ölfarben in Zinktuben, die seit der Jahrhundertmitte erhältlich sind und mit denen das langwierige Anrühren von Ölfarben entfällt. Mit kurzen, mal zarten, mal pastos aufgetragenen, wie hingeworfenen Pinselstrichen entwickelt sich das Bild im Malvorgang selbst. Erstrebtes Ziel ist eine Umsetzung des Netzhautbildes, besser der Summe der vielen Netzhautbilder beim Betrachten eines Gegenstandes auf der Leinwand. In einem vergleichsweise raschen Entwicklungsprozess hellen die Maler ab 1870 die Farben ihrer Bilder mittels nebeneinandergesetzter Striche oder Punkte von reinen Farben immer weiter auf, Lasuren und abschließende Firnis zur Versiegelung der Farboberfläche des Bildes entfallen – ein Hauptkritikpunkt der akademischen Maler am Impressionismus.

Viele impressionistische Maler erhalten zunächst eine akademische Ausbildung, in den 1860er Jahren treffen sie im Wald von Fontainebleau mit den Malern der Schule von Barbizon zusammen. Dann trennen sich die Wege. Um 1870 ist der Stil voll entwickelt, 1873 entsteht Monets Bild *Impression – Soleil levant*. An diesem Gemälde und seinem Titel, der die Flüchtigkeit der Darstellung zum Thema erhebt, machen die Kritiker exemplarisch ihre Ablehnung der von nun an »Impressionisten« genannten Malergruppe fest. Jules-Antoine Castagnary analysiert bereits 1874 treffend, dass die Impressionisten nicht die Landschaft als solche wiedergeben, sondern das Gefühl, welches die Landschaft beim betrachtenden Künstler hervorruft. Die Bemerkung verweist auf eine Tradition französischer Malerei; Chardin (s. S. 119) hatte bereits im 18. Jahrhundert Ähnliches mit unterschiedlichen Mitteln malerisch umgesetzt. Selbst beim scheinbar spontan auf die Leinwand geworfenen Bild ist der Reflexionsprozess des Malers als intellektueller Prozess zwischen Reizaufnahme über die Augen und dem Malen selbst zwischengeschaltet. Dieser komplizierte Vorgang wird bei den Postimpressionisten zum Ausgangspunkt umfassender Gedanken über den Gebrauch der Farben sowie den Malvorgang selbst. Nach einer Krise des Impressionismus in den 1880er Jahren weicht die Unschuld des Pinsels synthetischen Versuchen einer systematischen Naturerfassung der 1890er Jahre, wie sie am besten Monets Bilderserien der *Kathedrale von Rouen* oder der *Heuschober* dokumentieren.

Nur Manet und Degas suchen ihr Glück im offiziellen Kunstbetrieb. Die anderen Maler beschreiten nach der Ablehnung ihrer frühen Werke im Salon neue Wege,

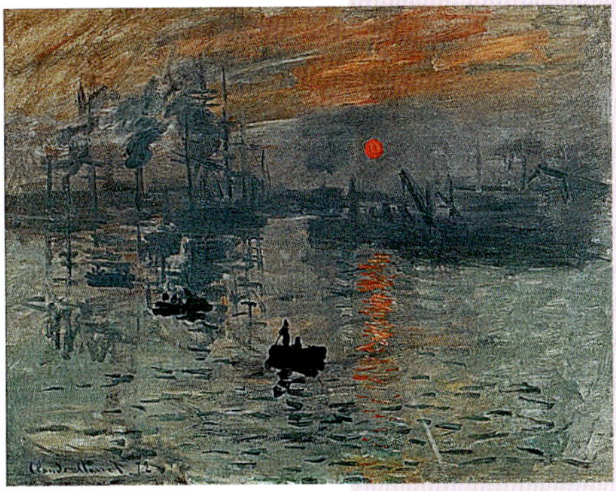

Claude Monet, **Impression, Sonnenaufgang,** 1873, Öl auf Leinwand, 48 x 63 cm, Musée Marmottan, Paris.

um ihre Malerei zu zeigen. 1874 findet die erste von acht Impressionistenausstellungen im Atelier des Fotografen Nadar statt, an der 30 Künstler teilnehmen. Zur Kerngruppe der ersten Ausstellung gehören Cézanne, Degas, Monet, Morisot, Pisarro, Renoir und Sisley. Bei der letzten Ausstellung 1886 sind vom Kreis der ersten Stunde nur noch Degas, Morisot, Guillaumin und Pisarro übrig. Zwischenzeitlich hinzugekommene, ganz unterschiedliche Temperamente wie Seurat, Signac, Caillebotte, Cassatt, Gauguin und Redon, bevorzugen nun Einzel- oder Gruppenausstellungen, die Kunsthändler oder Galerien veranstalten. Die Ausstrahlung des Impressionismus auf die spätere Entwicklung der Malerei ist bedeutend. Cézanne, van Gogh, Gauguin, Signac, Seurat, Matisse, Picasso: Sie alle beginnen im impressionistischen Malstil. Über Aufenthalte in Giverny bei Monet lernt der amerikanische Impressionist **Theodore Robinson** (1852–1896), wie viele andere amerikanische Maler, die neue französische Malweise kennen. Einflüsse des Impressionismus wie der Schule von Barbizon finden sich im Werk des holländischen Malers **Jozef Israëls** (1824–1911) wieder, der als Begründer der »Haager Schule« angesehen wird.

Der deutsche Hauptvertreter des Impressionismus, **Max Liebermann** (1847–1935), lernt alle Facetten der französischen Malerei während eines Aufenthaltes in Paris 1873–78 kennen. Er integriert seine dort gemachten Erfahrungen mit den Eindrücken der Haager Schule zu einem dunkel getönten, auch an Frans Hals orientierten, zwischen Realismus und Impressionismus vermittelnden Stil, der stärker sozialkritische Themen

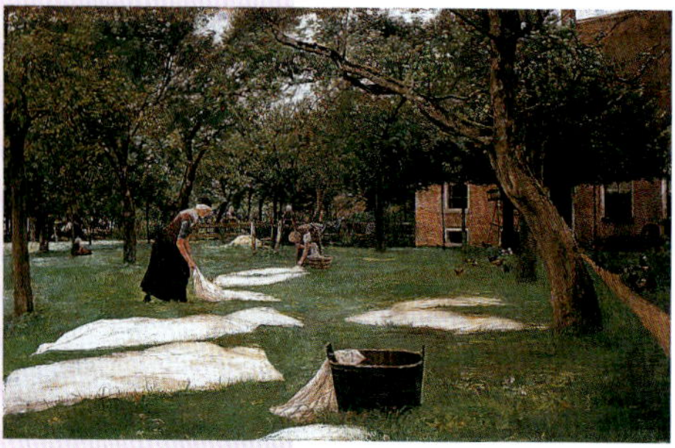

Max Liebermann, **Wäsche auf der Wiese,** 1882, Öl auf Leinwand, 109 x 173 cm, Wallraf-Richartz-Museum, Köln.

aufgreift als die französischen Maler. Als Präsident der Berliner Sezession ab 1898 übt er bedeutenden Einfluss auf die wilhelminische Kulturpolitik der Jahrhundertwende aus, der erst mit seiner Entlassung als Präsident der Preußischen Akademie der Künste 1933 durch die Nationalsozialisten endet. Liebermann verfügt nicht nur über eine erlesene eigene Sammlung französischer Impressionisten, sondern wirkt auch bei der progressiven Ankaufpolitik Hugo von Tschudis für die Berliner Gemäldegalerie mit, der als erster Museumsdirektor Impressionisten in größerer Zahl ankauft.

Auch **Lovis Corinth** (1858–1925) ist zeitgleich mit Liebermann in Paris. Nach Anfängen im Stil einer expressiv aufgeladenen, schwungvollen Salonmalerei integriert er impressionistische Tendenzen in sein Werk, vor allem in der betont hellen Farbpalette. Nach einem Schlaganfall im Jahr 1911 beschließt der zunehmend expressionistisch malende Corinth mit den späten Serien vom *Walchensee*, fast abstrakten Landschaften, sein Werk.

Julius Meier-Graefe: **Die Entwicklungsgeschichte der modernen Kunst**. Der deutsche Kunsthistoriker und Kunstkritiker **Julius Meier-Graefe** (1867–1935) ist zunächst als Gründer der Zeitschriften »Pan« (1894) und »Dekorative Kunst« (1898) von Bedeutung, insbesondere auch für die Förderung der Art-Nouveau-Bewegung. In seinem literarischen Hauptwerk, der »Entwicklungsgeschichte der modernen Kunst«, erschienen in drei Bänden erstmals 1904, beschreibt er in großen Bögen die Geschichte der Malerei des 19. Jahrhunderts von Delacroix bis zum Postimpressionismus. Er stellt diese Entwicklung als eine von historischen und sozio-ökonomischen Faktoren unabhängige Folge von formalen Problemlösungen dar. Damit werden die Impressionisten zum ersten Mal in eine konsequente Entwicklungslinie in der Geschichte der Malerei gestellt, was zudem den Blick der Kunstgeschichte für zeitgenössische Malerei öffnet. Ähnlich wegweisende Studien verfasst er über van Gogh (1922) und El Greco (»Spanische Reise«, 1910), dessen expressive Modernität Meier-Graefe für die zeitgenössische Kunst freilegt.

Wichtige Maler des Impressionismus in Frankreich:
Fréderic Bazille (1841–1870)
Eugène Boudin (1824–1898)
Gustave Caillebotte (1848–1894)
Mary Cassatt (1845–1926)
Paul Cézanne (1839–1906)
Edgar Degas (1834–1917)
Paul Gauguin (1848–1903)
Vincent van Gogh (1853–1890)
Armand Guillaumin (1841–1927)
Johan Bartold Jongkind (1819–1891)
Claude Monet (1840–1926)
Berthe Morisot (1841–1895)
Camille Pissarro (1830–1903)
Auguste Renoir (1841–1919)
Alfred Sisley (1839–1899)
Henri de Toulouse-Lautrec (1864–1901)

Bedeutende Künstler des französischen Impressionismus

Mit gutem Recht kann man **Claude Monet** (1840–1926) als den eigentlichen Motor der künstlerischen Entwicklung zum Impressionismus hin ansehen. Sein sicheres Gefühl für die malerische – und das heißt bei ihm farbliche – Erfassung selbst geringfügiger atmosphärischer Veränderungen verleiht seinem Gesamtwerk die imponierende Einheitlichkeit. Monet begnügt sich nicht mit dem einmal Erreichten, sondern verfeinert seine Technik in einem beständigen Findungsprozess, dabei arbeitet er mehr und mehr in Bildserien, um den Nuancen der Veränderungen eines Motivs auf den Grund zu kommen.

Auf vielen Reisen bildet sich Monet künstlerisch weiter; wichtig wird für ihn die Begegnung mit dem Werk Turners in London 1871. Nach vielen Jahren in Argenteuil (ab 1872) lässt er sich 1904 in Giverny nieder. Die Seerosen im Teich mit dessen Brücke in dem von ihm angelegten Garten regen ihn zu immer abstrakteren, oft großformatigen Variationen an. Die formale und

Claude Monet, **5 Bilder aus der Serie der Kathedrale von Rouen,** 1894, Öl auf Leinwand, von 91 x 63 bis 107 x 73 cm, Musée d'Orsay, Paris.
In der beeindruckenden Folge spürt Monet selbst die subtilsten farblichen und atmosphärischen Unterschiede im Morgen-, Mittags- und Abendlicht an einer spätgotischen Kirchenfassade auf.

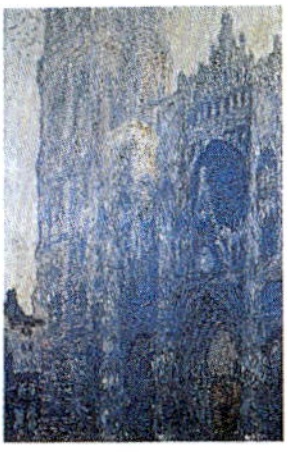
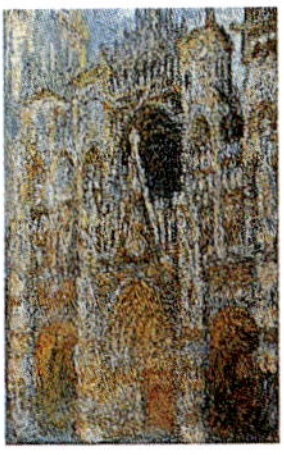
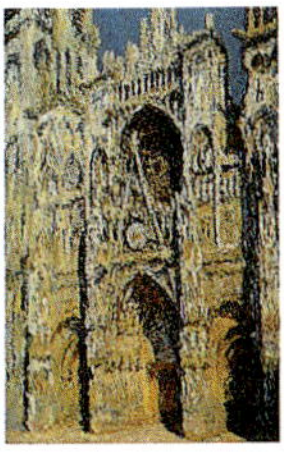
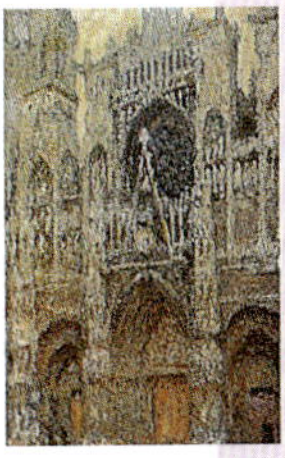
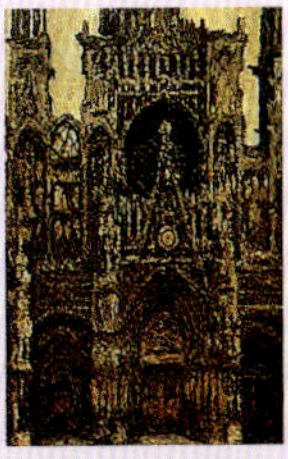

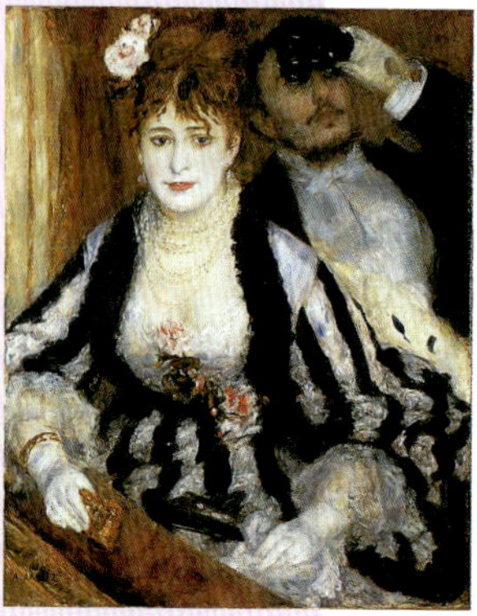

Auguste Renoir, **Die Loge,** 1874, Öl auf Leinwand, 80 x 63,5 cm, Courtauld Gallery, London.

farbliche Kühnheit dieser Studien wirkt nachhaltig in der ungegenständlichen Malerei des 20. Jahrhunderts bis hin zum Abstrakten Expressionismus (s. S. 203) nach.

Pierre Auguste Renoir (1841–1919) vertritt in seinen virtuos gemalten Werken die heitere Seite impressionistischer Malerei. Mit Monet entwickelt er 1867–70 eine volltönend farbige Schilderung des Pariser Lebens, die in den Bildern der 1870er Jahre kulminiert. Nach einer Italien- und Nordafrikareise konzentriert er sich auf den Frauenakt: *Die großen Badenden* (1884–87, Museum of Art, Philadelphia). Neben ausdrucksstarken Porträts bleibt der gelöste Frauenakt bis ins hohe Alter seine Obsession, was ihm bei der Fülle der Darstellungen den Vorwurf des Formalismus im Spätwerk eingebracht hat.

Edgar Degas (1834–1917) verfolgt andere künstlerische Ziele als der Großteil der Impressionisten, obwohl er zu ihnen gezählt wird und auch ab 1874 an den Ausstellungen teilnimmt. Nach akademischer Ausbildung und ersten Historienbildern in klassischer Akademietradition wendet er sich der Welt der Cafés, der Tänzerinnen und des Theaters, aber auch dem Leben der einfachen Menschen zu. Er ästhetisiert seine Sujets, indem er die Figuren kunstvoll in den Bildausschnitt einfügt. Die Blickwinkel, die oft überraschende Auf- oder Untersicht sind Besonderheiten des Degas'schen Werks. Der Maler wählt für seine Ölbilder und Pastelle oft überraschend kühne, fast »schnappschussartige« Ausschnitte, die bei genauerem Hinsehen aber exakt kalkuliert sind und immer im Verhältnis von Bildraum und Bildfläche Sinn ergeben. Degas beschäftigt sich intensiv mit dem Bildmedium Fotografie und überträgt deren Bildästhetik gewissermaßen ins gemalte Bild.

Edgar Degas, **Absinth,** um 1876, Pastell, 92 x 68 cm, Musée d'Orsay, Paris.
In seinen Studien von Tänzerinnen wie auch des Alltags schwingt immer die tiefe Sympathie für die sozialen Beziehungen der Dargestellten mit.

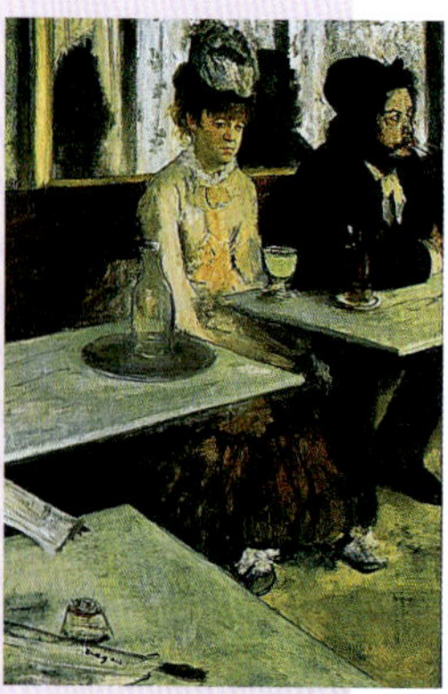

Henri de Toulouse-Lautrec (1864–1901) gilt als der Chronist des Lebens auf dem Pariser Mont-

Beim druckgrafischen Verfahren der **Lithografie** (Steindruck) wird die Zeichnung mit Kreide oder fetthaltiger Tinte auf eine poröse Kalk- bzw. Kalkschieferplatte aufgetragen. Im üblichen Verfahren wird die Platte dann einem Säurebad ausgesetzt. Die Druckfarbe auf Fettbasis verbindet sich mit den aufgezeichneten Arealen, sodass nur diese Partien gedruckt werden. Bereits 1797 von Alois Senefelder in München entwickelt, wird die »Litho« bald sehr beliebt, da die Zeichnung auf den Stein dem Künstler alle Freiheiten einer lockeren Strichführung lässt. Der Steindruck kommt nach den Meisterwerken von Géricault und **Honoré Daumier** (1808–1879) besonders im Impressionismus in Mode. In der zweiten Jahrhunderthälfte wird er zum gängigen Verfahren der Buchillustration.

marte, mit seinen Varietés und Bordellen. Sein Hauptmedium sind die Farblithografie und das Plakat, das er künstlerisch aufwertet. Im Gegensatz zu den Impressionisten setzt er seine Figuren aus größeren Farbflächen zusammen, was den Anforderungen der Farblithografie entspricht, die plakative Wirkung ausstrahlen soll. Der holländische Maler **Vincent van Gogh** (1853–1890) schafft als Außenseiter von 1885–90 in einer außergewöhnlich kurzen wie produktiven Schaffenszeit sein umfangreiches Werk. Erst spät kommt er als Autodidakt zur Malerei, nachdem er als Priester gescheitert war. Van Gogh geht auf Einladung seines Bruders Theo, der in Paris eine Galerie führt, an die Seine. Dort wird er rasch im Kreis der Impressionisten bekannt. Zu einer kräftigeren Farbigkeit, seinem typischen Stil, gelangt er aber erst nach dem Umzug nach Arles 1888. Hier in der Provence entstehen die bekannten Meisterwerke in einer neuartigen Technik. Van Gogh gebraucht den kurzen Pinselstrich der Impressionisten noch konsequenter als diese und definiert so Gegenstände in ihrer linearen wie inneren Struktur durch Charakter und dynamische Vervielfältigung der Striche. Er baut Strukturen mit den Mitteln reiner Farbe auf, um eine künstliche Welt zu schaffen und fixiert nicht optische Eindrücke wie Monet.

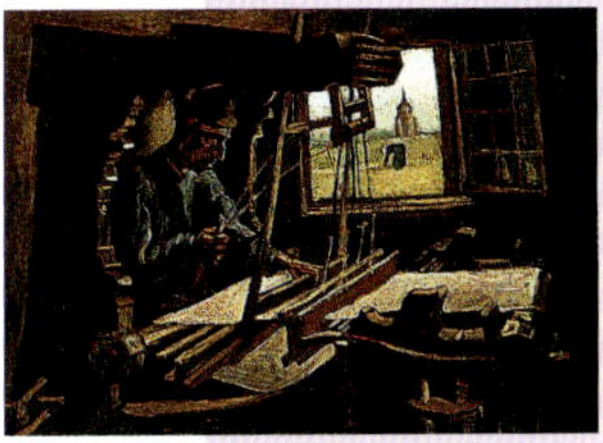

Vincent van Gogh, **Weber vor offenem Fenster,** 1884, Öl auf Leinwand, 68,5 x 93 cm, Neue Pinakothek, München.
Der dunkel getönte Realismus der Haager Schule geht in seinen frühen Werken mit dem unruhigen Temperament des Malers eine bewegende Synthese in sozialkritischen Bildern ein.

Die Ölfarbe, die er ohne Abstufungen und Zwischentöne aufträgt, dient zur Charakterisierung von Person,

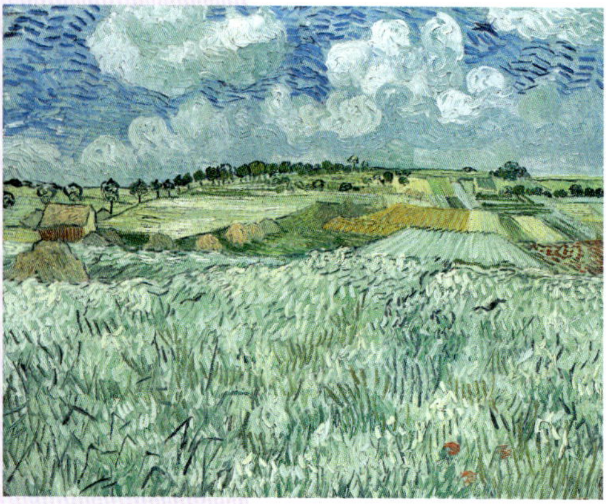

Vincent van Gogh, **Die Ebene bei Auvers,** 1890, Öl auf Leinwand, 73,5 x 92 cm, Bayerische Staatsgemäldesammlungen, Neue Pinakothek, München.

Gegenstand, Stimmung und Gefühl, sie soll aber keinen Realitätsbezug herstellen.

Der Maler berichtet in dem bewegenden Briefwechsel mit dem Bruder Theo, der seine menschliche und ökonomische Stütze bleibt, von seinen theoretischen Vorstellungen. Sie entwickeln sich vor allem im Austausch mit Gauguin, der 1888 auf Einladung van Goghs nach Arles kommt. Bevorzugte Themen sind Landschaften, Porträts, Blumenstillleben und Innenraumbilder. Die Serie der Selbstbildnisse schließt in der psychologischen Schärfe und selbstkritischen Fixierung direkt an die Selbstporträts Rembrandts an. Nach einer kurzen produktiven Zeit endet die Malerfreundschaft in der Katastrophe des psychischen Zusammenbruchs. Van Gogh schneidet sich ein Ohr ab. Nach vorübergehender Besserung seiner Psychose, die noch einen Produktivitätsschub nach dem Umzug in das nordfranzösische Dorf Auvers auslöst, nimmt er sich das Leben.

Paul Gauguin, **Nafea Faaipoipo (Wann heiratest Du?),** 1892, Öl auf Leinwand, 101 x 77 cm, Öffentliche Kunstsammlung, Kunstmuseum, Basel.

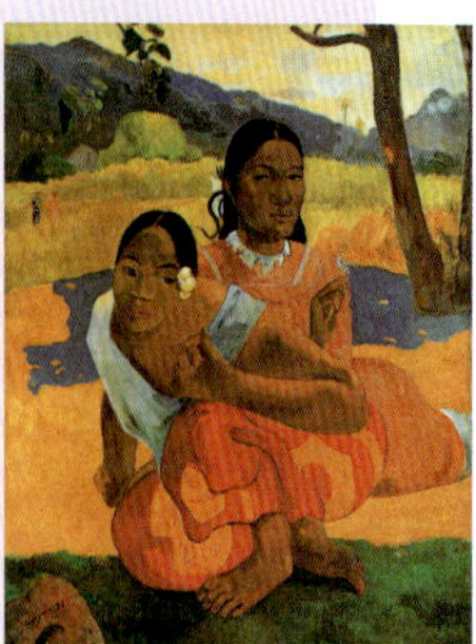

Postimpressionismus – Gauguin, Seurat, Signac

Die sogenannten Postimpressionisten, zu denen auch Cézanne und van Gogh gezählt werden, entwickeln eine Kunsttheorie, über die sie sich vom Impressionismus abgrenzen wollen.

Paul Gauguin (1848–1903) findet nach impressionistischen Anfängen ab 1886 mit **Emile Bernard** (1886–1941) zu einem eigenständigen Malstil, den man als »Synthethismus« oder treffender als »Cloisonismus« bezeichnet. Als *Cloi-*

son wird in der Emailtechnik eine Zelle bezeichnet, die mit Schmelz aufgefüllt, von der Nachbarzelle durch einen kleinen Steg abgetrennt ist. Genauso setzen sich die Bilder Gauguins aus flächigen Farbzellen zusammen, die durch Linien klar voneinander getrennt sind. Diese Art der Malerei setzt einen künstlerischen Reduktionsprozess voraus, der die sichtbare Welt in eine ideale überführt mittels eben dieser Reduktion auf Flächen reiner, absoluter Farben. 1891, endgültig dann 1895, läßt sich Gauguin auf Tahiti nieder, wo die Begegnung mit der flächenbetonten, primitiven Kunst der Inselbewohner ihn in seiner *Peinture Idéiste,* Ideenmalerei, bestärkt. Die Bildtitel erleichtern die Entschlüsselung der symbolistisch aufgeladenen Porträts der Tahitianerinnen. In der scharfen Kontrastierung von flächigen Hintergründen und Personen, in ihrer fast grellen, künstlichen Farbigkeit werden Gauguins Bilder ein wesentlicher Ausgangspunkt der Moderne – für so unterschiedliche Künstlertemperamente wie Paula Modersohn-Becker und Henri Matisse. Zivilisationsmüdigkeit, Kulturpessimismus und vielschichtige religiöse Untertöne nähren Gauguins Nebenweg des europäischen Symbolismus.

Georges Seurat (1859–1891) und **Paul Signac** (1863–1935) verfolgen mit dem *Pointillismus* ein grundlegend anderes Ziel. Seurat systematisiert die Maltechnik des Impressionismus, indem er die Bildfläche mit gleichgroßen Farbpunkten bedeckt. Das Leinwandbild soll dem Bild entsprechen, welches der abgebildete Gegenstand auf der Netzhaut erzeugen würde. Dieser theoretische Ansatz wird durch die Lektüre der Farbtheorien von Michel Eugène Chevreul und Charles Henry, vielleicht auch

Georges Seurat, **Die Brücke von Courbevoie,** 1886/87, Öl auf Leinwand, 46 x 55 cm, Courtauld Gallery, London.

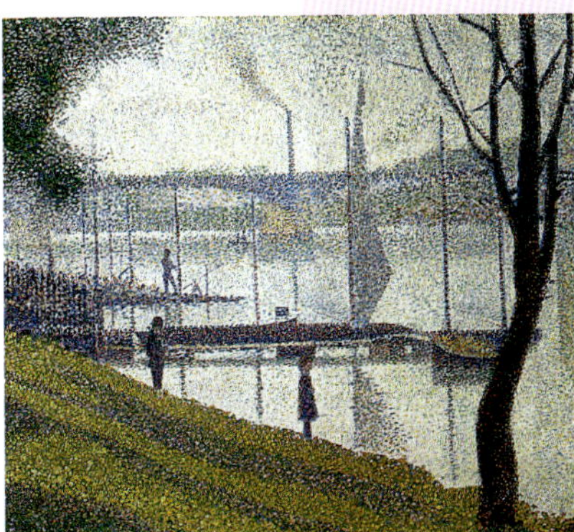

Hermann von Helmholtz gestützt. Besonders wichtig ist, dass Seurat und Signac die Lokalfarbigkeit eines Gegenstandes in die Primärfarben auftrennen.

Die monumentale Wirkung der großformatigen Hauptwerke Seurats, des *Badeplatz in Asnières* (1883-84, National Gallery, London) und *Sonntagnachmittag auf der Insel Grande Jatte* (1885-86, Art Institute, Chicago), stellt sich erst mit der Distanz des Betrachters zum Bild ein. In der reduzierten Flächigkeit der Körper wird man an Piero della Francesca oder Uccello erinnert. Signac legt nach Seurats Tod 1899 seine Theorien in dem Buch »D'Eugène Delacroix au Néo-Impressionisme« nieder.

Cézanne

Kein anderer dem Impressionismus verbundener Künstler hat einen so weit reichenden Einfluss ausgeübt wie **Paul Cézanne** (1839-1909), insbesondere auf die Kubisten. Nach Anfängen in einer dunklen, an Courbet und Daumier geschulten Farbigkeit, lichtet sich nach 1873 die Palette des Malers zunehmend auf. 1882 zieht es ihn aus Paris wieder in die provenzalische Heimat zurück. Unter dem Eindruck des südlichen Lichts löst Cézanne die gegenständlichen Formen in kleine, reinfarbige Farbflächen auf. Aus diesen ungegenständlichen Farbflächen konstruiert er in einem zweiten, ihn entscheidend vom Impressionismus trennenden Schritt, den Bildgegenstand. Nach der Analyse folgt die Synthese von etwas gänzlich Neuem, das unabhängig vom gemalten Gegenstand eine eigene Wirklichkeit entfaltet. Zentral ist dabei die Farbe, der die richtige Form nach Cézannes eigener Auffassung unweigerlich folgt. Die Technik des fließenden Mosaiks aus Farbflecken (=frz. tache) hat die Kritiker bewogen, von *Tachismus*

Paul Cézanne, **La Montaigne Sainte-Victoire,** 1900, Öl auf Leinwand, 78 x 99 cm, Eremitage, St. Petersburg.

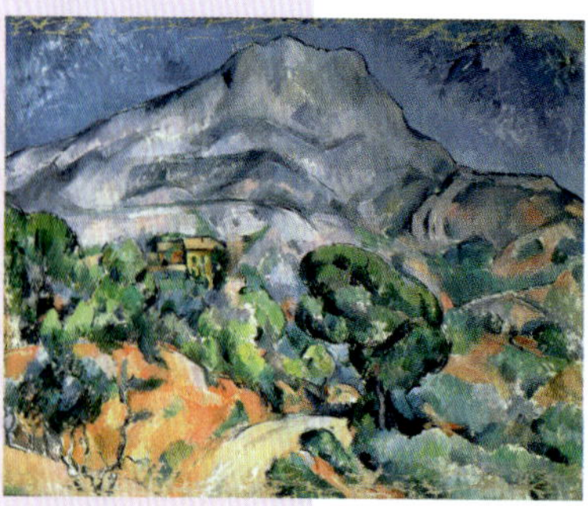

zu sprechen. Cézanne malt Stillleben, Porträts und Landschaften, die gleichen Motive oft mehrmals, am bekanntesten sind seine *Ansichten des Mont Saint-Victoire* in der Provence geworden. Zusammenfassender Höhepunkt seines Schaffens sind die Vorstudien und verschiedenen Versionen (Aquarelle und Bilder) der *Großen Badenden*. Diese Variationen über ein großes Thema seit der Renaissance haben für Cézannes Werk ähnliche Bedeutung wie die Seerosenbilders Monets aus dessen Spätwerk. Die *Badenden* stehen für die Geschichte der modernen Malerei als Schlüsselwerke zwischen dem Impressionismus und Picassos *Demoiselles d'Avignon* von 1907 (s. S. 179).

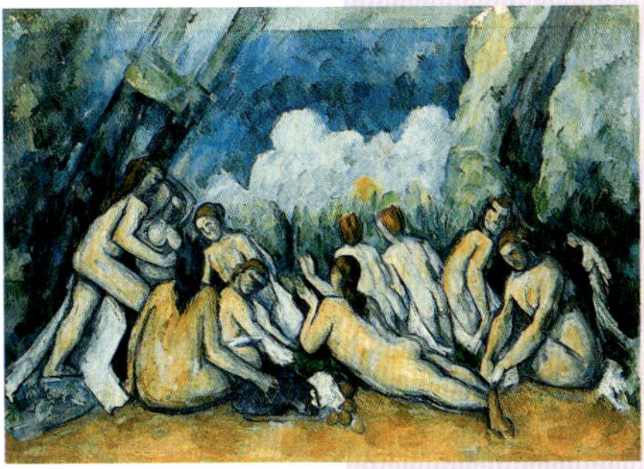

Paul Cézanne, **Die großen Badenden,** 1895–1905, Öl auf Leinwand, 127 x 196 cm, National Gallery, London. Mit diesem Traditionsthema der Malereigeschichte zieht Cézanne eine abschließende künstlerische Quersumme, die zugleich den Ausblick weit ins 20. Jahrhundert hinein öffnet.

Symbolismus

Eine Gegenreaktion auf die malerischen Experimente des Impressionismus und Postimpressionismus bleibt nicht aus. Parallel laufen Strömungen der Romantik weiter, die der Industriegesellschaft eine Welt der dunklen Mythen, okkulten Gedanken und erotischen Fantasien entgegensetzen, worin sich auch eine Linie bis zu den Surrealisten des 20. Jahrhunderts ziehen lässt (s. S. 191).

Zum Schlüsseltext für den 1886 erstmals in literarischem Zusammenhang genannten »Symbolismus« werden die »Die Blumen des Bösen« von Charles Baudelaire, erschienen 1857. Im Gedicht »Correspondances« (Übereinstimmungen) schildert der Lyriker einen Gang durch den tempelgleichen Wald der Natur, aus dem dunkle Worte klingen. Baudelaire setzt hier den Ton für die Erfahrung einer tiefen Verunsicherung des Individuums. Auch wenn die Symbolisten bisweilen positive Impulse einer naiv-heilen Welt am Horizont auf-

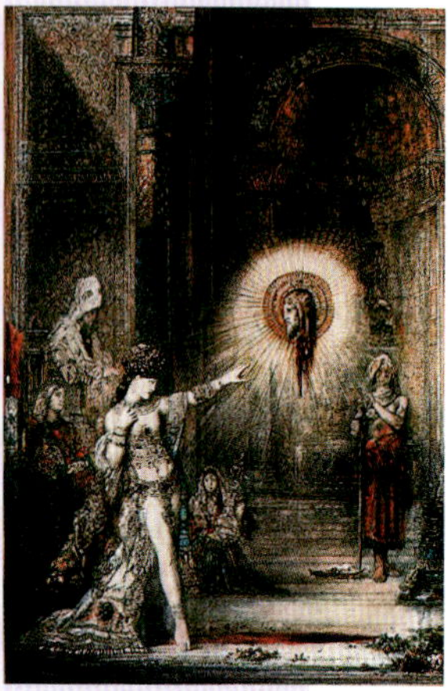

Gustave Moreau, **L'Apparition (Die Erscheinung), Tanz der Salome,** 1876, Wasserfarben, 106 x 72 cm, Musée du Louvre, Paris.

leuchten lassen, sind es vor allem die Themen des Unbewussten, Verdrängten, die vor und parallel zu Freuds Formulierung der Psychoanalyse die Maler faszinieren.

Die künstlerischen Ausdrucksformen und Themen symbolistischer Maler spannen den Bogen von den spätimpressionistischen, symbolistisch aufgeladenen Alpenlandschaften des **Giovanni Segantini** (1858–1899) bis zur Kunst **Michail Wrubels** (1886–1910), mit Bildthemen aus der Welt des russischen Balletts, der Oper und Literatur.

Gustave Moreau (1826–1898) ist der erste französische Symbolist. Mit *Erscheinung – L' Apparition* variiert und dämonisiert er das Salome-Thema in der Vision des Johannes-Kopfes vor der Tochter des Herodes. Malereigeschichtlich könnte man die Werke Moreaus als dekorativ überwucherte Synthese aus der Farbigkeit von Delacroix und der religiösen Kunst Rembrandts ansehen.

Nach ihm stellt **Odilon Redon** (1840–1916) über seine Lithografie-Zyklen die Verbindung zur Literatur her und illustriert Edgar Allen Poe, die Apokalypse des Johannes, aber auch Baudelaires Gedichte. Die pastellartige Farbigkeit und der wolkige Farbauftrag der Ölgemälde vermitteln eine parfümierte Atmosphäre.

Der Schweizer **Arnold Böcklin** (1827–1901) ruft die antiken Mythen auf, um Nereiden und Tritonen in den Gewässern um die Toteninsel spielen zu lassen. Er beschließt die lange Tradition deutschsprachiger Maler, die es seit der Goethezeit nach Italien gezogen hatte. Den Fortbestand romantischer Themen im Industriezeitalter machen Böcklins Bilder anschaulich. Mit der ausgefeilten Maltechnik verbindet er die Akribie Friedrichs mit dem Schwung der Salonmalerei.

Arnold Böcklin, **Die Toteninsel,** 1. Fassung, 1880, Tempera auf Leinwand, 111 x 155 cm, Öffentliche Kunstsammlung, Basel.

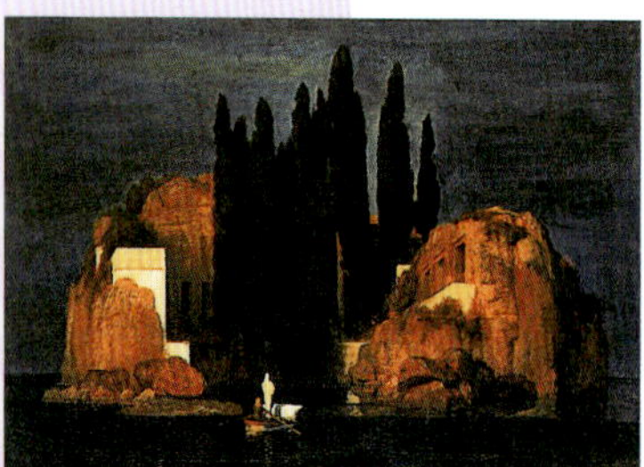

Hans von Marées (1837–1887) beabsichtigt den symbolistischen Entwurf eines zeitlosen Arkadiens, worin er allerdings scheitern muss. Seine Verzeichnungen zu den Ölbildern und Fresken sind häufig ausdrucksstarker, auch technisch sicherer als die großen Formate.

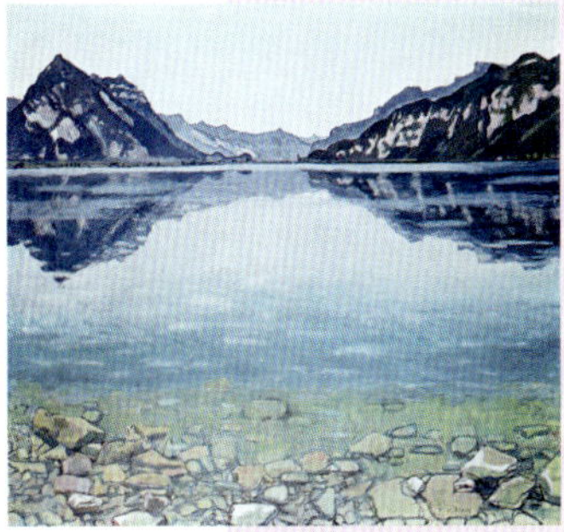

Ferdinand Hodler, **Thunersee von Leissigen,** 1905/06, Privatsammlung

Das Werk des **Ferdinand Hodler** (1853–1918) ist stark von religiösen Inhalten geprägt. Mit den großformatigen Allegorien von Tages- und Jahreszeiten (ab 1889/90) stellt er flächenbetonte Figurenfriese vor ornamental gestaltete Hintergründe, die Einflüsse aus dem Jugendstil verraten. Bedeutend sind die späten *Schweizer Seelandschaften,* in denen Wasser, Wolken und die auf Umrisslinien reduzierten Berge fast abstrakte Flächenkompositionen ergeben, deren räumliche Tiefe sich allein über die strahlend helle Farbigkeit einstellt.

Der Norweger **Edvard Munch** (1863–1944) ist der wichtigste Maler des europäischen Nordens, zugleich ein charakteristischer Symbolist. Seine Kunst begleitet die zeitgleiche Dichtung Ibsens und Strindbergs. Munch lernt 1889/90 die französischen Maler van Gogh und Gauguin kennen, hält sich lange in Deutschland und Frankreich auf. Nach einem psychischen Zusammenbruch kehrt er nach Norwegen zurück. In seinen stärksten Werken kommt sein Interesse an psychischen Grenzsituationen zum Ausdruck, wie etwa im berühmten *Schrei*. Ähnlich bildkräftig sind Munchs Holzschnitte, bei denen die expressive Linie die fragile Verfasstheit des Menschen ausdrückt.

Edvard Munch, **Der Schrei,** 1893, Tempera und Pastell auf Karton, 91 x 74 cm, Nasjonalgalleriet, Oslo.
In breiten Farbströmen entwickelt sich das Bild vor dem Betrachter: Die so umkreiste Figur wirkt wie gefangen in den glühenden Farben des Hintergrunds.

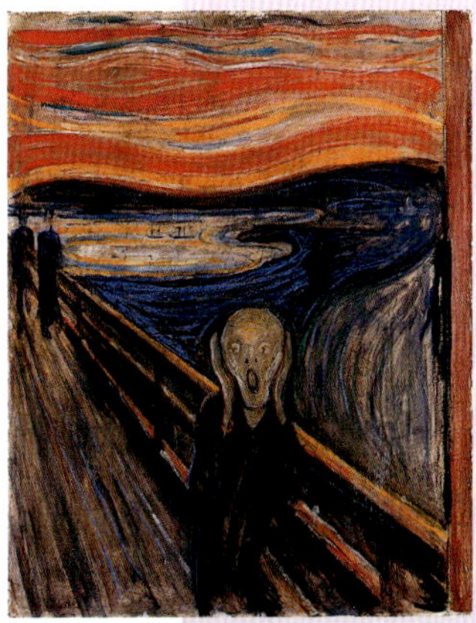

Eine Ausnahmeerscheinung der Kunst des späten 19. Jahrhunderts ist **Henri Rousseau** (1844–1910), aufgrund seines bürgerlichen Berufes »Der Zöllner« genannt. Ab 1886 stellt er ohne jede künstlerische Ausbildung im »Salon des Indépendants« aus. Rousseau hat Kontakt zu Gauguin, Delaunay und Picasso, was seinen Malstil allerdings nicht beeinflusst; 1891 beginnt er die Reihe seiner *Dschungelbilder,* die ihn noch zu Lebzeiten legendär machen. Rousseaus Urwälder beschwören eine scheinbar friedliche Welt, in der sich blutige oder traumhaft verschlüsselte Szenen abspielen, weshalb man sein Werk symbolistisch nennen kann, selbst wenn es surreale Züge aufweist.

Jugendstil in München und Wien – Stuck, Klimt und Schiele

»Art Nouveau«, in Deutschland »Jugendstil«, in Österreich »Sezessionsstil« genannt, bezeichnet eigentlich einen Dekorationsstil, der im Kunstgewerbe (Schmuck, Geschirr, Möbel, Glas) einflussreicher ist als in der Malerei.

In München ist **Franz von Stuck** (1863–1928) einer der Mitbegründer der Sezession (eine jeweils regionale Gegenveranstaltung zum offiziellen Kunstverein und der Akademie). Er thematisiert den Geschlechterkonflikt in schillernd dunklen Ölbildern, deren Rahmen er ebenfalls gestaltet. Mit seiner Privatvilla versucht Stuck im Zusammenspiel von Architektur, Skulptur und Malerei ein Gesamtkunstwerk zu realisieren.

In Wien verlassen 1897 **Gustav Klimt** (1862–1918) und 18 weitere Künstler das Künstlerhaus und gründen die Vereinigung bildender Künstler Österreichs, die sich »Wiener Sezession« nennt. Das von Josef Olbrich 1898 gebaute gleichnamige Ausstellungsgebäude vereint neue Architektur, Skulptur und die Kunstwerke der Wechselausstellungen. Klimts Werk umfasst subtile, spätimpressionistisch anmutende Landschaften, Porträts und mythologische Bilder.

Geradezu eine Gegenposition zur extrovertierten Kunst Klimts markieren die Tuschzeichnungen und Ölbilder **Egon Schieles** (1890–1918). Mit nervösen Lini-

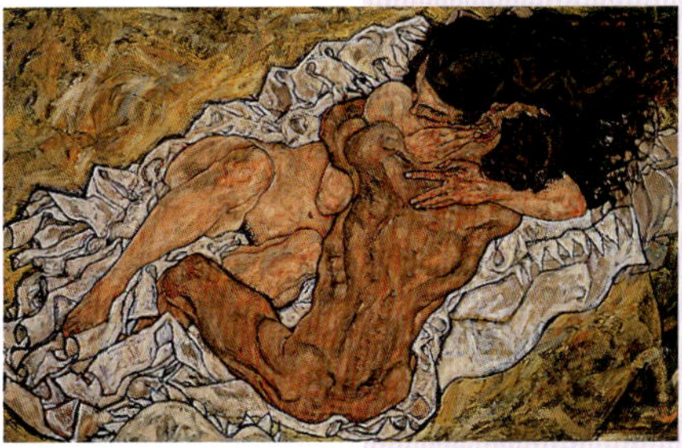

Egon Schiele, **Umarmung,** 1917, Öl auf Leinwand, 100 x 70 cm, Österreichische Galerie im Belvedere, Wien.

en, grellen Farbwerten und gewundenen, expressiv gespannten Körperhaltungen versucht er, die labile psychische Situation der Menschen in der untergehenden Donaumonarchie einzufangen. In immer wieder neuen Anläufen zeichnet sich der Künstler selbst in seinen erotischen Spannungen. Die Frau verschmilzt mit dem Spiegelbild des Künstlers zu einem bedrohlichen, androgynen Wesen.

Der österreichische Dramatiker und Maler **Oskar Kokoschka** (1886–1980) beginnt zwar auch im Umfeld der Wiener Werkstätten und der Sezession, entwickelt aber von Beginn an die dem Wiener Jugendstil ohnehin eigenen expressiven Tendenzen zu einem sehr persönlichen Expressionismus weiter. Noch in dem Bild der *Windsbraut* (1914, Kunstmuseum Basel) bleibt bei aller neuen Dynamik die lineare Tradition Klimts und Schieles spürbar.

Symbolismus, Gründerzeitkultur und Jugendstil verbindet der Hang zum **Gesamtkunstwerk.** Der Begriff ist in Hinblick auf das Musiktheater **Richard Wagners** (1813–1883) geprägt worden. Im »Ring des Nibelungen« (erste Gesamtaufführung in Bayreuth 1876) und im Bühnenweihfestspiel »Parsifal« (1882) gehen Musik, Literatur und künstlerisches Bühnenbild eine größtmögliche Einheit ein. Die Verwandlungsmusiken des Parsifal begleiten den Szenenwechsel auf offener Bühne, zu dem bemalte Rollenprospekte langsam den Wechsel vom offenen Land in den Gralstempel und wieder zurück ermöglichen. Raum werde hier zur Zeit, heißt es im Text dazu. Trotz dieser kühnen Grenzüberschreitung bleibt das Gesamtkunstwerk Illusion. Auch Rudolf Steiners Versuch des Gesamtkunstwerks im Goetheanum von 1913/14 scheitert. Mit der Entdeckung des bewegten Bildes im Film werden viele Ideen des Gesamtkunstwerks Realität. Von Musik begleitet, werden Kunstwelten dem staunenden Betrachter in Lichtspieltheatern vorgeführt, deren Architektur zum Gesamteindruck beiträgt.

Beginn der modernen Kunstgeschichte – Wölfflin, Riegl, Warburg

Mit dem Beginn des 20. Jahrhunderts entwickelt die Kunstwissenschaft Kategorien und Deutungsansätze, um zum einen die Geschichte der Kunst besser zu verstehen, vor allem aber, um die sich überstürzenden Möglichkeiten zeitgenössischer Kunst begreifen zu können. Im Einzelfall liefern die Kunstwissenschaftler parallel zur Entwicklung der Kunst selbst die aktuelle Theorie und speisen so die Theorie der Malerei mit der notwendig gewordenen neuen Begrifflichkeit. Die beginnende Kunstgeschichte des 19. Jahrhunderts wen-

1897
Erster Zionistischer Weltkongress in Basel, Forderung der Westjuden nach einer »gesicherten Heimstätte in Palästina«

1899–1907
Haager Friedenskonferenzen

1904/05
Erste russische Revolution »Blutsonntag in St. Petersburg«; Relativitätstheorie von Albert Einstein

1913
Gründung des Internationalen Gewerkschaftsbundes in Amsterdam

1914
Eröffnung des Panamakanals; Ermordung des österreichischen Thronfolgers in Sarajewo, Beginn des Ersten Weltkriegs

1917
»Oktoberrevolution« in Russland

1919
Versailler Vertrag beendet den Ersten Weltkrieg, Eröffnung der Nationalversammlung in Weimar (Beginn der Weimarer Republik)

1922
»Marsch auf Rom« der italienischen Faschisten unter Benito Mussolini

1923
Präsident Mustafa Kemal beginnt die Modernisierung der Türkei unter nationalen Vorzeichen.

1924
Tod Lenins

1928
Flemming entdeckt das Penecillin.

1929
Lateranverträge zwischen Papst und Italien sichern den Besitz der Vatikanstadt; Stalins 50er Geburtstag markiert den Beginn der Diktatur.

1933
»Machtergreifung« Hitlers in Deutschland, Präsident Franklin D. Roosevelt schafft mit dem »New Deal« den Weg der USA aus der Wirtschaftskrise.

1936–39
Spanischer Bürgerkrieg endet in der Diktatur Francos.

1.9.1939
Mit dem deutschen Angriff auf Polen beginnt der Zweite Weltkrieg.

1942
Auf der »Wannsee-Konferenz« wird die »Endlösung der Judenfrage« beschlossen.

6.6.1942
Invasion der westlichen Alliierten in der Normandie (»D-Day«)

Mai 1945
Ende des Zweiten Weltkriegs

August 1945
Atombombenabwurf auf Hiroshima und Nagasaki

det sich bevorzugt der alten Kunst zu, um in der Nachfolge Hegels eine Entwicklungsgeschichte der Kunst fortzuschreiben, wie etwa **Karl Friedrich von Rumohr** (1785–1843), **Gustav Friedrich Waagen** (1794–1868) oder **Carl Schnaase** (1798–1875). In den Geschichtswissenschaften breiten Kulturwissenschaftler wie Jacob Burckhardt oder Jules Michelet Panoramen vor dem Leser aus, die noch heute unser Verständnis maßgeblich prägen.

Mit dem Werk **Conrad Fiedlers** (1841–1895) werden erstmals ästhetische Kategorien unabhängig von einer Entwicklung der Kunst greifbar. Fiedler trennt als Innovation die traditionelle Kunstbetrachtung von Erfahrungen, die nur durch das Kunstwerk selbst vermittelt werden können. In der Fortschreibung dieser Gedanken im Werk **Adolph von Hildebrands** (»Das Problem der Form in der bildenden Kunst«, 1893) wird der gedankliche Grund erobert, auf dem die moderne Kunst entstehen kann, indem Hildebrand die »Daseinsform« von der »Wirkungsform« des Kunstwerks trennt.

Auch wenn er sich fast ausschließlich mit der Kunst der Renaissance und des Barocks befasst, entwickelt der Schweizer Kunsthistoriker **Heinrich Wölfflin** (1864–1945) generelle formale Prinzipien zur Interpretation von Kunst überhaupt. In dem Buch »Kunstgeschichtliche Grundbegriffe« (1915) konstruiert er fünf Gegensatzpaare, mit deren Hilfe er Architektur, Skulptur und Malerei interpretiert. Das »Lineare« und »Malerische«, »Klarheit« und »Unklarheit« – dies nur als Beispiele – erlauben eine rein formale Betrachtung des einzelnen Werks abseits von Epochenbegriffen. Für den Qualitätsbegriff von Kunst, gerade auch der modernen, ist sein Zugang unschätzbar wichtig: Qualität kann nun im Einzelwerk über Begriffe festgestellt werden, die unabhängig von den Normierungen einer Entwicklungsgeschichte der Kunst anschaulich entwickelt sind.

Versucht Wölfflin eine Reduktion der vom Kunstwerk ausgehenden emotionalen Wirkung auf allgemeingültige Grundbegriffe als Werkzeuge kunsthistorischer Deutung und Einordnung in ein Gesamtkonzept von Kunst überhaupt, geht **Alois Riegl** einen anderen Weg (s. S. 107): In der »Spätrömischen Kunstindustrie« (1901) wertet er bis dahin vernachlässigte Erzeugnisse künstlerischen Schaffens auf, indem er ein »Kunstwollen« entdeckt, das, in Beziehung zu bestimmten Rahmenbedingungen gesetzt, jeweils ganz unterschiedliche künstlerische Produkte hervorbringe. Diese versucht er, im Gegensatzpaar vom »Haptischen« und »Optischen« zu fassen. Die künstlerische Form wird nur dann plausibel, wenn sie im kulturgeschichtlichen Zusammenhang gelesen wird, auch wenn Riegl das Kunstwollen primär als einen vom Gesellschaftlichen abgekoppelten, autonomen Prozess beschreibt. Dann wird auch das vermeintlich Hässliche, nicht Geglückte verständlich, da es genau das Kunstwollen der jeweiligen Zeit im Kunstprodukt einschließt. Ebenso weitreichend ist der gleichberechtigte Einbezug des Kunstgewerbes in seine Überlegungen; dieses drücke das jeweilige Kunstwollen in genau demselben Maße aus wie die Werke der Malerei, Skulptur oder Architektur.

Hier spiegelt Riegls Ansatz die Bedeutung der dekorativen Kunst im Wiener Jugendstil. Riegl, der **Hippolyte Taines** (1828–1893) Milieutheorie der Kunst weiter ausführt, ist wie Wölfflin entscheidend für das Verständnis moderner Kunst. Mit **Franz Wickhoff** (1853–1909) zählt Riegl zu den Begründern der »Wiener Schule« der Kunstgeschichte, die mit **Josef Strzygowski** (1862–1941) eine Einbindung der europäischen Kunst in die Kunst des Orients anstrebt, mit **Max Dvorak** (1874–1921) Kunstgeschichte als Geistesgeschichte schreibt und mit **Julius von Schlosser** (1866–1938) die Quellenliteratur der Kunstgeschichte exemplarisch aufarbeitet.

Als dritte Schlüsselfigur der modernen Kunstwissenschaft – neben Wölfflin und Riegl – legt der Hamburger Kulturwissenschaftler **Aby Warburg** (1866–1929) die Grundlagen für einen eigenen Forschungszweig:

die »Ikonologie«. Warburgs Interesse gilt dem Übergang vom Mittelalter zur Renaissance. In Einzelanalysen macht er Material von bisher ungenutzter Breite für die Interpretation zugänglich: Inventare, naturwissenschaftliche Abhandlungen, Astrologie, Dichtung, Philosophie. Erst aus der Gesamtschau aller kulturgeschichtlichen Rahmenbedingungen, denen er über diese Dokumente nachspürt, kann er sich in tastender Sondierung dem Wesen des Einzelwerks nähern. Zum zweiten versucht Warburg nachzuweisen, dass bestimmte Ausdruckformen wie Gesten und Bildmotive, die er mit dem Schlagwort der »Pathosformel« umschreibt, von der Antike bis zur Moderne anthropologisch festgelegte Konstanten sind. Auf diese Weise kann er eine antike Skulptur mit dem Motiv einer zeitgenössischen Briefmarke zusammenbringen. Dies bedeutet eine enorme Erweiterung des Horizonts für die Kunstwissenschaft als Kultur- und Formengeschichte. Warburg selbst besucht die Pueblos der Hopi in Arizona, um das dort gesehene Schlangenritual später in seiner Motivik mit Antike und Renaissance zu verknüpfen. Er geht immer davon aus, dass Künstler alte Bildtraditionen im Sinne des kulturellen Gedächtnisses verarbeiten.

Für die Kunstgeschichte der Nachkriegszeit entscheidend wird 1926 die Einrichtung der Kulturwissenschaftlichen Bibliothek in Hamburg, die 1933 vor den Nationalsozialisten gerettet und nach London überführt werden kann, wo sie noch heute als *Warburg Institute* weiter besteht. Warburgs Nachfolger überführen den universalen Ansatz einer Kulturgeschichte der Kunst in das pragmatischere Verfahren der Ikonologie. **Erwin Panofsky** (1892–1968) ist der wichtigste Vertreter dieser Forschungsrichtung, die nach dem Exodus der jüdischen Wissenschaftler aus Deutschland nach 1933 die Kunstgeschichte auch in den Vereinigten Staaten und Großbritannien entscheidend befruchtet. Neben der Analyse der Bildinhalte *(Ikonografie)* steht nun auf einer nächsten Ebene die ikonologische Analyse, welche literarische und philosophische Texte zur Interpretation des Werkes in seinem kulturgeschichtlichen Zusammenhang heranzieht. **Ernst Kris** (1900–1957) und später **Ernst Gombrich** (1909–2001) erweitern die Ikonologie, indem sie Methoden der Psychoanalyse und Wahrnehmungspsychologie in die Kunstbetrachtung mit einbeziehen.

Fauvismus und Matisse

Einmal mehr ist es ein Kunstkritiker, der einer Künstlergruppe, den *Fauves* (Wilden), 1905 anlässlich des Pariser Herbstsalons in abschätzig gemeinter Weise ihren Namen verleiht. Die lose Gruppe um **André Derain** (1880–1954), **Maurice de Vlaminck** (1876–1958) und Matisse ist von etwa 1898 bis 1906/8 gemeinsam aktiv. Ausgehend von van Gogh, Gauguin und den Postimpressionisten entwickeln die Fauvisten eine Malerei, die voller Expressivität die Gefühle der Maler vor dem Sujet ohne Umwege über den intensiven Einsatz reiner Farben vermittelt. Die Themen sind Porträts, mediterrane Landschaften, der weibliche Akt. Die Fauves sind international aktiv, und ihre Ausstellung in Berlin 1906 erregt großes Aufsehen, natürlich überwiegend Kritik. Es ist paradox, aber nachvollziehbar, dass die Fauves in diesen Jahren indirekt zum wachsenden Erfolg der zahmeren Impressionisten beitragen.

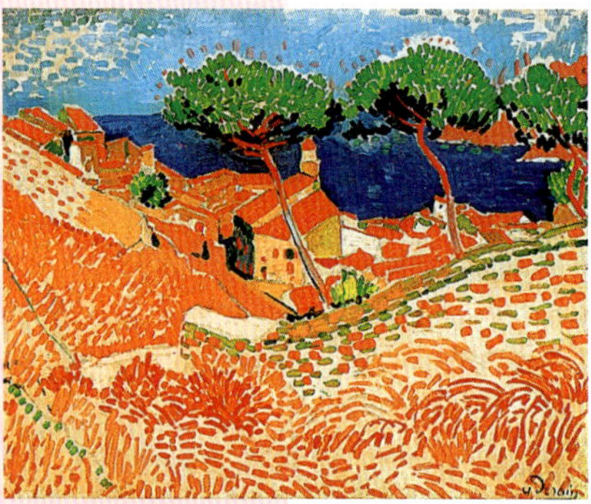

André Derain, **Collioure, das Dorf und das Meer,** 1904/5, Öl auf Leinwand, 65 x 81 cm, Museum Folkwang, Essen.

Henri Matisse (1869–1954) ist für die Geschichte der Malerei von ganz besonderer Bedeutung, weil er der Farbe als Flächenwert einen autonomen Wert beimisst. Aufenthalte in Nordafrika bestärken ihn wie andere Künstler der frühen Moderne in dieser Neubewertung von Farbe und Ornament. 1908 legt er seine Prinzipien der Farbmalerei in der Schrift »Notes d'un peintre« nieder, einer Art Gegenmanifest zum Kubismus Braques und Picassos, die die Zersplitterung des Bildsujets bzw. dessen Neuaufbau immer von der plastischen Form und Linie her entwickeln. Matisse baut Bildräume aus Farbe auf, wie in dem Gemälde *Harmonie in Rot*. Er greift auf ganz klassische Raumkonzepte von den Alten Meistern bis zu Gauguin zurück. Indem der aber das ornamentale Tapetenmuster sowohl für die Wand wie für den Tisch in gleicher Weise flächig aufträgt, relativiert er die Raumtiefe. Die Fläche des Bildes als roter Farbwert dominiert über die empirische Auffassung von Raum, wie sie die Künstler seit der Renaissance gewohnt waren. Gegenstände wie Tisch oder Fruchtschale, aber auch die Frau im Bild haben ihren Ort nicht so sehr im Raum, sondern in einer potenziell sich nach allen Richtungen ausdehnenden Farbfläche.

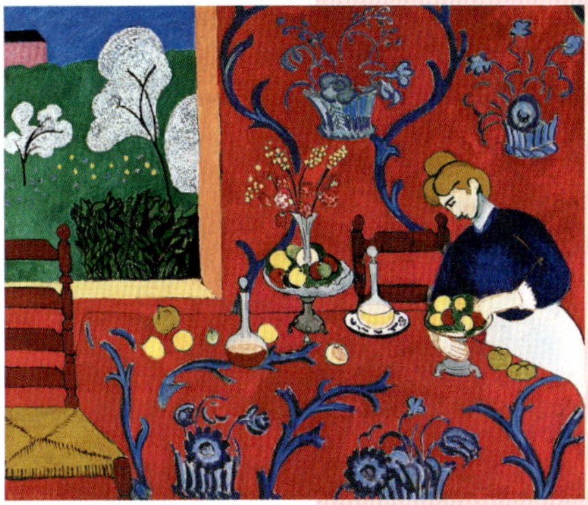

Henri Matisse, **Harmonie mit Rot (Das rote Zimmer),** 1908, Öl auf Leinwand, 180 x 220 cm, Eremitage, St. Petersburg.

Für Matisse ist Farbe reinster Ausdruck des Lichts, die Form entwickelt sich in ihr und aus ihr. Seine beruhigten, rhythmischen Bilder sind voller Musikalität. Dies belegen eindrucksvoll die beiden großformatigen Bilder *Die Musik* und *Der Tanz* (1910, Eremitage, St. Petersburg), die Matisse als Raumdekoration für seinen russischen Mäzen und Sammler Sergei Schtschukin erfindet. Figürliche Malerei ist hier auf die Essenz von Körper und Linie komprimiert, auch als Gegenposition zum Kubismus Picassos. Die Figurengruppen heben sich in ihrer orangenen Farbe vom starken Blau und Grün der fast monochromen Hintergründe ab. Für die erste Jahrhunderthälfte bleibt Matisse der Fixstern nicht nur jener Maler, die sich der Tendenz zur Abstraktion entziehen und figürlich malen.

Expressionismus in Deutschland

Die Malerin **Paula Modersohn-Becker** (1876–1907) wird gerne dem Expressionismus zugerechnet. Dies stimmt nicht ganz; die Wurzeln ihrer Kunst liegen im Symbolismus, bei Cézanne, van Gogh und Gauguin. Mehrfach ist die wohl bedeutendste deutsche Künstlerin der ersten Jahrhunderthälfte in Paris, zuletzt 1906. Getrennt von ihrem Mann malt sie das *Selbstbildnis am 6. Hochzeitstag* als nackte Frau: ein absolutes Novum in der Kunstgeschichte. Die Malerei der Paula Modersohn-Becker ist weit entfernt von der romantisierenden Kunst der Worpsweder Schule. In den letzten Werken gewinnt sie an Expression der Farbe und Fläche, die ansonsten unerreicht in der deutschen Moderne dieser Zeit sind, bevor sie 1907 auf dem Kindbett verstirbt.

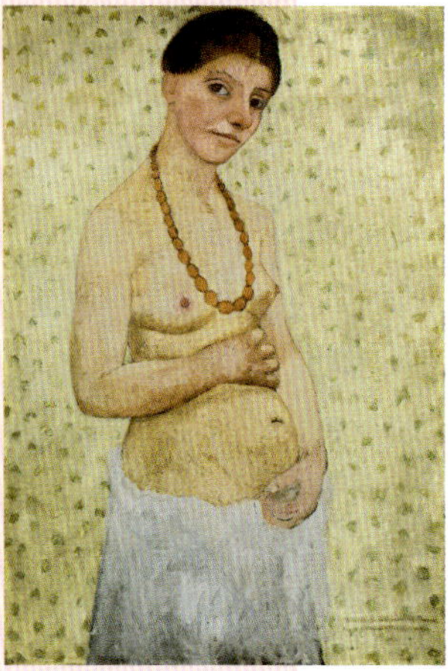

Paula Modersohn-Becker, **Selbstbildnis am 6. Hochzeitstag,** 1906, Öl auf Leinwand, Paula-Modersohn-Becker-Museum, Bremen.

Als erste Künstlergruppe des deutschen Expressionismus schließen sich 1905 in Dresden vier Architekturstudenten zum Künstlerbund »Die Brücke« zusammen: **Fritz Bleyl** (1880–1966), **Erich Heckel** (1883–1970), **Ernst Ludwig Kirchner** (1880–1938) und **Karl Schmidt-Rottluff** (1884–1976). Später stoßen bis 1910 u. a. noch **Max Pechstein** (1881–1955) und **Otto Mueller** (1874–1939) hinzu. **Emil Nolde** (1867–1956) gehört kurzzeitig zur Gruppe.

Die deutschen Expressionisten sind politischer als die Fauves in Frankreich. Mit grellen Farben, expressiv aufgeladenen, flackernden Linien schildern sie das Leben der Menschen in der Industriegesellschaft und in der Großstadt, aber auch die Gegenposition, das Badevergnügen nackter Menschen an den Seen und der Ostseeküste. Der Bezug zur sichtbaren Realität bleibt im Gegensatz zu den Malern des »Blauen Reiter« (s. S. 182) immer erhalten. Die Maler der Brücke bleiben zwar als Individuen stilistisch unterscheidbar – so malt Mueller Landschaften und Frauenakte in erdig gedämpften Farben, Nolde wendet sich bald auch religiösen Themen zu – doch eint sie der Wille nach wahrhaftem Ausdruck. Nach der Ausstellung der Fauves in Berlin 1906 ist deren Einfluss, insbesondere derjenige von Matisse, unübersehbar, genauso wie der Rückbezug auf Munch, den belgischen Maler **James Ensor** (1860–1949), die altdeutsche Malerei, aber auch die Kunst Afrikas und Polynesiens. Die »primitive« Expressivität und Reduktion außereuropäischer Holzskulptur auf die wesentlichen Ausdruckswerte, die bereits Gauguin faszinierten, werden von nun an zu einem wichtigen Bezugspunkt europäischer Malerei. Gegen die Übermacht der Fotografie setzen die Maler die ausdrucksstarke Qualität des altertümlichen Holzschnitts, der als Technik eine wie abgehackt wirkende Linearität begünstigt.

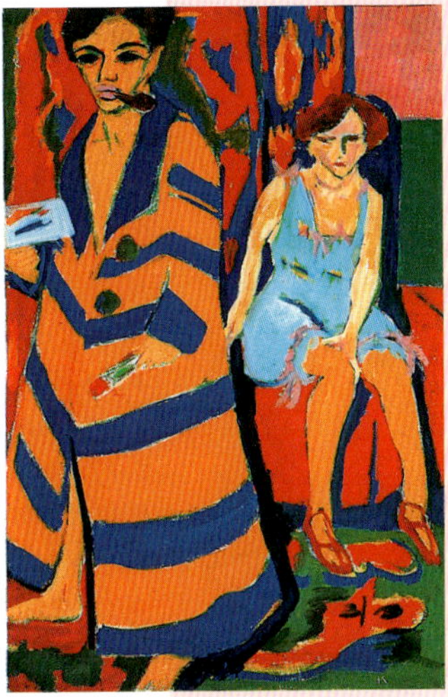

Ernst Ludwig Kirchner, **Selbstporträt mit Modell,** 1907, Öl auf Leinwand, 150 x 100 cm, Hamburger Kunsthalle, Hamburg.

Die Mitglieder der Brücke ziehen ab 1910 nach Berlin, wo die Bewegung um 1915 ihren Höhepunkt erlebt. Die von Herwarth Walden herausgegebene Avantgardezeitschrift für Kunst und Literatur »Der Sturm« veröffentlicht ab 1910 die theoretischen Schriften der Künstler. 1913 löst sich die Gruppe zwar offiziell auf, der Malstil aber überdauert. 1918 wird Pechstein Mitbegründer der »Novembergruppe«, die über einen »Arbeitsrat der Kunst« die sozialrevolutionäre Verbindung von Volk und Künstlern erreichen will. Kirchner zieht sich 1917 nach einem psychischen Zusammenbruch nach Davos zurück, Nolde in den Norden Schleswig-Holsteins, wo er 1941 mit Berufsverbot belegt wird.

Alle Künstler der Brücke werden von den Nationalsozialisten für »entartet« erklärt, ihre Werke nach der berüchtigten »Entartete Kunst«-Ausstellung in München 1937 zunächst beschlagnahmt, dann zerstört oder auch gewinnbringend ins Ausland verkauft.

Wege zur Abstraktion

In den Jahren von 1900 bis zum Ersten Weltkrieg entstehen in sich überstürzenden, parallelen Entwicklungen die Stilrichtungen, die einen Großteil dessen ausmachen, was in unserer nachmodernen Sicht als »klassische Moderne« mittlerweile kanonisiert wurde: Kubismus, Expressionismus, Futurismus und Suprematismus ist die Tendenz zur Abstraktion des Bildes vom abgebildeten Gegenstand gemeinsam. Schließlich entfällt im abstrakten Bild der Abbildcharakter ganz. Dieser Prozess ist Teil eines ganzheitlichen kulturellen Weltentwurfs der Moderne, der in den einzelnen Ländern verschiedene Aspekte aufweist, letztlich aber auf die Ablösung der Lebenswelten des 19. Jahrhunderts hinzielt. Technischer Fortschritt, revolutionäre gesellschaftliche Umwälzungen, die Kriegserfahrungen einzelner Künstler 1914–18: All dies macht die Moderne aus, verbunden mit dem Anspruch auf rigorose Verwirklichung. Der Künstler ist Motor und Magier der Entwicklungen, die über eine veränderte Wohnkultur und die explosionsartige Verbreitung von Design auch eine breite Öffentlichkeit berühren.

Die klassische Moderne ist unübersichtlich: Künstler sind länderübergreifend aktiv, stellen bei den Galeristen der Avantgarde oder in von mutigen Direktoren geführten Museen aus oder lehren an Institutionen. Die Pamphlete und Zeitschriften der einzelnen Künstlergruppen werden zum vielbeachteten Forum internationalen Meinungsaustauschs. Da aufregende Entwicklungen sich parallel vollziehen, ist es fast unmöglich, diese nacheinander zu entwickeln. Dies wäre nur mit Einzelbiografien möglich, wenn etwa ein Maler wie Kandinsky erst zum »Blauen Reiter«, dann zum Bauhaus zählt. Eine schillernde Persönlichkeit wie Paul Klee ist schwerlich allein als typischer Maler des Bauhauses zu bezeichnen, obwohl er dort lehrt. Sein Werk beinhaltet sowohl Tendenzen zur Abstraktion, obwohl er sich vom Gegenstand als Referenz seiner Bilder nie löst, als auch surrealistische Aspekte in der oft traumhaften Anmutung der Bilder. Noch stärker wird der Aspekt bei Picasso offenkundig, der in seinem Werk mit allen künstlerischen Möglichkeiten des Jahrhunderts experimentiert, die Trends vielfach einleitet, ja gleichzeitig in verschiedenen »Stilen« arbeitet.

Mit einer Auflistung der »Ismen« können demnach nur generelle künstlerische Tendenzen und – oft vehement und polemisch vertretene – ästhetische Positionen angedeutet, nicht jedoch die Künstler in ihrer individuellen Ausdrucksform beschrieben werden.

Kubismus

In Frankreich erfinden **Pablo Picasso** (1881–1973) und **Georges Braque** (1882–1963) fast zeitgleich um 1907/08 den Kubismus. Später malen dann u. a. der spanische Künstler **Juan Gris** (1887–1927) sowie für einige Zeit **Marcel Duchamp** (1887–1968) und **Fernand Léger** (1881–1955) im kubistischen Stil. Vor dem Hintergrund der Philosophie Henri Bergsons, der Zeit und Leben als ein fließendes, facettenreiches Kontinuum beschreibt, experimentieren Picasso und Braque – anhand der Bildthemen Cézannes: Stillleben, Porträt und Landschaft – mit der vielansichtigen Bildfigur, die sie in Prismen und Kuben auflösen. Picasso gibt hierfür die realistische Kunst seiner sozialkritischen »Blauen Periode« auf. Mit den *Demoiselles d'Avignon* gelingt ihm nach vielen Vorstudien ein Schlüsselwerk des Kubismus. Analyse des vorgegebenen Gegenstandes (die zur Bezeichnung des »analytischen Kubismus« beiträgt)

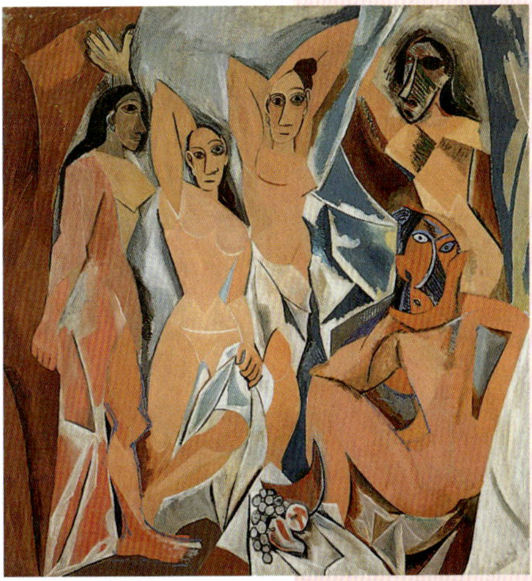

Pablo Picasso, **Les Demoiselles d'Avignon,** 1907, Öl auf Leinwand, 244 x 234 cm, The Museum of Modern Art, New York.
Als eine Paraphrase der *Großen Badenden* Cézannes angelegt, fügt Picasso in seinen *Demoiselles* die Frauenfiguren aus Körperfragmenten zu einem neuen Ganzen, dessen Zusammenhang sich für den Betrachter aus dem wiedererkennenden Sehen bekannter Einzelheiten in einer neuartigen integrativen Form des Sehens erst herstellt. Manet musste noch unter dem Vorwurf leiden, er habe Prostituierte dargestellt. Picasso stellt diese nun dar, wie er sie nicht etwa in Avignon, sondern der gleichnamigen Straße in der Altstadt Barcelonas antrifft.

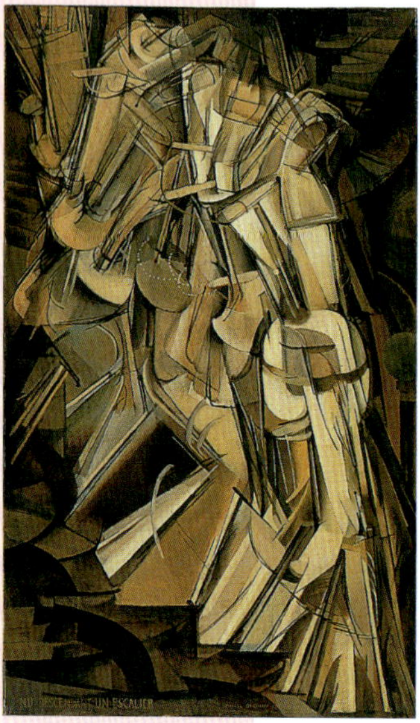

Marcel Duchamp, **Akt, die Treppe herabsteigend, Nr. 2,** 1912, Öl auf Leinwand, 147 x 89 cm, Museum of Art, Philadelphia.

und künstlerische Synthese sind – wie bereits bei Cézanne – als in der Malerei einmal fixierter Prozess das Thema, nicht das Sujet im klassischen Sinn. Die Idee des Künstlers vom Gegenstand ersetzt das empirische Abbild desselben, wie es die Geschichte der Malerei bis zu diesem entscheidenden Wendepunkt bestimmt hat. In der Folgezeit verbinden Braque und Picasso in Papier- und plastischen Collagen dreidimensionale Gegenstände oder unterschiedliche Papiere und Zeitungsausschnitte mit Malerei. Mit diesen Mitteln arbeitet auch der deutsche Dadaismus mit Kurt Schwitters (s. S. 187). Marcel Duchamp analysiert in seinem berühmten *Akt, die Treppe herabsteigend* die Bewegung, indem er diese in aufeinanderfolgende Phasen zerlegt, und im simultanen Zusammenhang des einen Bildes gleichzeitig sichtbar macht. Das Verfahren reflektiert die fotografischen Bewegungsstudien des englischen Fotografen **E. James Muybridge** (1830–1904). Im Umkreis der Kubisten malt der Tscheche **František Kupka** (1871–1957) 1911/12 das erste abstrakte Bild, das ohne jeden figürlichen Bezug auskommt.

Futurismus

Zu ähnlichen Ergebnissen wie Braque und Picasso gelangen um 1910/11 die italienischen Futuristen mit **Umberto Boccioni** (1882–1916), **Gino Severini** (1883–1966), **Carlo Carrà** (1881–1966) und **Giacomo Balla** (1871–1958). Im Gegensatz zu den Kubisten, deren Gruppenzusammenhang lose ist und die ihren künstlerischen Experimenten keine einheitliche Theorie unterlegen, veröffentlichen die Futuristen 1910 zwei aggressiv formulierte Manifeste, die ihre Absage an jede Tradition verkünden, bevor sie 1911 erstmals ihre Bilder in größerer Anzahl zeigen. Im Vergleich zum kubistischen, konstruktiv beruhigten Bildaufbau lebt der Futurismus von der Dynamik der Geschwindigkeit, des Sports und gibt sich technikbesessen bis hin zur Spätblüte der »Aeropittura«, was den Futuristen auch den Schulterschluss mit dem sich zunächst progressiv gebärdenden Faschismus Mussolinis ermöglicht. Viele Künstler nehmen ausdrücklich Bezug auf die Frührenaissancemaler Italiens, bei denen sie ihre Experimente von Fläche und Raum vorformuliert finden.

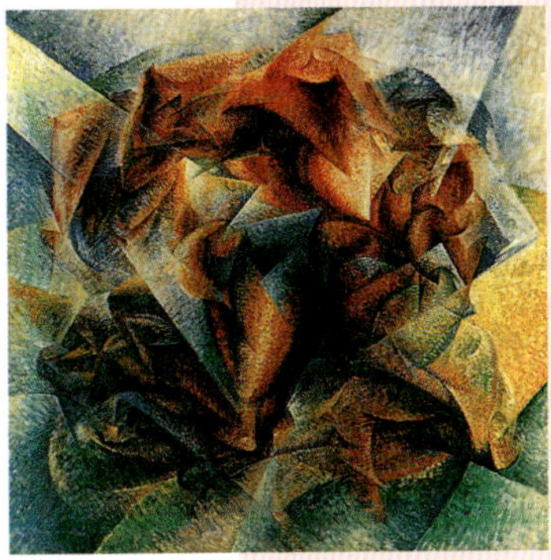

Umberto Boccioni, **Dynamismus eines Fußballspielers,** 1913, Öl auf Leinwand, 193,2 x 201 cm, Museum of Modern Art, New York. Futuristische Bilder verschränken Zeit- und Raumebenen und werden durch Kraftlinien dynamisiert.

Orphismus

Der französische Schriftsteller und Kunstkritiker Guillaume Apollinaire definiert den Begriff 1913, als die wichtigsten Werke bereits entstanden sind. **Robert Delaunay** (1885–1941) ist der bedeutendste Vertreter der Gruppe. Er beginnt im Stil eines analytischen Kubismus Braques und Picassos. In seinen berühmten kubistischen Konstruktionen *(Eiffelturm,* 1910/11, Kunstmuseum, Basel) zerlegt er den Bildgegenstand in bunte Farbflächen, die er nach den Farbtheorien Chevreuls systematisch zergliedert. Delaunay nähert sich einer lebendigen abstrakten Malerei, die den Eiffelturm nur noch als Ausgangspunkt für ein kristallines Leuchten reiner Farben nutzt. Die prismatischen Farben verselbstständigen sich zu rein abstrakten Formen; die Erkenntnis, dass Farbe selbst Bewegung auslöst, den Gegenstand – wie noch im analytischen Kubismus Braques – gar nicht mehr benötigt, vollzieht sich zeitgleich zu den ersten rein abstrakten Improvisationen Kandinskys.

Robert Delaunay, **Simultan-Fenster,** 1912, Öl auf Leinwand und Holz, 46 x 40 cm, Hamburger Kunsthalle, Hamburg.

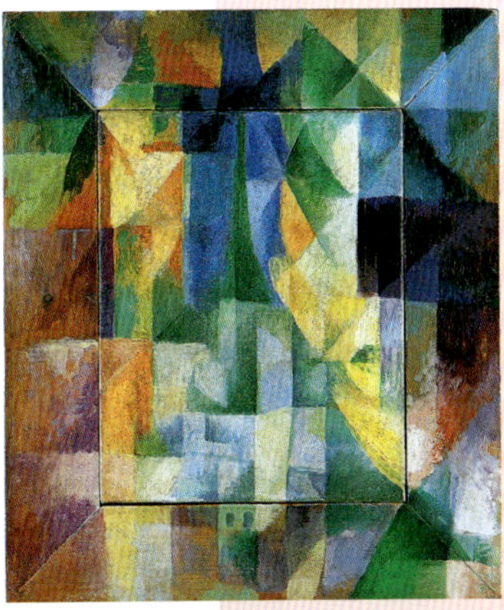

Blauer Reiter

Als Nachfolgeorganisation der Neuen Künstlervereinigung München schließen sich **Wassily Kandinsky** (1866–1944), **Franz Marc** (1880–1916), **Gabriele Münter** (1877 –1962), **Alfred Kubin** (1877–1959), **Paul Klee** (1879–1940) und **August Macke** (1887–1914) im Dezember 1911 zur Künstlergruppe »Blauer Reiter« zusammen. Ziel ist die Publikation des Almanachs mit demselben Titel, der im Mai 1912 erscheint. Auch **Alexej von Jawlensky** (1864–1941) und **Lyonel Feininger** (1871–1956) stellen mit der Gruppe aus.

Im Gegensatz zu den realitätsnahen Künstlern der »Brücke« betonen die Künstler des Blauen Reiter in ihren literarischen Texten das Geistige als Urgrund der Kunst. Mystisches Erleben, Naturphilosophie und Weltenrauschen gehen in den Bildern eine vielschichtige Verbindung ein. Im Almanach sind Meisterwerke primitiver Kulturen und alter Kunst Bildern und Holzschnitten der Künstlergruppe gegenübergestellt; die den eigenen Werken innewohnende Expressivität wird aus einer jahrhundertealten Tradition abgeleitet – ganz im Sinn des kulturellen Gedächtnisses, wie es Warburg zeitgleich in der italienischen Renaissance aufspürt (s. S. 172f).

Kandinsky wie auch Klee beschreiben ihre Werke oft in musikalischen Kategorien, bei Kandinsky kommt eine theosophische Komponente hinzu (»Über das Geis-

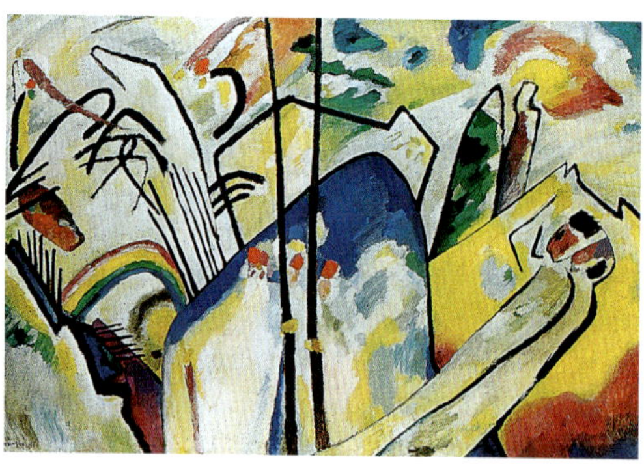

Wassily Kandinsky, **Komposition 4**, 1911, Öl auf Leinwand, 159,5 x 250,5 cm, Kunstsammlung Nordrhein-Westfalen, Düsseldorf. Die von flächigen, linearen Werten und Punkten durchzogenen Farbwolken lassen musikalische Assoziationen aufkommen. Das Bild lässt sich als abstrakte Komposition erfahren; gleichwohl sind noch gegenständliche Referenzen vorhanden: Architektur, zwei Reiter, weitere Personen.

tige in der Kunst« von 1912). Die Klänge der Musik formen sich in den Farbklängen der Bilder neu. Der Abstraktheit der Musik folgt auch 1910/11 bei Kandinsky unweigerlich die Abstraktion im Bild. In der Folge von Landschaftsbildern, die im bayerischen Murnau entstehen, lässt sich der allmähliche Übergang gegenständlicher Bilder in abstrakte Farbmalerei verfolgen – eine der vielleicht faszinierendsten Bildfolgen der Malerei überhaupt. Mit den abstrakten Improvisationen und Kompositionen, die Kandinsky nach 1911 malt, scheint die Malerei der vorangegangenen Jahre weit entfernt. Ähnlich wie bei Picasso und seinem Sprung in den Kubismus ist hier eine Zeitenwende in der Kunst erfahrbar.

Franz Marc kann diesen Schritt nicht mehr vollziehen, weil er, wie auch August Macke, im Ersten Weltkrieg an der Front stirbt. Seine Tierbilder projizieren Glück und Leiden der menschlichen Existenz aufs Tier, das im Gegensatz zum Menschen noch nicht der Natur entfremdet ist.

Alexej von Jawlensky spürt im menschlichen Antlitz ab 1917 immer stärker religiöse Züge auf, die ihn schließlich zu quasi-abstrakten Kreuzbildern führen. Der Künstler nutzt die Chiffre des Kreuzes, um über die Ausdrucksform eines Gesichts in immer neuen Anläufen und Farbnuancen zu meditieren.

Paul Klee zieht im rastlosen Erfinden figürlich-träumerischer und abstrakter Kompositionen die Summe aus allen um 1912–20 verfügbaren Anregungen. Mit August Macke teilt er auf der gemeinsamen Tunisreise 1914 die elementare Erfahrung von Farbe und kubischen Formen, die beide in den Souks der tunesischen Städte erlebt hatten. Auch noch während seiner Zeit am Bauhaus von 1921–30, die durch intensive pädagogische Tätigkeit geprägt ist, vertraut Klee

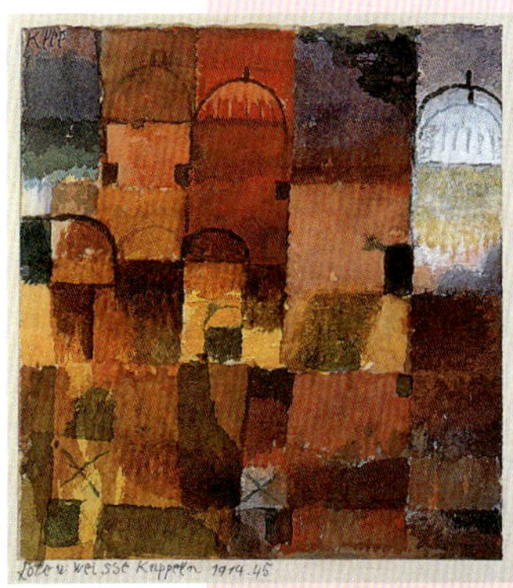

Paul Klee, **Rote und weisse Kuppeln, 1914, 45,** Aquarell und Gouache auf Papier und Karton, 14,6 x 13,7 cm, Kunstsammlung Nordrhein-Westfalen, Düsseldorf.

mehr auf den subjektiven schöpferischen Akt als auf eine verstandesmäßige Synthese, was ihn bald den Kollegen am Bauhaus entfremdet. Seine Malerei nährt sich aus Motiven einer romantischen Naturlyrik, die sich aus dem Unbewussten im Akt des Malens freisetzen. Der oft traumhafte Charakter der unzähligen Papierarbeiten und Ölbilder, die Klee in den verschiedenen Techniken rastlos schafft, spiegelt sich in den poetischen Titeln der Werke und verbindet ihn mit den Malern des Surrealismus.

Suprematismus und Konstruktivismus

Zeitgleich mit dem Futurismus in Italien zeichnen sich ähnliche Tendenzen zur Abstraktion in Russland ab. **Michail Larionow** (1881–1964) und seine Lebensgefährtin **Natalija Gontscharowa** (1881–1962) versuchen ab 1911/12 in »rayonnistischen« Gemälden, Bewegung in sich überkreuzenden oder parallel geführten Kraftlinien abzubilden.

Diese Versuche sind eine wichtige Voraussetzung der Kunst **Kasimir Malewitschs** (1878–1935). Seinen abstrakten Bildern liegen komplexe mystische und philosophische Konzepte zugrunde, die das Erleben von Raum und Zeit verbildlichen wollen. Dies ist ihm zufolge nur über »nicht objektive«, d. h. abstrakte Formen möglich, die seinem Suprematismus zugrunde liegen. Er unterlegt bestimmte Farben mit philosophischen Inhalten, Weiß etwa steht für das Kontinuum des Raumes, den er gar mit einem suprematistischen Satelliten bereisen möchte. Unter seinem Einfluss reduzieren die meisten Maler Russlands ihre Ausdrucksmittel in äußerster formaler Konzentration. Malewitschs *Schwarzes Quadrat* (1915, mehrere Fassungen, z. B. im Russischen Museum, St. Petersburg) wird zu einer Ikone der Moderne, auf die sich Künstler bis in die Gegenwart immer wieder bezogen haben. Die formale Konsequenz der Bilder bezeichnet einerseits den Endpunkt der frühen Moderne, ist andererseits wichtiger Ausgangspunkt aller späteren abstrakten Kunst, so **El Lissitzky** (1890–1941) etwa mit den *ProunBildern* und *-Räumen* oder die Künstlerin **Ljubow Popowa** (1889–1924), die zunächst noch vom französischen Kubismus geprägt ist. Für einen kurzen Moment entspricht die Avantgardekunst der revolutionären Wirklichkeit. Beiden ist die vehemente Absage an die Tradition des zaristischen Russland gemeinsam. Bald nach 1917 setzt eine Polemik über den Stellenwert von Kunst in der revolutionären Gesellschaft ein. **Vladimir Tatlin** (1885–1953) und **Alexander Rodtschenko** (1891–1956) vertreten die Auffassung, dass der Künstler als Gestalter der neuen Gesellschaft für diese relevante Arbeiten durchzuführen habe, etwa im Entwurf von Plakaten, in der Buchgestaltung und im Kunstgewerbe. Die Malerei als traditionelle Bildgattung wird vom »Konstruktivismus« zurückgedrängt. Der Künstler wird zum Ingenieur der revolutionären Zukunft, er organisiert die Lebensweise der Menschen, in allen Medien, mit allen Materialien der modernen Welt. Die Formensprache bleibt abstrakt, mit stark linearen und dynamischen Akzenten im Gegensatz zur in sich ruhenden Kunst Malewitschs. Konstruktivismus und Suprematismus entwickeln sich parallel als zunächst offiziell geförderte, dann geduldete Stile weiter, bis 1934 der »Sozialistische Realismus« als einzig mögliche Form künstlerischen Ausdrucks von Stalin verordnet wird.

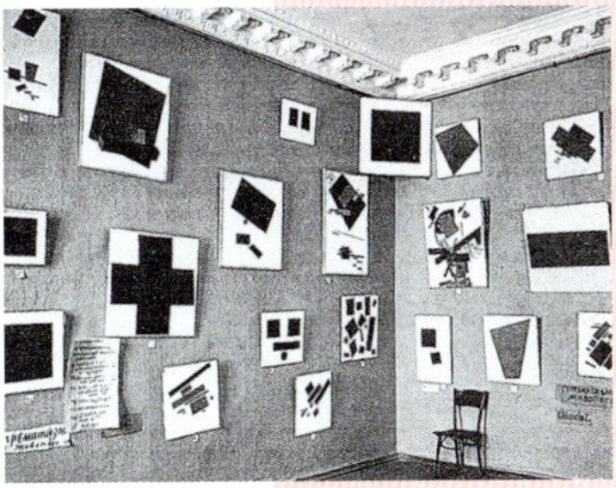

Präsentation der suprematistischen Werke Malewitschs bei der Letzten Futuristischen Ausstellung: 0,10, Petrograd 1915, Fotografie.
Nach realistischen Anfängen stellt Malewitsch 1915 erstmals 35 abstrakte Bilder (Quadrate und andere Formen vor neutralen Hintergründen) in St. Petersburg aus.

De Stijl

Ähnlich wie die russischen Konstruktivisten oder die Pädagogen am Bauhaus verkünden die Autoren der einflussreichen, von **Theo van Doesburg** (1883–1931) 1917 gegründeten, letztmalig 1932 erscheinenden niederländischen Zeitschrift »De Stijl« eine grundlegende Erneuerung aller Kunstgattungen. Die ersten Ausgaben

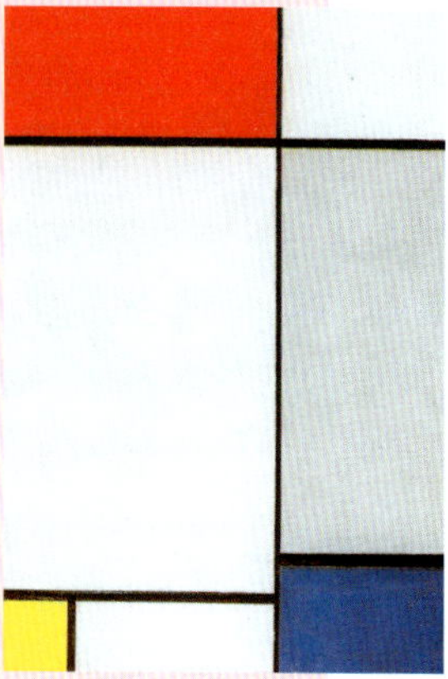

Piet Mondrian,
Komposition,
um 1922, Öl auf Leinwand, 75,5 x 52,5 cm, Museum Folkwang, Essen.
In rechteckig aufeinandertreffenden Linien vereinigen sich, nach Mondrians eigenen Aussagen, Leben und Unsterblichkeit zur kosmischen Einheit. Die horizontale Linie stehe dabei für das weibliche, die senkrechte für das männliche Prinzip.

von 1917–20 werden überwiegend von den theoretischen Schriften **Piet Mondrians** (1872–1944) geprägt. Mondrian beginnt seine malerische Laufbahn mit Landschaftsbildern, die in der Anordnung von Bäumen, der betont flächigen Wiedergabe der Kirchtürme seiner Heimat eine Konzentration auf die Beziehung von Fläche und Raum im Bild zeigen. Er lässt sich, darin den Malern des Blauen Reiters oder Malewitsch vergleichbar, von theosophischen Gedanken und einer mystischen Philosophie leiten. Meer und Wald werden im Gedankengang des Malers zu reinen Linien, die Farben von Landschaft und Natur zu reinen Primärfarben: Das berühmte, vielfach wiederholte Farbengerüst des von Mondrian sogenannten »Neoplastizismus« ist erfunden.

Dada

Zwar kommt auch die Dada-Bewegung bereits um 1916 zu abstrakten Formen, die Zielsetzung der Dadaisten ist allerdings eine andere: Dada reagiert – in chronologischer Reihenfolge – von Zürich (wo der Literat Hugo Ball 1916 den Begriff »Dada« erstmals in der Zeitschrift »Cabaret Voltaire« prägt) über New York, Barcelona, Berlin und Köln auf die Barbarei des Ersten Weltkriegs und den ihm zugrunde liegenden Nationalismus und Materialismus mit der Erkenntnis, dass die Welt nur noch in Fragmenten erfahrbar sei. Die Künstler des Dada nutzen nun gerade die Bruchstücke der kritisierten materiellen Welt, um diese durch Zerlegung und verblüffende Verfremdung bzw. durch das erneute Zusammensetzen in ihrer Absurdität zu entlarven. Dada ist weniger organisierte Bewegung als Weltanschauung, auf deren Einhaltung in den verschiedenen Gruppen streng geachtet wird. Es ist eine literarische wie künstlerische Bewegung. Dada bedeutet die Geburtsstunde der Performance im modernen Sinn, die Theater, Lesung und Selbstdarstellung der Künstler in einer öffentlichen Vorführung verschmilzt.

Wichtige Maler des Dada:

Hans Arp (1887-1966)	**Hannah Höch** (1889-1978)
Marcel Duchamp (1887-1968)	**Francis Picabia** (1879-1953)
George Grosz (1893-1959)	**Man Ray** (1890-1976)
Raoul Hausmann (1886-1971)	**Hans Richter** (1888-1976)
John Heartfield (1891-1968)	**Kurt Schwitters** (1887-1948)

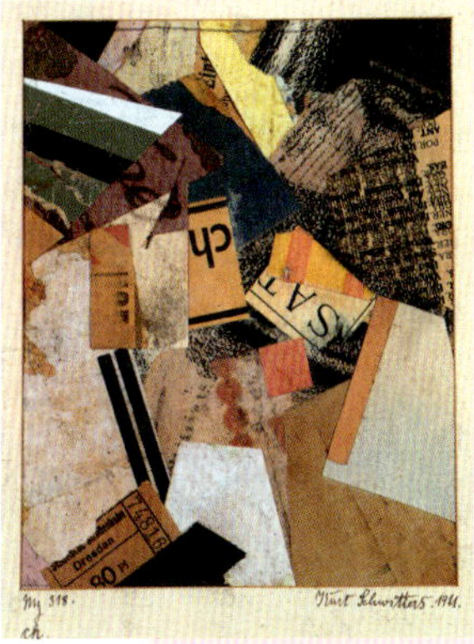

Kurt Schwitters, **Mz 318 CH,** 1921, Collage, Privatsammlung.

Wichtiger als die Malerei ist die Collage, die kubistische Anregungen aufgreift, was gerade in Paris auch naheliegt, andererseits aber den Formalismus des analytischen Kubismus überwindet. Zudem gibt es Verbindungen zum Konstruktivismus Russlands, der 1922 zum Konstruktivisten- und Dadaistenkongress in Weimar führt. In dieser Zeit befruchtet Dada aber auch den Surrealismus, etwa im Werk von Max Ernst (s. S. 192). Die meisten Dadaisten in Paris schließen sich bald dieser Bewegung an. Dies gilt etwa für **Francis Picabia** (1879-1953), der vom Kubismus über Dada zum Surrelismus wechselt - ein nicht untypischer Fall von Stilwechseln im Werk eines Künstlers der ersten Jahrhunderthälfte.

Der deutsche Dada erfindet mit **Raoul Hausmann** (1886-1971) und **John Heartfield** (1891-1968) die Fotomontage und prangert die Missstände der Nachkriegszeit an. **Kurt Schwitters** (1887-1948) gründet in Hannover 1919 seine eigene Ein-Mann-Dada-Bewegung, den »Merz« (abgeleitet von Com*merz*bank), Schwitters schreibt experimentelle Gedichte, collagiert die Merz-Bilder aus Zeitungszitaten und Fragmenten des Alltags, gibt eine eigene Zeitschrift »Merz« heraus und konstruiert ab 1924 den *Merz-Bau,* eine Auftürmung von Holz und anderen Versatzstücken in seinem Hannoveraner Haus als eine Synthese von Konstruktivismus und Dada unter der Führung des Merz (zerstört, Teilrekonstruktion im Niedersächsischen Landesmuseum, Hannover).

Bauhaus

Gegründet vom Architekten Walter Gropius 1919 in Weimar, wird das Bauhaus zur wichtigsten Kunstschule der europäischen Moderne. Wie in einem Schmelztiegel zieht die Schule, besonders vor ihrem Umzug nach Dessau 1925, die unterschiedlichsten Künstler an, die hier arbeiten und vor allem auch lehren, was sich in theoretischen und pädagogischen Schriften niederschlägt: Kandinskys Buch »Punkt und Linie zur Fläche« (1926) und Klees »Pädagogisches Skizzenbuch« (1925) stehen für viele andere.

Neben Klee und Kandinsky sind **Oskar Schlemmer** (1888–1943), **Lyonel Feininger** (1871–1956) und **Johannes Itten** (1888–1967) aktiv. Der Farbtheoretiker Itten entwickelt mit Gropius einen Studienplan, der »Formlehre« mit »Werklehre« in einem integrativen Studienkonzept folgenreich verbindet. Bald kommt es zum Konflikt mit Gropius, weil dieser den gesellschaftlichen Bezug der Aktivitäten in den Vordergrund stellen möchte. Mit dem Nachfolger Ittens, **Lázló Moholy-Nagy** (1895–1946), verbindet sich der russische Konstruktivismus mit deutschen Traditionen. Von nun an tritt die Malerei eher in den Hintergrund zugunsten des Films, der Fotografie und der angewandten Kunst. Die Architektur nimmt ab 1925 den wichtigsten Platz ein, was mit den späteren Direktoren **Hannes Meyer** (1927–30) und **Ludwig Mies van der Rohe** (bis zur Auflösung des Bauhauses 1933 in Berlin) zusammmenhängt, die beide primär als Architekten arbeiten.

George Grosz, **Porträt Max Herrmann-Neiße,** 1927, Öl auf Leinwand, Museum of Modern Art, New York.

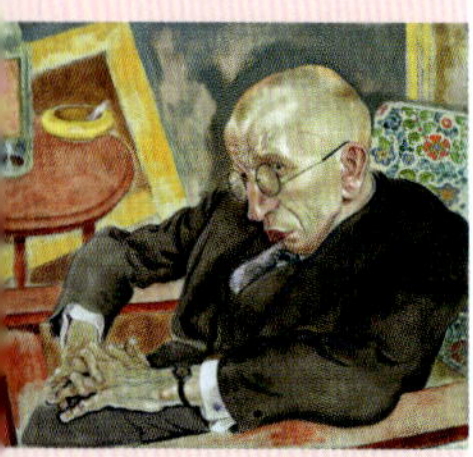

Neue Sachlichkeit und Realismus in Amerika

Mit dem Begriff »Neue Sachlichkeit« wird seit der gleichnamigen Ausstellung in Mannheim 1925 ein Malstil in den 1920er Jahren bezeichnet. Maler wie **Otto Dix** (1891–1967), **George Grosz** (1893–1959) oder **Christian Schad** (1894–1982) machen die Menschen und Gesellschaft der Weimarer Republik zum Thema ihrer realistischen Bilder. Neue Sachlichkeit ist ein Phänomen, keine

»Bewegung« wie Dada. Im Gegensatz zum Expressionismus ist das bildliche Detail sorgfältig ausgearbeitet, bei Dix in altmeisterlicher Manier der Dürerzeit. Bei Grosz bleibt die Dada-Vergangenheit im collagenartigen Aufbau vieler Bilder spürbar. Er und Dix kommentieren schonungs- wie illusionslos die Unterwanderung der Weimarer Republik durch den Nationalsozialismus. Dix schildert in emotional aufgeladenen Bildern die Schrecken des Ersten Weltkriegs und das grelle Großstadtleben der Nachtcafés, schillernd in ihrer Sündhaftigkeit. Dix' Porträts gehören zu den anrührendsten Versuchen dieser Gattung im 20. Jahrhundert: Noch einmal wird die deutsch-jüdische Gesellschaft vor dem Holocaust in psychologisch eindrucksvollen Bilder lebendig.

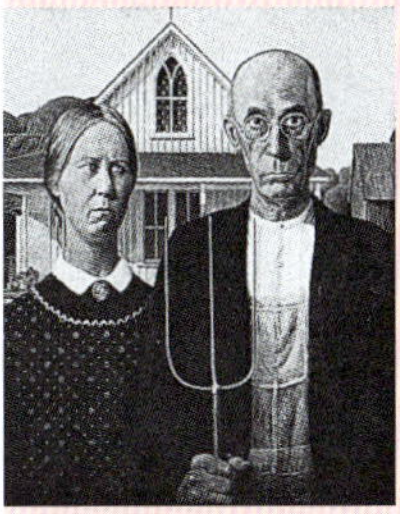

Grant Wood, **American Gothic,** 1930, Öl auf Holz, 75 x 63 cm, Art Institute, Chicago.

In den Vereinigten Staaten zeigt sich zeitgleich eine ähnliche Hinwendung zu realistisch-kritischen Themen. **Grant Wood** (1892–1942) kritisiert mit dem Doppelbildnis *American Gothic* die puritanische Bigotterie des amerikanischen Landlebens. **Edward Hopper** (1882–1967) schildert die Einsamkeit des Menschen in der Großstadt in der ungebrochenen Tradition des amerikanischen Realismus.

Einen anderen Weg schlägt **Georgia O'Keeffe** (1887–1986) ein, die Naturformen, wie etwa Blütenkelchen, über Vergrößerung ins Riesenhafte zu abstrakten und beinahe mystischen Wirkungen verhilft. Nach 1933 entdeckt die Künstlerin die Wüsten New Mexicos. Hier entstehen abstrahierende Bilder der Felsformationen und Berge, sowie nach 1945 Detailansichten ihres Hauses in Abiquiu. O'Keeffe zählt zu den bedeutendsten Künstlerinnen des 20. Jahrhunderts.

Edward Hopper, **Früher Sonntagmorgen,** 1930, Öl auf Leinwand, 89 x 152 cm, Whitney Museum of American Art, New York. Hoppers Thema ist die Vereinzelung des Menschen in den Straßen und Diners amerikanischer Metropolen.

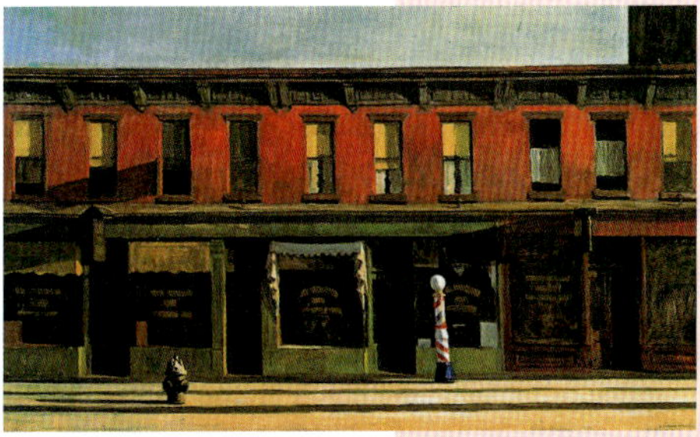

In Lateinmerika entwickelt sich in den 1920er Jahren ein ganz eigenständiger Realismus. In Mexiko begründen **José Clemente Orozco** (1883-1949), **David Alvaro Siqueiros** (1896-1974) und **Diego Rivera** (1886-1957) eine sozialkritische, marxistisch geprägte Malerei. Ähnlich wie in der lateinamerikanischen Literatur könnte man auch von einem »magischen« Reealismus sprechen. Alle Künstler verbinden Anregungen der europäischen Avantgarde (hier der Surrealismus), Rückwendung zu Kultur der Mayas wie Azeteken und mexikanische Volksreligion.

Dies gilt insbesondere für die erst lange nach ihrem Tod populär gewordene **Frida Kahlo** (1907–1954), die nach der Heirat mit Rivera 1929 immer im Schatten des großen Malers verbleibt. Nach einem tragischen Unfall verkrüppelt und durch dutzende Operationen gezeichnet, sucht Frida Kahlo ihr Ich in zahlreichen verfremdeten Selbstbildnissen zu finden, von Schmerzen und fantastischen Träumen geprägt. Sie selbst hat sich als kritische Realistin verstanden und den Versuch André Bretons, sie 1938 für den Surrealismus zu vereinnahmen, deutlich zurückgewiesen.

Beckmann

Der deutsche Maler und Grafiker **Max Beckmann** (1884–1950) lässt sich keinem Stil problemlos zuordnen. Nach impressionistischen Anfängen entwickelt er nach den Erfahrungen des Ersten Weltkriegs einen von der Linie geprägten expressiven Malstil. Wie sonst nur Grosz oder Dix reflektiert er die ungeheuerliche Gewalttätigkeit der Kriegszeit und der sogenannten »Goldenen Zwanziger« in seinen Werken. Zunehmend bezieht er klassische literarische Vorlagen und Mythen in die stringente Konzeption seine Werke ein, um die politischen Gefahren und die Schattenseiten der menschli-

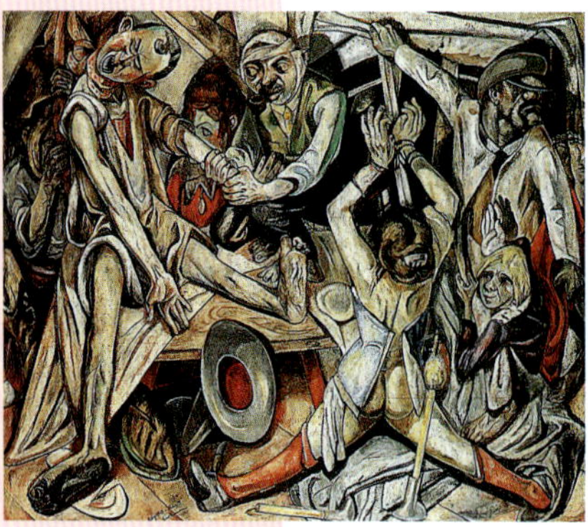

Max Beckmann, **Die Nacht,** 1918/19, Öl auf Leinwand, 133 x 154 cm, Kunstsammlung Nordrhein-Westfalen, Düsseldorf.

chen Existenz in einer mythologisch entrückten, allegorisch verschlüsselten Bildsprache zu fassen. Hierfür wählt er bevorzugt das dreiteilige Bild, das Triptychon, das Assoziationen an mittelalterliche Altarbilder freisetzt. Francis Bacon (s. S. 208) wird sich auf diese Tradition berufen. Beckmanns zahlreiche Selbstbildnisse spiegeln wie bei keinem anderen Maler des 20. Jahrhunderts die jeweilige Befindlichkeit und dienen, insbesondere nach der Emigration 1937, der Selbstvergewisserung eines deutschen Künstlers im Exil.

Pittura Metafisica

Die perspektivisch tief erschlossenen, mit Gliederpuppen und anderem Inventar bevölkerten Stadtplätze des italienischen Malers **Giorgio de Chirico** (1888–1974) vermitteln eine Magie des einfachen Gegenstands und traumhafte Melancholie der Leere. Die Bilder de Chiricos haben eine »surreale«, d.h. »über der Realität« stehende Atmosphäre. Es erstaunt deshalb nicht, dass die Surrealisten der 1920er Jahre sein Werk sehr schätzten.

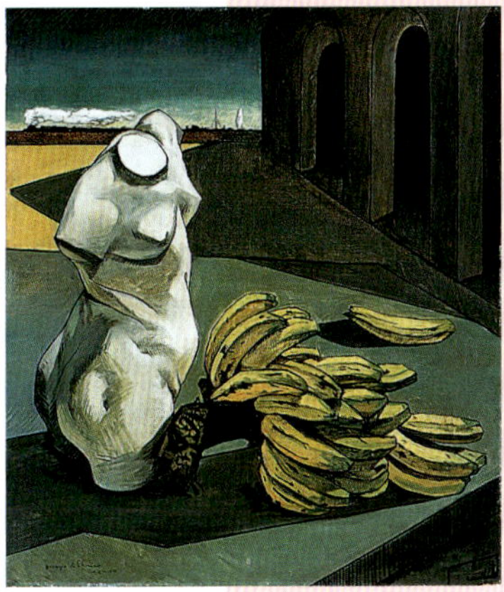

Giorgio de Chirico, **Die Unsicherheit des Dichters,** 1913, Öl auf Leinwand, 106 x 94 cm, Tate Gallery, London.

1911–15 während eines Aufenthalts in Paris entwickelt, wird die »Pittura metafisica« zu einer realistischen Alternative zum Futurismus. Zeitweise schließen sich **Carlo Carrà** (1881–1966) und **Giorgio Morandi** (1890–1964) dem Stil an. Allen gemeinsam ist eine starke Rückbesinnung auf die Kunst des Quattrocento, insbesondere Uccello und Piero della Francesca, deren formale Qualitäten, die komplexe Verschränkung von Fläche und Raum Carrà und de Chirico in eine moderne Bildsprache überführen. Morandi konzentriert sich bald auf pastellfarbige Stillleben, deren wenige Elemente er in großer formaler Konzentration verwendet und variierend zusammenstellt.

Surrealismus

Der Surrealismus wird neben der abstrakten Malerei und dem Expressionismus zur erfolgreichsten malerischen Stilrichtung des 20. Jahrhunderts. Einmal mehr legt ein Literat die theoretischen Grundlagen: **André Breton** (1896–1966) verfasst 1924 das »Manifeste du Surrealisme«, bis zu seinem Tod begleitet er den Surrealismus mit scharfsinnigen Essays und Kommentaren. Während Dada die Alltagswelt mit ihren bürgerlichen Werten und Normen attackiert und deren bis zur Gefahr konventionelle Oberflächlichkeit entlarvt, bietet der Surrealismus künstlerische wie gesellschaftliche Alternativen an. Marxismus, Psychoanalyse und übersinnliche Kräfte: Die Surrealisten schöpfen aus allen drei Quellen und bemühen sich, unbewusste seelische Vorgänge, Träume, Fantasien ohne die Zwischeninstanz des Bewusstseins künstlerisch umzusetzen. Natürlich ist dies eine Fiktion, denn kein Künstler schaltet sein Bewusstsein beim kreativen Akt des Malens ganz ab. Der solchermaßen gewünschte »Automatismus« führt folgerichtig zur Vorliebe für bestimmte bzw. Erfindung neuer Techniken, bei denen Formen gewissermaßen zufällig entstehen. Die Collage ist populär, **Max Ernst** (1891–1976) erfindet um 1925 die »Frottage«: Oberflächen alltäglicher Gegenstände wie Holz oder Blätter werden auf Papier durchgerieben oder auf Ölbildern »abgedrückt«.

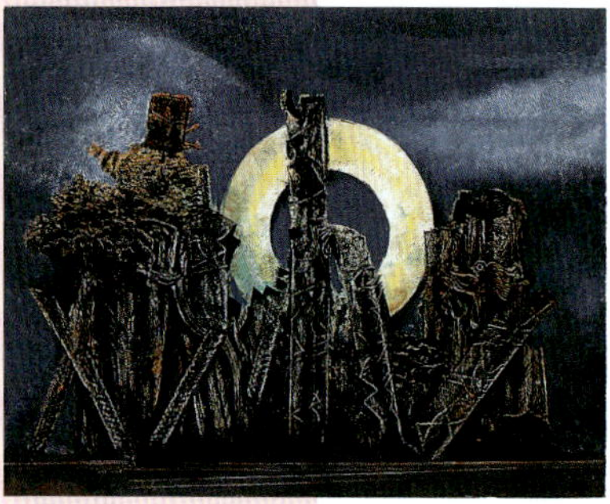

Max Ernst, **Der große Wald,** 1927, Öl auf Leinwand, 114 x 146 cm, Öffentliche Kunstsammlung, Basel.

Der Surrealismus ist eine politische und literarische, gesamteuropäische Kunstbewegung, die sich vielfach auf Werke der Vergangenheit bezieht, aber auch die Gegenwart kritisch kommentiert. Dies kollidiert merkwürdigerweise nicht mit den spirituellen Obertönen seiner Theorie. Die künstlerische Umsetzung führt zu ausgeprägten persönlichen Stilen: Den Traumbildern des Belgiers **René Magritte** (1898–1967), der über unvereinbare Kombinationen realistischer Gegenstände und Situationen den Betrachter irritiert; den albtraumhaften, mit unförmigen Plasmen angefüllten, poetischen Wüsten des Franco-Amerikaners **Yves Tanguy** (1900–1955); den altmeisterlich penibel ausgeführten, in ihrem Bezug zur eigenen psychischen Befindlichkeit obsessiven, meist sexuell codierten, katalanischen Seelenlandschaften **Salvador Dalís** (1904–1989) oder den sehr viel verspielteren, zugänglicheren weiten Farbflächen des Katalanen **Joan Mirò** (1893–1983), die mit schwungvollen Zeichen und Linien einer Traumwelt bedeckt sind.

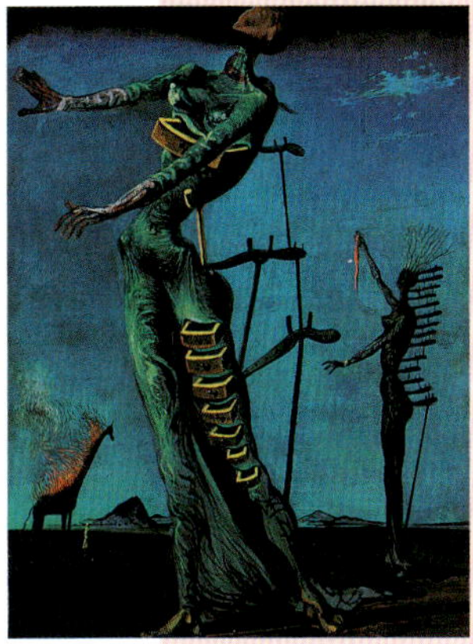

Salvador Dalí, **Die brennende Giraffe,** Öl auf Leinwand, 35 x 27 cm, Öffentliche Kunstsammlung, Kunstmuseum, Basel.

Klassische Tendenzen – 1920 bis 1945

Ab etwa 1920 ist als ein Übergangsphänomen die Rückbesinnung auf einen Realismus zu spüren, der sich an antike bzw. Renaissance-Vorbilder anlehnt. Diese neoklassizistische Tendenz ist spürbar selbst in den mechanischen Figuren Schlemmers oder Légers, bei Matisse, de Chirico und – allerdings unter dem Vorzeichen des Stalinismus – in Malewitschs Spätwerk. Eine Begründung könnte in einer gewissen Abwendung von der Hektik der Großstadt mit Massenarbeitslosigkeit, Inflation und dem zunehmenden faschistischen Terror in Deutschland, Italien und Spanien liegen. Die Rückbesinnung auf die gesicherte Formenwelt der Kunstgeschichte beschert eine Atempause, auch im Wettlauf der »Ismen« und Streitschriften.

Joan Mirò, **Frau und Vogel im Mondschein,** 1949, Öl auf Leinwand, 81 x 66 cm, Tate Gallery, London.

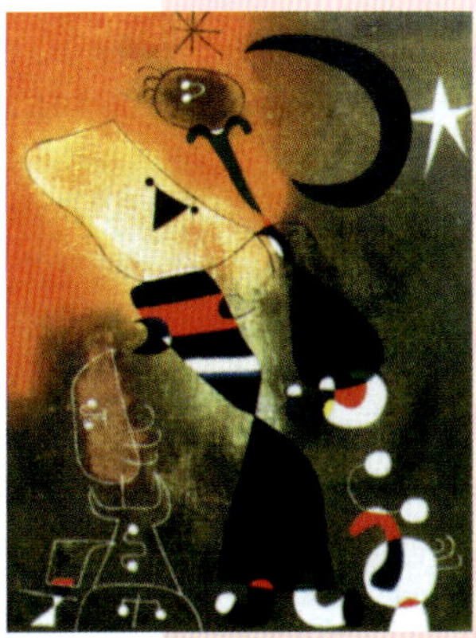

Picasso ist hier als Ausnahmekünstler des 20. Jahrhunderts exemplarisch zu nennen. Mit dem *Liebespaar* etwa (1923, Washington, National Gallery of Art) gestaltet er eine antikisierende Begegnung. Mediterrane Statuarik, gelassen wirkende, doch fest gefügte Kompositionsmuster bestimmen das ganz aus der Linie entwickelte Bild. Eine ähnliche Rückbesinnung lässt sich in der Druckgrafik erkennen. Mit den verschiedenen Versionen von Maler und Modell und seiner obsessiven Beschäftigung mit dem Minotaurus, einem Halbwesen aus Mensch und Stier, verwirklicht Picasso seinen persönlichen Traum als Künstler in einem fernen Arkadien, das weit von der turbulenten Tagespolitik entrückt scheint. Allerdings malt er auch weiterhin im weitesten Sinne kubistische Bilder. Picasso verfügt zeitgleich je nach Thema über verschiedene Möglichkeiten künstlerischen Ausdrucks, was sein Werk so spannungsreich gestaltet.

Kunst im Faschismus und Stalinismus – 1933 bis 1945
Mit der Übernahme der Regierungsgewalt durch Hitler 1933 geraten in Deutschland sowohl alle jüdischen Künstler als auch solche, deren Malstil nicht mit dem banalen Realismus der offiziellen Kunstpolitik der Nationalsozialisten konform geht, sofort unter ungeheuren Druck. Die reaktionäre Verunglimpfung avantgardistischer Strömungen reicht bis ins 19. Jahrhundert zurück.

Bereits 1892/93 hatte Max Nordau in dem Buch »Entartung« den Symbolismus und Realismus als dekadente Strömungen polemisch angegriffen. Die Nationalsozialisten nutzen die Schwierigkeiten des breiten Publikums gerade mit der modernen Kunst seit 1900 in perfider Weise aus. Schon 1930 werden 70 abstrakte und expressionistische Gemälde in vorauseilendem Gehorsam aus dem Weimarer Schlossmuseum entfernt, Museumsdirektoren zum Rücktritt gezwungen. Die Kampagne wird nach der »Machtergreifung« 1933 systematisch fortgesetzt und richtet sich vor allem gegen die abstrakte – angeblich »bolschewistische« oder »verjudete« Kunst sowie Künstler der Neuen Sachlichkeit und des Expressionismus, die sich mit den sozialen Missständen nach dem Ersten Weltkrieg auseinandergesetzt hatten.

Am 19. Juli 1937 wird im Archäologischen Institut in München die berüchtigte Großausstellung »Entartete Kunst« eröffnet. In polemischer – und bewusst schlechter – Hängung werden Bildgruppen von Künstlern der Brücke, des Blauen Reiters, der Neuen Sachlichkeit, der Paula Modersohn-Becker mit höhnischen Kommentaren diffamierend präsentiert – parallel zur »Großen Deutschen Kunstausstellung« im neu erbauten Haus der Kunst, wo die offizielle Kunst gezeigt wird: Führerbilder, demagogische Bilder arischer Helden, die auf den kommenden Krieg einstimmen sollen. Kurz darauf werden insgesamt mehr als 15 000 Werke moderner Kunst beschlagnahmt, teilweise zerstört, teilweise von den Naziführern wie Hermann Göring für die eigene Sammlung konfisziert, aber auch gewinnbringend über die Schweiz ins Ausland verkauft, um Devisen für die Kriegsvorbereitung zu erwirtschaften.

Ähnliches ereignet sich in der Sowjetunion unter Stalin, nur dass der Westen hiervon erst nach dem Fall des »Eisernen Vorhangs« nach 1989 mehr Notiz nimmt. Der Weg zum offiziell verordneten »Sozialistischen Realismus« – der sich in paradoxer Weise an den Realismus des zaristischen 19. Jahrhunderts anlehnt – erfolgt in den frühen 1930er Jahren zunächst noch unter dem Deckmantel eines »progressiven« Nutzens der Kunst im Sinne der Ergebnisse der Oktoberrevolution. Erst nach 1934 setzen die »Säuberungswellen« ein. Auch hier sind Zerstörung und Berufsverbote die Folge. Lediglich in Italien – und mit gewisser Einschränkung im Spanien Francos – lassen sich die Traditionen der Moderne mit offiziell durchgesetzten Umwidmungen der Inhalte und einer Revision allzu abstrakter Tendenzen mehr oder minder fortsetzen.

Die in Deutschland gebliebenen Künstler, wie etwa der mit Berufsverbot belegte Emil Nolde, versuchen auf verschiedene Weise, sich mit den schwierigen Bedingungen zu arrangieren.

Felix Nussbaum (1904–1944) steht als Künstler von Rang für die in Auschwitz oder anderen Konzentrationslagern ermordeten Juden. In Verstecken und auf der Flucht malt er bis zur Verhaftung. Das *Selbstbildnis mit Judenpass* ist ein erschütterndes Dokument und mag stellvertretend für den Holocaust hier stehen: Ein furchtsam, gehetzt uns anblickender Nussbaum präsentiert seinen Pass. Am Mantel der Judenstern. Die Mauer verstärkt den Eindruck von Klaustrophobie und Ausgrenzung, von Gefangenschaft und Ghetto.

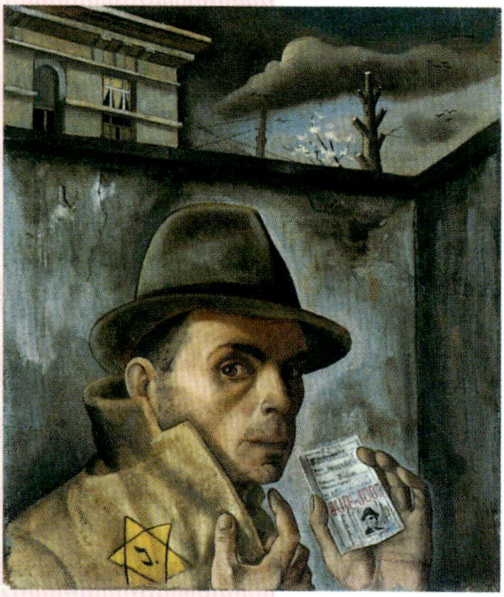

Felix Nussbaum, **Selbstbildnis mit Judenpass,** um 1943, Öl auf Leinwand, 49 x 56 cm, Felix-Nussbaum-Haus, Osnabrück.

Der Exodus der Maler aus Deutschland und den besetzten Gebieten zunächst nach Paris und an die Côte d'Azur, die Niederlande und England, im Verlauf des Zweiten Weltkriegs dann in die Vereinigten Staaten, hat weitreichende Folgen für die zukünftige Entwicklung der Malerei.

Josef Albers, Piet Mondrian, Max Ernst, die Bauhausarchitekten Walter Gropius und Mies van der Rohe: Sie alle überführen die europäischen Erfahrungen und Traditionen nach Amerika und legen dort den Grundstein für die Führungsrolle, die insbesondere New York nach 1945 in der Weiterentwicklung der Malerei einnimmt.

Picassos Guernica

Mit *Guernica* gelingt Picasso jenes Werk, das die Katastrophen des 20. Jahrhunderts wie kein anderes vor Augen führt. Das Bild ist ein Auftragswerk der republikanischen spanischen Exilregierung für den Pavillon auf der Pariser Weltausstellung 1937 und schildert das Grauen des ersten großen zivilen Bombenangriffs überhaupt, den die deutsche Legion Condor im Auftrag

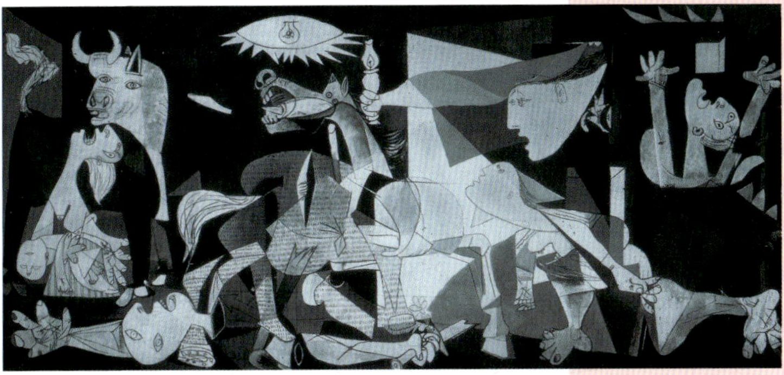

Pablo Picasso, **Guernica,** 1937, Öl auf Leinwand, 351 x 782 cm, Centro de Arte Reina Sofia, Madrid.
Der zersplitterte Bildraum leugnet nicht seine Herkunft vom kastenartigen Aktionsraum der Florentiner Kunst. Die grundsätzliche Dreiteilung der Komposition mit einer flächig aufgefassten, das Bildzentrum einnehmenden Pyramide aus Figuren begegnet uns in der Mitteltafel der bekannten *Schlacht von San Romano* von Uccello, die hingestreckten Leiber bei Piero della Francesca.

Francos am 26. April 1937 auf die nordspanische Küstenstadt ausführt. Voller Hass auf das diktatorische Regime Francos hatte Picasso bereits im Januar ein Gedicht »Francos Traum und Lüge« mit 18 Bildern auf zwei Radierungen versehen, deren Motive er in dem großen Wandgemälde wieder aufgreift. Die Wirkung des riesigen Gemäldes in Paris muss beklemmend gewesen sein, vor allem in der Nachbarschaft zur menschenverachtenden Monumentalität des Deutschen Pavillons.

Zum einen zieht Picasso die Summe seines künstlerischen Schaffens von den Anfängen der Blauen Periode über den Kubismus bis zum Klassizismus der 1920er Jahre. Zum anderen nutzt der Maler die Tradition des Historienbildes im 19. Jahrhundert (Goya, Delacroix) und verknüpft diese mit dem kubistischen Vokabular der klassischen Moderne. All dies führt Picasso diszipliniert in einer unverwechselbar modernen Bildsprache zusammen, die in der fragmentierten, formal ausgeklügelten Bildstruktur das Chaos in der Stadt Guernica während des Angriffs wiedergibt. Das Schlüsselwerk der Moderne steht in seiner herausragenden humanistischen Gegenwärtigkeit für die Greuel des Jahrhunderts, für Bombenterror und Völkermord. Es straft zugleich all diejenigen Lügen, welche einer abstrahierenden Malerei formalistische Spielerei vorwerfen.

Die Malerei nach 1945 – Abstraktion oder Realismus? Es ist die Frage zu stellen, inwieweit das Jahr 1945 für die Geschichte der Malerei eine Zäsur darstellt. Unbestreitbar ist, dass die Schrecken des Ersten Weltkrieges mehr Niederschlag im Bild gefunden hatten als die

1945
Ende des Zweiten Weltkriegs
1949
Wahl zum 1. Bundestag in der Bundesrepublik Deutschland, Gründung der Deutschen Demokratischen Republik
1950–53
Koreakrieg
1953
Tod Stalins
1955
Gründung des Warschauer Pakts
1956
Unterdrückung des Aufstands in Ungarn
1958
Gründung der Europäischen Wirtschaftsgemeinschaft EWG
1959
Revolution in Kuba
1961
Bau der Berliner Mauer
1962
Hinrichtung von Adolf Eichmann
1963
Attentat auf John F. Kennedy; Nelson Mandela wird zu lebenslanger Haft verurteilt.
1964
Entmachtung von Nikita Chruschtschow in der Sowjetunion
1964–75
Vietnamkrieg
1967
Sechs Tage-Krieg zwischen Israel und Ägypten
1968
Studentenunruhen in Deutschland und Frankreich; Ende des »Prager Frühlings«; Ermordung Martin Luther Kings
1969
Landung auf dem Mond; Willy Brandt Bundeskanzler
1972
Watergate-Affäre
1975
Beginn des Baader-Meinhof-Prozesses
1976
Tod Maos
1977
Tod der in Stammheim inhaftierten Terroristen
1986
Super-Gau im Atomkraftwerk von Tschernobyl
1989
Fall der Berliner Mauer
1991
1. Golfkrieg
1992
Vertrag von Maastricht
2001
Terroranschlag in New York auf das World Trade Center
2002
Europäische Währungsunion: Einführung des Euro
2003
Einmarsch der U.S.-Truppen im Irak, Sturz Saddam Husseins
2004
Tsunami im Indischen Ozean
2011
Erdbeben mit schwerem Tsunami in Japan, Störfall AKW Fukushima, »Arabischer Frühling«, Tod Muammar Al-Ghadafis und Osama Bin Ladens
2014
Bürgerkrieg in Syrien
2015
Flüchtlingswelle erreicht Europa, Terroranschlag in Paris (130 Tote)

des Zweiten, des Holocaust oder der Atombombenzündung über Hiroshima und Nagasaki. Ein Grund mag sein, dass die Länder Europas nach 1945 alle mit den wirtschaftlichen und gesellschaftlichen Folgen des Krieges beschäftigt sind, zudem der Kalte Krieg zwischen dem sowjetisch dominierten Osten und dem amerikanisch geprägten Westen sich rasch in den Vordergrund drängt.

Die zwei grundsätzlichen Alternativen der Moderne: figürliche Malerei (unscharf mit Realismus zu umschreiben) und Abstraktion werden zu einem Unterscheidungsmerkmal zweier politischer Systeme. Der Sozialistische Realismus steht im Gegensatz zu einer als westlich, konkreter: amerikanisch geltenden abstrakten Kunst.

Auch wenn diese holzschnittartige Charakterisierung ihre Probleme hat und bei Weitem nicht alle Stilrichtungen und Nuancen erfasst, trifft sie doch eine wesentliche, politisch bedingte Zweiteilung der Kunstausübung. Selbstverständlich hat es im Baltikum etwa herausragende Künstler der Avantgarde gegeben, die in der Zeit bis 1989 zweigleisig malen: offiziell realistisch und im Verborgenen ihre abstrakte Kunst. Nur: Dies geschieht ohne eine breitere Öffentlichkeit, ohne Kunstmarkt und wird erst in den Jahren nach 1990 konsequent dem Publikum zugänglich gemacht.

Für die Kunst Westeuropas bedeutet die Emigration vieler Künstler in außereuropäische Länder seit den 1930er Jahren sowie die politisch ökonomische wie kulturelle Dominanz der USA, dass Paris seine Rolle als unbestrittene Kunstmetropole der Moderne verliert. Daran ändert nichts, dass die Altmeister der Moderne hier weiterhin prominent präsent sind und viele literarische und philosophische Debatten an der Seine weiterhin geführt werden, die international relevant sind. New York übernimmt die Rolle, die Paris seit dem 18. Jahrhundert gespielt hat: als Ort der Geschmacksbildung für die »Westkunst« und als zentraler Umschlagplatz der

Kunst. Wer hier ausstellt und seinen Galeristen gefunden hat, gilt etwas in der westlichen Hemisphäre. Die sozialistischen Staaten kennen keinen Kunstmarkt, die Aufträge für Kunst werden staatlich gelenkt und nach politischen Überlegungen entschieden.

Malerei in Deutschland – Tradition und Avantgarde
In den ersten Jahren nach 1945 reagieren die bildenden Künstler Deutschlands nur vereinzelt auf die Gräuel der Nazizeit. **Karl Hofer** (1878–1955) etwa versucht, das Grauen in einem expressiven Realismus einzufangen und zu erinnern. **Richard Oelze** (1900–1980) führt die surreale Malerei der Vorkriegszeit fort. Die Vereinzelung des Menschen vor dunklen Landschaften steht bei ihm als Chiffre für Unterdrückung und Einsamkeit. Doch die figurative Verarbeitung des Erlebten bleibt die Ausnahme. Die Kunstproduktion wird in Westdeutschland von einer Kunstgeschichte begleitet, die nationalsozialistische Traditionen an deutschen Universitäten vielfach wie selbstverständlich fortführt. Auch wenn das Blut-und-Boden-Vokabular entfällt, sind die Folgen doch gravierend. Nicht von ungefähr wird die von einem reaktionären Pessimismus getragene Abrechnung Hans Sedlmayrs mit der Moderne als »Verlust der Mitte« von 1948 zum meistgelesenen kunstgeschichtlichen Buch der Nachkriegszeit aus deutscher Feder.

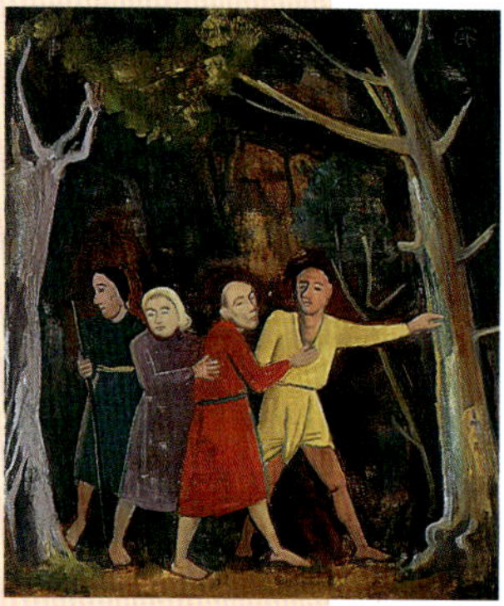

Karl Hofer, **Die Blinden,** 1948, Öl auf Leinwand, 90 x 82 cm, Staatliche Museen Preußischer Kulturbesitz, Nationalgalerie, Berlin.

Während der Nazizeit verfemte expressionistische oder abstrakte Künstler wie Emil Nolde oder **Willi Baumeister** (1889–1955) nehmen die Ansätze ihrer Arbeit vor dem Krieg wieder auf. Nach den Jahren künstlerischer Isolation kommt die mittlerweile weltweit etablierte abstrakte Malerei wie ein Kulturschock über die Nachkriegskünstler. **Ernst Wilhelm Nay** (1902–1968) findet nach expressionistischem Beginn der Vorkriegszeit zu flächigen, aus Farbrhythmen gestalteten, abstrakten Bildern. Eine bedeutende Rolle bei der Vermittlung des kulturellen Gedächtnisses, das durch die Nazizeit ausgeblendet oder ausgelöscht war, spielt der deutsch-französische Maler **Wols** (eigentlich Alfred Otto Wolfgang Schulze, 1913–1951). Er lebt nach einer Ausbildung am Bauhaus ab 1932 in Paris und verbringt den Krieg in Internierungslagern. Nach 1945 entwickelt Wols eine abstrakte Malerei, die sich mit expressiven Linienknäueln vor farbigen Hintergründen entfaltet. Der Künstler bereichert das abstrakte Bild um surreale Elemente und um individuelle Gestik, den »tache«. Hierauf beruht die Bezeichnung »Tachismus« für diese Variante der Malerei, die vielfach synonym mit dem Begriff »Informel« verwendet wird. **Emil Schumacher** (1912–1999) setzt bei Wols an und entwickelt großräumige, von Sgraffiti bedeckte Bilder.

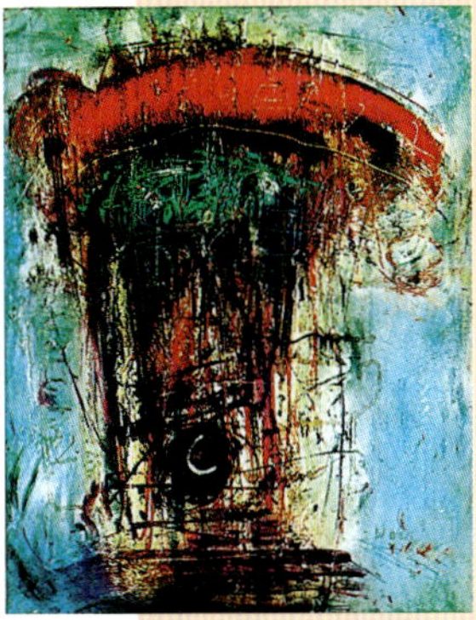

Wols, **Komposition,** 1947, Öl auf Leinwand, 81 x 65 cm, Hamburger Kunsthalle, Hamburg.

In der sowjetischen Besatzungszone, der späteren DDR, wird das Dogma des von Stalin seit 1934 offiziell für die Sowjetunion verordneten »Sozialistischen Realismus« eingeführt und rigoros durchgesetzt. Eine junge Garde von Malern trägt die offizielle Kulturpolitik. Kunst dient dem Aufbau des sozialistischen Staates. Abstrakte oder surrealistische Malerei gilt als »formalistisch« und wird unterdrückt. Die in den Ostteil Deutschlands zurückkehrenden Emigranten, wie John Heartfield, können an ihre Kunst vor dem Krieg nicht wieder anknüpfen.

Malerei in Frankreich und Spanien

Es ist verblüffend, wie wenig die Erfahrungen des Zweiten Weltkriegs die Werke der Großmeister der französischen Malerei beeinflusst haben. Pablo Picasso hatte mit *Guernica* und einigen verwandten Werken bereits vor 1939 Themen des Spanischen Bürgerkriegs bildlich umgesetzt. Nach 1945 schließt er die Werkgruppe mit zwei Leinwänden *Der Krieg* und *Der Frieden* (1952) ab.

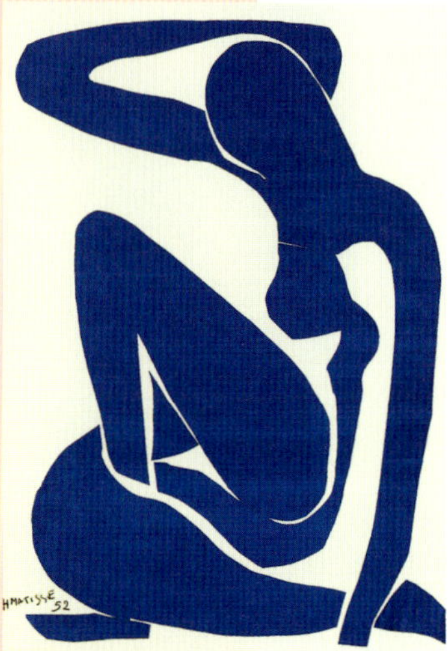

Henri Matisse, **Blauer Akt** I, 1952, ausgeschnittene Farbpapiere auf Papier auf Leinwand, 106 x 78 cm, Fondation Beyeler, Basel.

Danach beschäftigen ihn wieder die Bildmotive der Vorkriegszeit: das Verhältnis des Künstlers zum Modell, mythologische Sujets. Picasso lässt sich bis zu seinem Tod 1973 nicht auf einen Stil festlegen, sondern wechselt zwischen kubistischen und figürlichen Bilderfindungen, deren Pinselduktus im Spätwerk immer lockerer und großzügiger wird. Matisse reduziert die expressiven Formen und Linien seiner Werke zunehmend zugunsten eines aus großen Linienbögen entwickelten Figurenrepertoires. In letzter Konsequenz geht er zu Papierschnittbildern über, zuerst für das Album *Jazz* 1942.

Wie der späte Fernand Léger, der seine kubistische Frühzeit mit surrealistischen Effekten in klaren, gleichsam verfestigten und beruhigten Entwürfen verbindet, oder Marc Chagall, zeichnet auch Matisse in dieser Phase Entwürfe für Glasfenster und Mosaike aus Majolikafliesen (Ausstattung der Chapelle du Rosaire, Vence, 1948–51), die seiner Vorliebe für die Linie und leuchtende Farbflächen entgegenkommen. Der Surrealismus entwickelt sich auch nach dem Krieg weiter, gerät allerdings nach dem Tod des wichtigsten Theoretikers, André Breton, 1963 in eine Krise, die durch die Konfrontation mit dem literarischen Existentialismus Jean-Paul Sartres und Albert Camus' noch verschärft wird.

Die Altmeister Max Ernst, Joan Mirò und Salvador Dalí führen die in den 1930er Jahren entwickelten Bildthemen fort. Bei Mirò zeigt sich ähnlich wie bei Matisse die Tendenz zu großzügigeren, weitflächigeren Kompositionen. Parallel entwickelt sich das »Informel«, das 1953 vom Kunstkritiker Michel Tapié theoretisch reflektiert wird. In der Nachfolge von Wols entsteht eine gestische, »tachistisch« abstrakte Malerei, die als europäische Variante des amerikanischen Abstrakten Expressionismus aufgefasst werden kann.

Pierre Soulages (1919–2022) nimmt in den schwarzen und braunen Balken seiner Bil-der Anregungen japanischer Kalligrafie auf. **Georges Mathieu** (1921–2012) drückt als *Action Painter* die Farbe direkt aus der Tu-be auf die Leinwand und variiert so Pollocks Verfahren des *Drip Paintings.*

Pierre Soulages, **19. Januar 1962**, 1962, Öl auf Leinwand, 127 x 96,5 cm, Privatsammlung.

Jean Dubuffet (1901–1985) bezieht sich in seiner »Art Brut« auf die »Bildnerei der Geisteskranken«, wie sie Prinzhorn 1922 als Buch veröffentlicht hatte. Er verwendet Sand, Gips und andere ungewöhnliche Materialien als Malgrund, in den er scheinbar naive Figuren einritzt oder aufspachtelt. Das Verfahren ist jedoch intellektuell reflektiert, was den Charme der ironisch- kindlichen Welt Dubuffets nicht mindert.

In einem beeindruckend vielseitigen malerischen Werk verbindet der Katalane **Antoni Tàpies** (1923–2012) Elemente von Art Brut und Informel. Viele seiner Werke sind als Kritik an der Diktatur Francos zu verstehen. Auf Sandgründen und Zement trägt der Künstler in einem mehrstufigen Prozess Erdfarben auf, schabt sie wieder ab, schleift und erneuert. Das Resultat sind sehr poetische Bilder voller Tiefe und verschlüsselter Inhalte, die zur Meditation über Leben, Tod und Vergänglichkeit einladen.

Malerei in den Vereinigten Staaten – Abstract Expressionism und Action Painting

Unter den Begriffen vom »Abstrakten Expressionismus« oder »New York School« (so der Titel einer Ausstellung in Los Angeles 1965) werden Maler wie **Jackson Pollock** (1912–1956), **Barnett Newman** (1905–1970), **Mark Rothko** (1903–1970), **Willem de Kooning** (1904–1997) und **Clyfford Still** (1904–1980) zusammengefasst. Mit einem Schlag verlagert sich mit diesen Künstlern der Schwerpunkt innovativer Malerei in die Vereinigten Staaten. New York löst damit Paris, die Kunstmetropole des 19. Jahrhunderts und der Moderne, ab. Vorbereitet wird die Entwicklung durch Emigranten wie **Josef Albers** (1888–1976), dessen ab 1949 in Serien gemalten Quadratbilder einen bedeutenden Einfluss auf die amerikanischen Entwicklungen ausüben. Seine großen Wandbilder in den Hallen der New Yorker Wolkenkratzer setzen einen konkret-abstrakten Gegenakzent zu den gleichzeitigen Werken der »New York School«. Die abstrakten Expressionisten sind bei genauerem Hinsehen keine homogene Gruppe. Im Gegenteil: Zwischen Pollocks Action Painting und den Farbfeldbildern Newmans oder Rothkos liegen Welten. Alle Maler eint jedoch das Ziel der sinnlichen Überwältigung des Betrachters. Hierfür bemühen die Künstler und die immer wichtiger werdenden Kunstkritiker und Galeristen eine Vielfalt theoretischer Ansätze: von der Psychoanalyse (im Fall Pollocks) bis zu religiösen Erklärungsmodellen (im Fall Newmans oder Rothkos). Den Malern gelingt eine Neubegründung von abstrakter Kunst, welche diese nicht als reines Experiment im Umgang mit neuen Bildformen begreift. Vielmehr belegen sie die Malerei mit Erklärungsmustern, die vor dem Bild auch sinnlich anschaulich werden und Raum für individuelle Sichtweisen des Betrachters öffnen. Hierin erklärt sich die große Popularität dieser komplexen Werke, die zu den eigentlichen »Klassikern« der Nachkriegskunst geworden sind. Erst der Erfolg von Warhols Pop-Art wird der Kunst der »New York School« neue Ikonen der Alltagswelt entgegensetzen.

Pollock und de Kooning

Bereits vor dem Krieg entwickelt Pollock unter dem Einfluss der mexikanischen Maler Orozco und Siqueiros und der Beschäftigung mit Psychoanalyse einen expressiven surrealen Stil. Das Unbewusste schlägt sich im Automatismus der *Drip Paintings* nieder, mit denen er ab 1947 berühmt wird. Mit verschiedenen Materialien wie Farben und Ölen bespritzt Pollock riesige, auf dem Boden liegende Leinwände. Der Umweg über den Pinsel als dem traditionellen Handwerkzeug des Malers entfällt. Das oft extreme Querformat kommt der »Handschrift« dieser Bilder entgegen, die sich meist in der Schreib- und Leserichtung von links nach rechts entwickeln. Willem de Koonings gestische Malerei ähnelt in vielem dem *Action Painting* Pollocks. Doch bleiben seine Bilder gegenständlich. Menschliche Figuren spielen eine wichtige Rolle und transportieren oft aggressiv die emotionalen Botschaften und Befindlichkeiten des Künstlers.

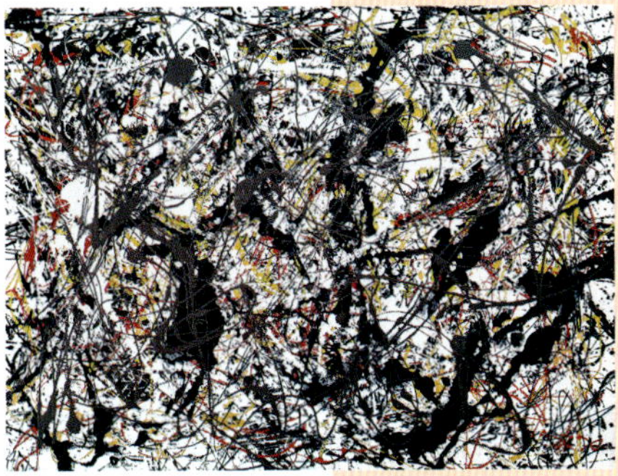

Jackson Pollock, **Silber über Schwarz, Weiß, Gelb und Rot,** 1948, Öl auf Papier, montiert auf Leinwand, 61 x 80 cm, Musée National d'Art Moderne, Centre Pompidou, Paris. Die Emotionalität der großen Leinwände überträgt sich auf den Betrachter, der zugleich den künstlerischen Akt nachvollziehen kann. Ihm vermittelt sich das Bild als Ausschnitt aus einem kontinuierlichen Kreisen um die Form, die sich in bestimmten Punkten farblicher Dichte konzentriert, dann wieder entspannt.

Newman und Rothko

Newman beginnt während des Krieges mit apokalyptischen Visionen, die noch dem Surrealismus verpflichtet sind. 1948 ändert er radikal seinen Malstil. Von nun an bedeckt er große Leinwandflächen mit monochromen Farbschichten, die den Eindruck vibrierender Homogenität erzeugen. Die leuchtenden Flächen werden von senkrechten Farbbändern, den *Zips,* in rhythmische Bewegung gesetzt. Newman bezieht sich in der Erklärung seiner Kunst auf genau diese unmittelbare Erfahrbarkeit seiner Bilder, die er aus dem »natürlichen menschlichen Verlangen nach dem Erhabenen« und nach »absoluten Emotionen« bezieht: »Das Bild, das wir erschaffen, ist eine ganz und gar aus sich selbst evidente Offenbarung, die real und konkret und verständlich ist für jedermann, der das Bild anschauen will ohne den nostalgischen Blick auf die Geschichte.« (aus: »The Sublime is Now«, 1948). Von der lauter for-

Barnett Newman, **Vir heroicus sublimis,** 1950/51, Öl auf Leinwand, 242 x 541 cm, Privatsammlung. Newman selbst fordert, dass der Betrachter nah an die riesigen Leinwände herangehen soll. Erst dann setzt der gewünschte Überwältigungseffekt des Betrachters ein, der geradezu in »Farbseen« eintaucht, in denen er sich neu verorten muss. Die Bilder setzen Emotionen frei. Die Farbfelder werden zu Orten der Meditation.

mulierten, gestischen Attitüde der beim zeitgenössischen Publikum vielleicht erfolgreicheren Bilder de Koonings und Pollocks ist Newmans zur Versenkung auffordernde Kunst weit entfernt. Die Jahre 1956/57 sind eine Krisenzeit für ihn; er malt kein einziges Bild. Von 1958–1966 beschäftigt er sich dann mit einem zentralen Thema christlicher Malerei: Es entstehen die *Kreuzwegsstationen – lema sabachthani* (National Gallery, Washington), 14 Variationen von weißen Bildern, die lediglich über schwarze senkrechte Striche und verwirbelte Negativformen seiner früheren *Zips* strukturiert werden. Mit der Wahl eines klassischen Bildthemas, das im Betrachter Assoziationen auslöst, wendet sich Newman von der reinen Abstraktion seiner früheren Gemälde ab. Diese Tendenz setzt sich in den pyramidenförmigen Leinwänden von *Jericho* und *Chartres* 1968/69 fort. Bereits im Mittelalter und der Renaissance hatte man das Auge als Zeichen der Allgegenwart Gottes in einer Dreiecksform eingeschlossen. Newman knüpft an diese Tradition an. Gleichzeitig erinnert die skulpturale Körperlichkeit dieser *Shaped canvases* (geformten Leinwände) an die aufstrebende Form der Kathedrale. Parallel zu seinen Skulpturen entstanden, gewinnen die letzten Bilder über ihre Form den Charakter von Objekten. Dies entspricht einem Trend der Malerei in den späten 1960er Jahren, wie er sich in den Shaped canvases **Frank Stellas** (1936–2024) zeigt.

Barnett Newman, **Besucher vor Vir heroicus sublimis,** 1950/51, Fotografie.

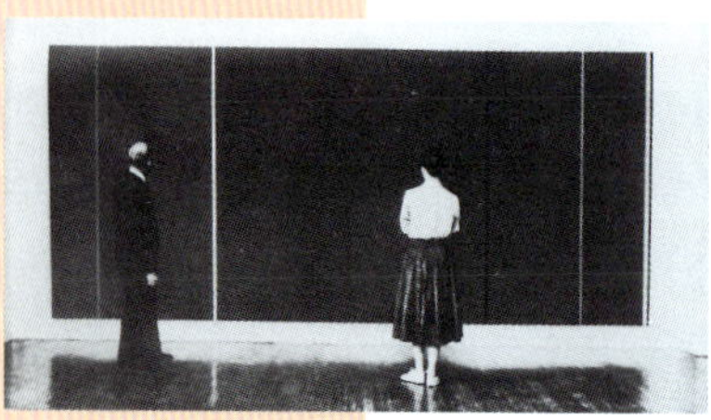

Mark Rothko hat, ähnlich wie Newman oder Pollock, bereits eine künstlerische Karriere hinter sich, bevor er 1948 seinen vorher figürlichen Stil radikal ändert. Er entwickelt eine Farbfeldmalerei, allerdings grenzt er nicht wie Newman Linien und Flächen deutlich voneinander; auch vermeidet Rothko scharfe Farbkontraste. Vielmehr ordnet er zwei bis drei Rechtecke auf der Fläche der hochrechteckigen Leinwand übereinander an; die Flächen sind unscharf begrenzt und schwimmen gewissermaßen im Farbfeld. Alle Komponenten des Bildes sind farblich subtil aufeinander abgestimmt, wobei Rothko in seinen späteren Werken warme Erdtöne, Violett und Grau bevorzugt. Für Rothko drücken diese abstrakten Bilder Emotionen direkt und ohne Umwege aus: Tragödien, Ekstase, Melancholie. Rothko wendet sich vehement gegen ein rein ästhetisches Verständnis seiner Bilder, obwohl die Gefahr bei der hohen dekorativen und farblichen Qualität auf der Hand liege. Er hat konkrete Vorstellungen, wie seine Bilder ausgestellt werden dürfen (kein direktes Licht, keine Hängung als Einzelwerk oder in einem Raum mit Bildern anderer Künstler). Seinem Wunsch nach Bilderserien kann er für drei Aufträge verwirklichen: 1959 malt er eine Werkgruppe *(Rot auf Braun; Schwarz auf Braun)* für das von Mies van der Rohe und Philip Johnson entworfene Four Seasons Restaurant im Seagram-Building in New York. Bezeichnenderweise erscheint ihm der Ort bald unpassend, und er vermacht neun Leinwände der Tate Gallery in London. Nach einem Auftrag für die Harvard University 1961 gestaltet Rothko 1965/66 eine achteckige Kapelle für John und Dominique de Menil in Houston, indem er alle Wände mit Triptychen und Einzelbildern behängt, die den Farbakkord Schwarz-Violett Braun vielfach variieren. Das Ensemble ist in seiner inhaltlichen wie formalen Dichte nur den Kreuzwegstationen Newmans vergleichbar.

Mark Rothko, **Weißes Zentrum (Gelb, Pink und Lavendel auf Rosa)**, 1950, Öl auf Leinwand, Privatsammlung. Die Rechtecke ersetzten in letzter Konsequenz die Figuren von Rothkos früheren Bildern, um so – wie es der Maler selbst ausdrückt – jede Barriere zwischen Maler und Idee, zwischen Idee und Betrachter niederzureissen. Die farbliche Intensität übt unweigerlich eine Sogwirkung auf den Betrachter aus, der wie bei Newman im Vor und Zurück der Annäherung und Entfernung vor dem Bild meditative Stimmungen erfährt.

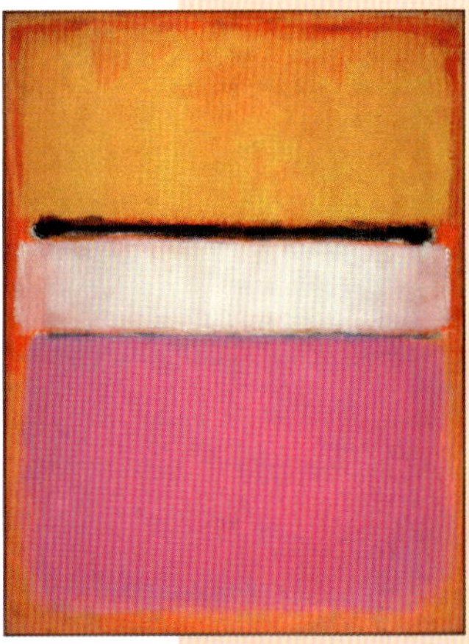

Clyfford Still entwickelt eine Farbfeldmalerei, die man zwischen Pollock und Newman ansiedeln könnte: Große helle Farbflächen werden von züngelnden, bunten Wellenlinien an den Rändern begrenzt. Aus diesem Kontrast entsteht die Spannung seiner Bilder. **Ad Reinhardt** (1913–1967) geht den Weg der Abstraktion am konsequentesten weiter. Ausgehend vom Werk Malewitschs und Mondrians, reduziert er Farbe und Form und erreicht in den *Black Paintings* eine Schwarz-auf-Schwarz-Malerei, die sich nur bei intensiver Vertiefung in die subtilen Farbabstufungen erschließt. Das Verfahren der konsequenten Reduktion und sublimen Vereinfachung hat großen Einfluss auf die Konkrete Kunst der 1960er Jahre.

Bacon

Der englische Maler **Francis Bacon** (1909–1992) kommt erst spät als Autodidakt zur Malerei. Das erste von ihm autorisierte Bild, die *Drei Studien für Figuren am Fuße des Kreuzes* von 1944 (Tate Gallery, London), gestaltet der Künstler bereits mit vielen Bildelementen, die in seinem Werk bis in die 1980er Jahre Gültigkeit haben – vor allem nutzt er erstmals die Form des Triptychons. Vor einfarbigem Hintergrund entwickelt sich eine Szenerie plasmenartig-amorph zerfließender Figuren oder Körperteile. Bacon verzichtet auf einen Firnis für das Bild, schließt die Oberfläche mit einer Glasplatte gegen den Betrachter ab und umgibt die Leinwände mit schweren Goldrahmen. Man kann sagen, dass er die große Tradition des spätmittelalterlichen Tafel- und Altarbildes abschließt. Noch einmal werden die grundlegenden malerischen Probleme der Malereigeschichte aufgegriffen: der Gegensatz von Bildfläche und Raum, die Stellung der Bildfiguren im Raum, die Erschließung der Tiefe durch die Perspektive.

Die souveräne Geste, die technische Beherrschung der Mittel scheinen Bacon der einzig mögliche Weg, um die Entfremdung des Menschen und den Verlust der eigenen Identität mit Macht zu verhindern. Mit die-

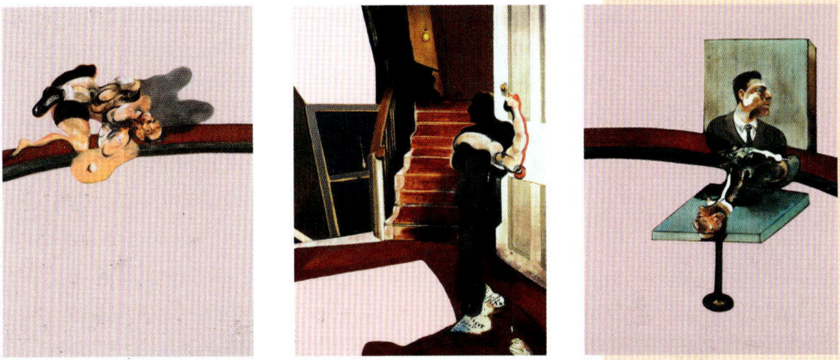

Francis Bacon, **In Memory of George Dyer**, 1971, Öl auf Leinwand, Triptychon, je 198 x 147,5 cm, Fondation Beyeler, Basel-Riehen.
Auf der linken Außentafel windet sich Dyer als formlose, gequälte Muskelmasse. Rechts außen porträtiert Bacon den Freund in einem Memorialbild, dessen Züge bereits tragisch zerfließen.

sem hochgesteckten Anspruch muss der Künstler scheitern. In dem nach dem Freitod seines Lebenspartners Georges Dyer gemalten *Triptychon* von 1971 versucht der Künstler, im Mittelbild den Moment vor dem Selbstmord zu rekonstruieren, vielleicht aber auch selbstquälerisch sein Auffinden des Leichnams bildlich zu erinnern. Persönliches und Universales verbinden sich in diesem Ereignisbild. In der düsteren Übereinstimmung von Form und Bildaussage markiert es einen Höhepunkt figürlicher Malerei nach 1945.

Johns und Rauschenberg

Bereits mit der ersten *Flagge* setzt **Jasper Johns** (* 1930) den entscheidenden Akzent gegen die Kunst des Abstrakten Expressionismus. Bild und Bildgegenstand sind zum ersten Mal in der Geschichte der Malerei in eins gesetzt. Die entscheidende Frage des Kunstkritikers Alan R. Solomon: »Is it a Flag, or is it a Painting« (Ist es eine Flagge, oder ist es ein Bild?) beschwört geradezu eine Krise der Kunstkritik herbei. Alle fühlen sich überrumpelt, vor allem, weil Johns die Flagge, die Ikone, das Allerheiligste des amerikanischen Selbstverständnisses zum Thema seines Bildes macht. Mit dem deutschen Kunsthistoriker Max Imdahl könnte man die Bildbefragung weiterführen, etwa »Ist es eine Flagge, oder ist es eine gemalte Flagge?«, oder aber »Ist es eine gemalte Flagge, oder ist es ein Bild?« Die Irritationen sind offensichtlich und haben dazu geführt, diesen revolutionären Befreiungsschlag mit der Theoriediskussion der Moderne überhaupt zu verknüpfen.

Tatsächlich war seit dem ersten »Readymade« Marcel Duchamps von 1913 kein Werk mehr entstanden, das so grundsätzliche Fragen provoziert. Hatte Duchamp seinerzeit Alltagsgegenstände wie das *Fahrrad-Rad* oder den *Flaschentrockner* zum Kunstwerk erklärt, entwickelt Johns das Prinzip für die Malerei weiter. Denn er rahmt keine originale Stofffahne, sondern malt sie in drei Teilen, die er im künstlerischen Akt zur Flagge zusammensetzt. Allerdings geben Fotografien ein falsches Bild von der Flagge, deren ungewöhnliche Wachsmaltechnik auf Zeitungsschnipseln den künstlichen wie künstlerischen Charakter des Werks ins Bewusstsein ruft und damit den ikonografischen Affront relativiert.

Jasper Johns, **Drei Flaggen,** 1958, Enkaustik (Wachsmalerei) auf Leinwand, Whitney Museum of American Art, New York.

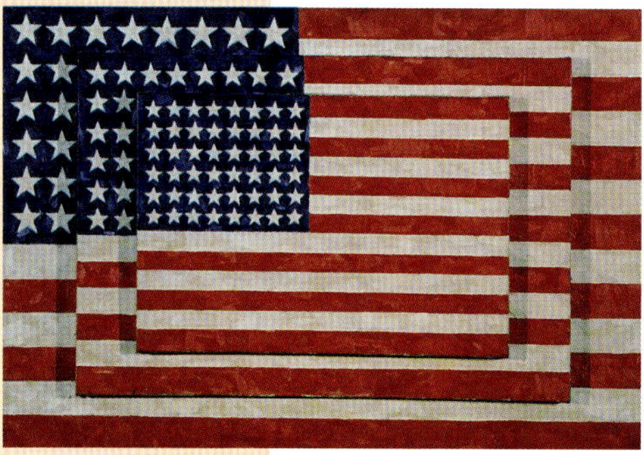

Ebenso radikal ist die Absage an die jüngsten amerikanischen Traditionen im Frühwerk von **Robert Rauschenberg** (1925–2008), der vielleicht vielseitigsten Figur der amerikanischen Kunstszene der Nachkriegszeit. Mit der als Happening inszenierten Aktion der Ausradierung einer Zeichnung von Willem de Kooning setzt er ein spektakuläres Zeichen. Ein Reflex dieser Zerstörung eines Werks ist noch in den Übermalungen des österreichischen Künstlers **Arnulf Rainer** (1929–2025) spürbar. Verfolgt Rauschenberg mit seinen *Schwarzen* und *Weißen Bildern* noch vergleichweise naheliegende Tendenzen der Malerei um 1955, verlässt er mit seinen »Assemblagen« – dreidimensionalen Collagen aus Alltagsgegenständen – die ausgetretenen Pfade der Malereigeschichte.

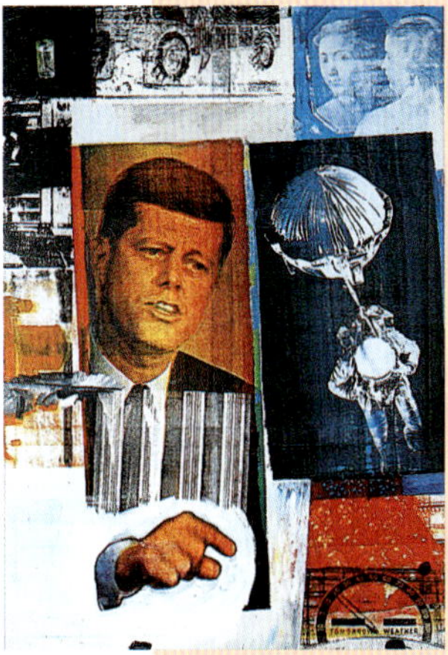

Robert Rauschenberg, **Retroactive II,** 1964, Öl und Tinten Siebdruck auf Leinwand, 210 x 150 cm, Stefan T. Edlis' Collection, Chicago.

Gegen die Mystik abstrakter Kunst setzt er die Kommentierung des amerikanischen Alltags und der Politik und bricht so überkommene Sehgewohnheiten auf. Die Malerei bezieht sich nach Rauschenberg auf die Kunst und das Leben. Der Künstler meint, mit seinem Werk diese Kluft schließen zu können. So fordert er in der schriftlichen Anleitung zum Gebrauch der Assemblage *Black Market* den Betrachter auf, den Koffer zu öffnen, die dort vorhandenen Gegenstände zu entnehmen und gegen neue nach Belieben auszutauschen. Diese müsse der Nutzer dann mit den ebenfalls im Koffer enthaltenen »Original-Rauschenberg-Stempeln« markieren und in einem Buch sorgfältig dokumentieren. Damit überschreitet er alle Grenzen, die den Betrachter bis dahin vom Kunstwerk getrennt hielten. Der Künstler wird zum »Erfahrungsgestalter« (Oskar Bätschmann). Er straft aber vor allem Barnett Newman Lügen, der mit seiner Kunst versucht hatte, die Distanz von Betrachter und Bild über den spirituellen Überwältigungscharakter des Werkes aufzuheben.

Positionen in den 1960er Jahren – Klein, Fontana, Kawara, Twombly

Die Kunst des Abstrakten Expressionismus hat einen erdrückenden Einfluss auf die Zeitgenossen in Amerika wie Europa. Obwohl die Anregungen klar abzulesen sind, wird doch ein Widerstand spürbar, der sich in exemplarischen Versuchen niederschlägt, die Position des Gemäldes neu zu bestimmen. Wichtig in diesem Zusammenhang ist die zunehmende Bedeutung des Galeriebetriebs. Ein Galerist wie der New Yorker Leo Castelli forciert nicht nur den revolutionären Umschwung der Malerei mit Jasper Johns, sondern gibt auch dem exzentrischen und extrovertierten Franzosen **Yves Klein** (1928–1962) die Chance, in New York aus-

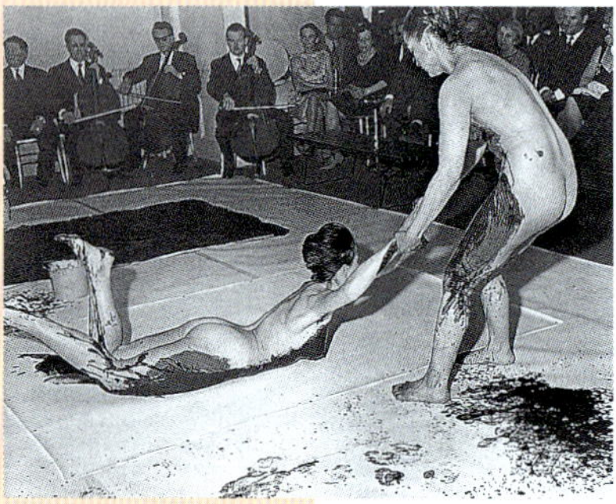

Yves Klein, **Anthropometrie-Performance,** Paris, 9.3.1960, Fotografie. Eine Gruppe von Musikern spielt zu der Performance zweier Frauen, die ihre blau bemalten Körper auf dem Papierboden abrollen.

zustellen bzw. Performances aufzuführen.

Auch wenn der selbstbewusste Auftritt des Europäers Klein anstößig wirkt und auf amerikanische Vorbilder seiner Kunst im Werk von Rauschenberg bis Reinhardt verwiesen wird, erregen die monochromen blauen Bilder Aufmerksamkeit. In der Tat ist auch Kleins »Erfindung« des IKB *(International Klein Blue)* theoretisch fundiert, indem er auf die kosmische Allmacht der Farbe verweist. Seine riesigen *Schwammbilder* (1958/59, Foyer des Stadttheaters, Gelsenkirchen) überschreiten die Grenze zum Bild als Objekt. Der Gebrauch des tiefen Ultramarinblaus ist aufgrund seines universellen Charakters nicht auf die Malerei beschränkt, sondern umfasst das ganze Leben. Klein ist insofern ein typischer Repräsentant der Kunst der 1960er Jahre, weil er die Grenzen von Skulptur und Malerei sprengt und als Vorreiter auch die Aktionskunst zum integralen Bestandteil seines künstlerischen Gesamtkunstwerks macht. Seine Anthropometrie-Performances von 1960 sind von größter Bedeutung für die Fluxus-Bewegung, das Werk von **Joseph Beuys** (1921–1986), der 1962 erstmals mit Happenings auftritt, aber auch für die Darstellungskunst der Briten **Gilbert & George** (*The Singing Sculpture,* 1970, Performance, London).

Die Rolle der Malerei als Anführerin der Avantgarde – eine Rolle, welche die klassische Moderne des Jahrhundertbeginns noch für sich in Anspruch nehmen konnte – geht in den 1960er Jahren mehr und mehr verloren. Andere Ausdrucksformen ersetzen in zunehmendem Maß das traditionelle Bild. Dies zeigt exemplarisch die Entwicklung des Italieners **Pietro Manzoni** (1933–1963). Hatte dieser bereits 1957 mit seinen *Achromes,* weißen Leinwänden, auf denen verschiedene Materialien oder Nähte aufgebracht waren, der gängigen Vorstellung von Malerei eine Absage erteilt, gibt er das Medium Gemälde um 1960 ganz auf, um Objekte zu schaffen, die in der Radikalität der Aussage und eingesetzten Mittel weit über Duchamps Readymades hinausgehen. Manzoni erklärt nicht nur seine physischen Ausdünstungen, sein Blut und seine Exkremente zum Kunstwerk, sondern schafft 1961 mit dem *Sockel für die Welt* ein konzeptionelles Werk, das jeden, der den Sockel ersteigt, zum lebenden Kunstwerk erklärt.

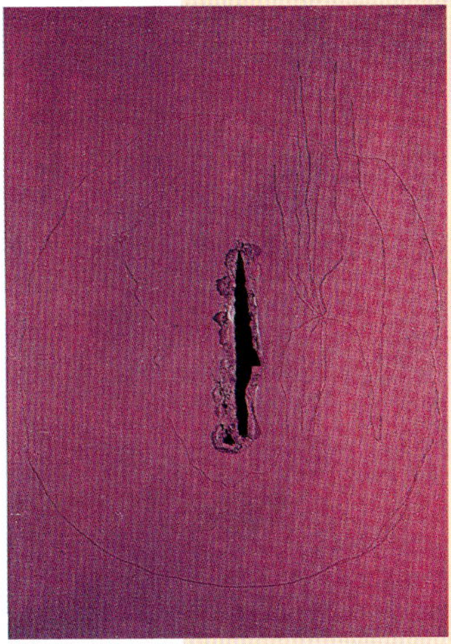

Lucio Fontana, **Concetto spaziale,** um 1962, Öl auf Leinwand, 129 x 96 cm, Fondazione Lucio Fontana, Mailand. Das Objekt der künstlerisch gezielten Zerstörung bleibt als solches erhalten, die bisher in ihrer Unverletztheit geheiligte Bildoberfläche rückt jetzt ins Bewusstsein.

Der Italiener **Lucio Fontana** (1899–1968) integriert Malerei in ein Konzept von einer neuen, umfassenden Räumlichkeit, die er als *Spazialismo* 1947 bis 1952 mit Manifesten vorbereitet und welche eine Integration von Skulptur und Malerei vorsieht. Fontana verletzt die Oberflächen seiner Leinwandbilder bereits ab 1949 mit Löchern, ab Mitte der 1950er Jahre auch mit den berühmten Schnitten. Fontanas Vorgehen regt dazu an, über die Funktion des Gemäldes in der Gesellschaft überhaupt nachzudenken.

Der japanische Künstler **On Kawara** (1933–2014) beginnt 1953/54 mit einer Serie von *Bathroom-Zeichnungen.* In diesen Werken wird die Isolation des modernen Menschen drastisch anschaulich gemacht: Verstümmelte, von Pocken übersäte Gestalten bewegen sich in klaustrophobisch engen, gekachelten Räumen. On Kawara verarbeitet ebenso die traumatische Erfahrung der Atombombenabwürfe von Hiroshima und Nagasaki 1945 wie den Koreakrieg ab 1950. Der Mensch schwebt verletzt in Zeit und Raum. Um sich seiner eigenen Existenz zu vergewissern, beginnt der Künstler ab 1965 mit der langen Serie von *Datumsbildern.* Auf dunklem Grund ist jeweils das Datum eines

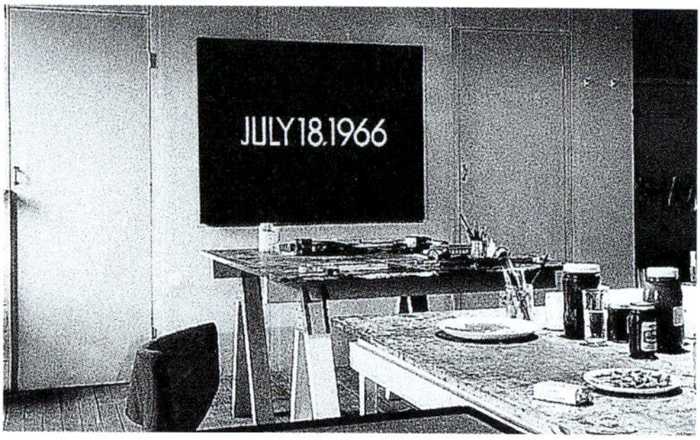

On Kawara, **Blick in das Atelier mit Date Painting desselben Tages,** 1966, Fotografie. Der Betrachter der Bilder fühlt sich nicht nur veranlasst, über das jeweilige Datum nachzudenken, sondern beginnt, sich als Teil eines Raum-Zeit-Kontinuums zu begreifen, aus dem die Bilder einen bestimmten Moment herausgreifen und verewigen.

Tages penibel sauber gemalt. Der Künstler veröffentlicht damit täglich das Protokoll seines Lebens. On Kawaras Datumsbilder stehen in den 1960er Jahren in ihrer Konzeption völlig vereinzelt da und bereichern das klassische Ölbild um die Perspektive auf die Zeitlichkeit und damit auf die Endlichkeit menschlicher Existenz.

Die deutsche Künstlerin **Hanne Darboven** (1941-2009) greift in ihren Serien aus Installationen von Dreiklangmodulationen, Postkarten, Zahlenfolgen und verfremdeten Zeitungsbildern diesen wichtigen Aspekt der Konzeptkunst später auf.

Im Werk des Amerikaners **Cy Twombly** (1928–2011) mischt sich die noch frische Erinnerung an den Abstrakten Expressionismus mit Einflüssen der frühen Pop-Art. Auf hellen Hintergründen breitet er chiffreartige Kürzel und Zitate aus. Die Übersiedlung nach Italien 1957 bringt ihn der Welt der europäischen Literatur und der antiken Mythologie näher. Ihm gelingt der intellektuelle Balanceakt zwischen Kulturzitat und weitflächigen Bildräumen. Neuartig ist die graffitiartige Bildsprache, mir der er den Boden für den Publikumserfolg von **Keith Haring** (1958–1990) ebnet.

Pop-Art – Warhol und Lichtenstein

Ein Meilenstein in der Entwicklung der Pop-Art ist die erste große Duchamp-Retrospektive in Los Angeles

1963. Die Wirkung der rekonstruierten Readymades ist gar nicht hoch genug einzuschätzen. Trotzdem gibt sie keine Begründung für die Pop-Art, bestätigt diese nur. Jasper Johns hatte mit seiner *Flagge,* Rauschenberg mit seinen Assemblagen bereits wichtige Vorarbeit geleistet. Als Koinzidenz stellt **Andy Warhol** (1928–1987) ebenfalls in Los Angeles zum ersten Mal 1963 seine legendären *Campbells-Suppendosen* von 1962 aus. Diese brechen das Eis auch für andere jüngere Künstler, Alltagsgegenstände zur Kunst zu erheben. Der frühe Warhol ist politisch. Er reagiert auf die Proteste gegen die Todesstrafe, die nach der Hinrichtung von Cary Chessman 1960 einen ersten Höhepunkt erreichen, mit den Serien des *Electric Chair* von 1963; er kommentiert düster die Rassenunruhen des gleichen Jahres. Der Selbstmord Marilyn Monroes 1962 veranlasst ihn, das ikonenhafte Bild Marilyns immer wieder darzustellen. Dies geschieht aber durchaus in der ernsten Absicht, die Tragik des Starkults zu illustrieren. Beim Blick auf das frühe *Marilyn-Diptychon* muss man sich vor Augen halten, dass der Warhol dieser Jahre noch nicht der erfolgreiche »business artist« der 1970er Jahre ist, der sein Geld mit Serien von Porträts verdient.

Andy Warhol, **Marilyn x 100,** 1962, Siebdruck und Acryl auf Leinwand, 208 x 568 cm, Cleveland Museum of Art. Warhol stellt auf der linken Tafel eine bunt strahlende Marilyn vor, rechts löst sich ihr graues Bild zunehmend auf, verschwimmt, verschwindet. Die Technik des Farbsiebdrucks ermöglicht diesen beliebig reproduzierbaren Effekt.

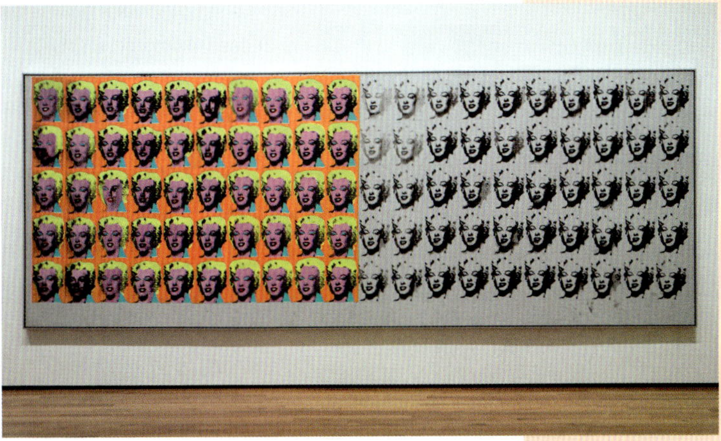

Seine offen ausgelebte Homosexualität, der Umgang mit Drogenabhängigen und Transvestiten, machen ihn zu einem unverkäuflichen Enfant terrible auf dem Kunstmarkt. Der Erfolg stellt sich erst mit den harmlosen, aber marktgerechten *Flowers,* den *Blumen* von 1964 ein, und ist vor allem mit dem folgereichen Wechsel zum Stargaleristen Leo Castelli verbunden. Doch Warhol bleibt unkonventionell. Bereits 1965 kündigt er an, er wolle künftig nur noch Filme machen. Die früheren Bilderfindungen, allen voran *Marilyn,* schlachtet er kommerziell aus. In seiner Factory unterlegt er Konzerte der in seinem Einflussbereich arbeitenden Popgruppe »Velvet Underground« mit Licht- und Filmvorführungen – eine Art Gesamtkunstwerk des Pops. Nach dem Mordanschlag 1968 zieht sich der Künstler aus seinem früheren Umfeld zurück und findet in den späten 1970er Jahren zu den experimentellen Anfängen zurück. In den *Oxidation Paintings* erzielt er abstrakte Effekte, indem er auf eine Oberfläche aus Kupferfarbe uriniert. Im letzten, traditionell gemalten *Abendmahl* (Acryl auf Leinwand, 302 x 668 cm, mehrere Versionen) nimmt er im Todesjahr 1986 das große Thema von Leonardos Fresko auf und verdeckt Teile davon mit übergroßen Warenzeichen amerikanischer Konzerne. Die emotionale wie intellektuelle Sprengkraft des frühen Pop wirkt noch immer.

Roy Lichtenstein, **M-Maybe (A Girl's Picture),** 1965, Magna auf Leinwand, 150 x 150 cm, Museum Ludwig, Köln. Lichtenstein vergrößert Einzelszenen, rastert sie auf und adaptiert sie für das Leinwandbild. Das Banale des Alltags wird in der Überdimensionierung des Belanglosen sichtbar.

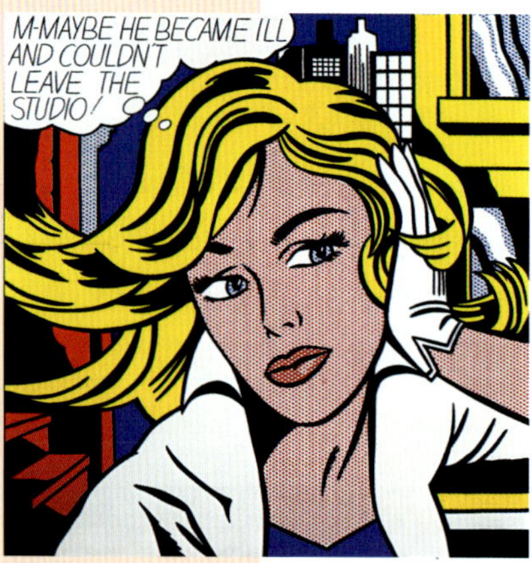

Roy Lichtenstein (1923–1997) entdeckt die Welt der Comicstrips für die Kunst. Ähnlich vergrößert **Claes Oldenburg** (1929–2022) zur selben Zeit Alltagsge-genstände und verfremdet das ursprüngliche Material von fest zu weich, von weich zu fest. Mit einer zeitlichen Verzögerung hat Pop im Alltag seinen festen Platz gefunden.

Die Kunst Warhols ziert jedes sich »modern« gebärdende Möbelhaus. Die Kunst ist selbst zum trivialen Bestandteil des Lebens geworden. **Jeff Koons** (* 1955) versucht noch einmal, die Welt des Pop zu beleben, indem er sich und seine Frau Cicciolina, dem früheren Pornostar, in die kommerzielle Waagschale des Nippes und Kitsches wirft.

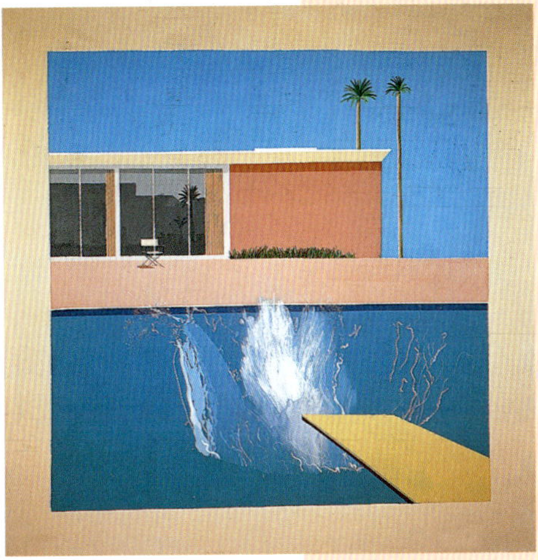

David Hockney, **A Bigger Splash,** 1967, Acryl auf Leinwand, 244 x 244 cm, Tate Gallery, London. Die Welt der Swimmingpools, von nackten Körpern, Palmen und kühlen Drinks spiegelt sich in dieser Pop-Ikone.

Am amerikanischsten erscheint die Pop-Art des Briten **David Hockney** (* 1937). Auch er macht aus seiner Homosexualität keinen Hehl, seine frühen Bilder sind voller direkter Anspielungen. Der künstlerische Durchbruch gelingt ihm während eines Aufenthaltes in Kalifornien 1963–67 mit dem *Bigger Splash*. Die späteren Werke geraten in ihrer Figürlichkeit konventioneller. Hockney gestaltet präzise Porträts, oft als Doppelbildnisse, und erweitert seine künstlerische Produktion um Bühnenbildentwürfe sowie Fotocollagen.

Die Klassiker der »Westkunst« in Deutschland

In Deutschland bestärkt die politische Pop-Art des frühen Warhol parallele Bemühungen der Künstler um eine kritische Sicht auf die Dinge. **Gerhard Richter** (* 1932) bezieht sich in seinen frühen malerischen Arbeiten auf Zeitungsausschnitte und Fotos, die er Bildreportagen entnimmt. Diese vergrößert er und malt sie, indem er die Konturen verwischt. Die scheinbare Objektivität der Fotografie entlarvend, geht er den Verdrängungsmechanismen deutscher Nachkriegsgeschichte auf den Grund, etwa in dem Bild von der Verhaftung des Naziarztes *Werner Heyde*. Dieser politische Anspruch kulminiert 1988 in der Serie *18. Oktober 1977* (Museum of Modern Art, New York), mit der Richter die Ereignisse um die Tode der in Stammheim inhaftierten RAF-Terroristen bildlich kommentiert.

Richter sucht kontinuierlich nach neuen Bildformen und -techniken. Auf fast abstrakte Wolkenbilder, die eine Vermeer'sche Suggestion ausstrahlen, folgen ab 1976 abstrakte Farbbilder. Allen gemeinsam ist das Bekenntnis zur Tradition des Gemäldes. Auch **Sigmar Polke** (1941–2010) überrascht immer wieder durch neue Bilderfindungen, Bildträger (Tischdecken, Laken), Maltechniken (Harze, Lacke mit Acryl). Mit den Rasterbildern ironisiert er die amerikanische Pop-Art gleichermaßen wie die kapitalistische Wohlstandsgesellschaft Westdeutschlands. Mit einer überragenden Leichtigkeit und technischer Brillanz kommentiert er seine Umwelt, ihre Mythen und ihre Trivialität. Mit dem Bild *Höhere Wesen befahlen: rechte Ecke schwarz malen!* persifliert er die der Kunst des Abstrakten Expressionismus zugrunde liegende idealistische Geisteshaltung ebenso wie die Konzeptkunst.

Gerhard Richter, **Kerze,** 1982, Öl auf Leinwand, Privatsammlung.

Parallel zur Pop-Art malt **Georg Baselitz** (* 1938) Bilder, welche die Expression des Bildes in den Vordergrund stellen und einer impulsiv vorgetragenen, gestischen Figürlichkeit den Vorzug geben. Ausgangspunkt ist die Kunst des deutschen Expressionismus, vor allem der Brücke (s. S. 176). Dieser neue Ausdrucksstil kulminiert in den 1980er Jahren, so im Werk von **Jörg Immendorff** (* 1945–2007), der in verschiedenen Variationen von *Café Deutschland* (1977) die bundesrepublikanische Wirklichkeit einzufangen sucht, oder bei **Markus Lüpertz** (* 1941). **Anselm Kiefer** (* 1945) setzt sich in großformatigen Bildern zum einen mit der nationalsozialistischen Herrschaft bzw. mit deren Wurzeln auseinander, vergegenwärtigt kommentierend in kritischer Distanz die großen deutschen Mythen und Landschaften. Kiefer kombiniert Ölmalerei mit Sand, verkohltem Holz und anderen Materialien, welche die erdige Schwere der Mythen körperlich erfahrbar machen. In gewisser Weise schließt er an Cy Twombly und Joseph Beuys an, auch im vielfältigen Gebrauch von Schriftzeichen.

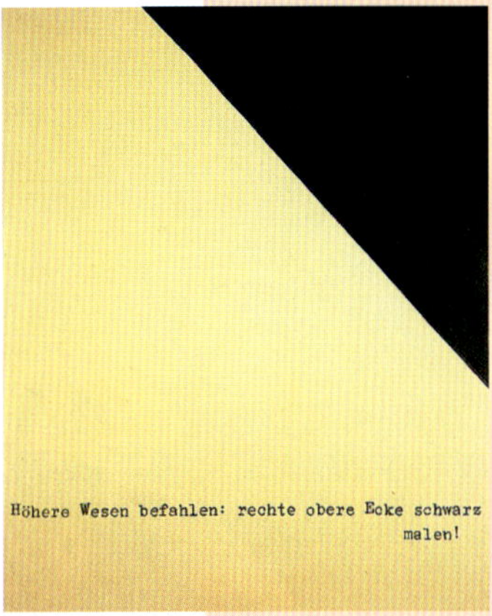

Sigmar Polke, **Höhere Wesen befahlen: rechte Ecke schwarz malen!**, 1969, Lack auf Leinwand, 150 x 120 cm, Sammlung Froehlich, Stuttgart.

Malerei seit 1989 – Ein Ausblick

Das Jahr 1989 und die Ablösung der sozialistischen Regierungen in Mittel- und Osteuropa durch demokratisch gewählte, die Wiedervereinigung Deutschlands 1990, die Auflösung der Sowjetunion und Jugoslawiens, aber auch der wirtschaftliche Aufstieg Chinas und anderer Schwellenländer sind für die Kunst folgenreich. Der Sozialistische Realismus als Staatskunst hat sich damit erledigt, genauso, wie die Arroganz des Westens gegenüber der künstlerischen Produktion in den ehemals sozialistischen oder kommunistischen Staaten abnimmt.

Der Umgang mit der Kunst der DDR ist ein gutes Beispiel. Nach einer Phase der Abwehr hat sich der Blick auf die Themen und künstlerische Qualität arrivierter Künstler der DDR geschärft: Dies gilt etwa für **Bernhard Heisig** (1925–2011), **Wolfgang Mattheuer** (1927–2004) oder **Werner Tübke** (1929–2004), dessen *Bauernkriegspanorama* (1974–89, Bad Frankenhausen) der letzte große Staatsauftrag der DDR werden sollte: eine ins Gigantische gesteigerte Totentanzdarstellung humanistischer Kultur, mit der Tübke subversiv das Scheitern auch der eigenen Geschichte eingesteht. Eine junge Generation, die in der künstlerischen Tradi-

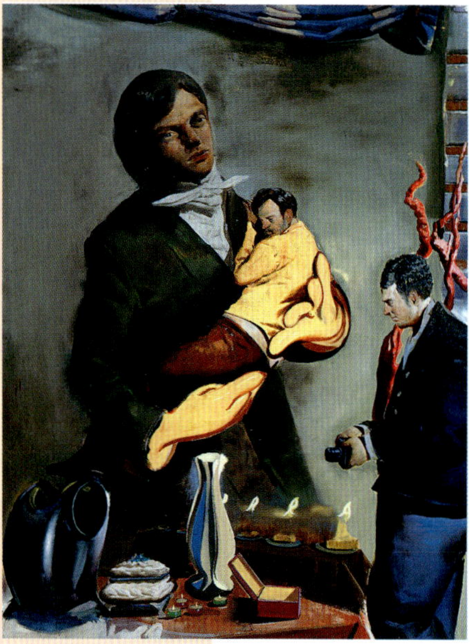

Neo Rauch, **Vater,** 2007, Öl auf Leinwand, 200 x 150 cm, courtesy Galerie EIGEN + ART Leipzig/Berlin and David Zwirner, New York.

tion der so genannten »Leipziger Schule« groß geworden ist, entwickelt ganz eigenständig und technisch virtuos die figürliche Malerei weiter. Man hat im Hinblick auf die Arbeiten von **Neo Rauch** (* 1960) von einem Neo-Expressionismus gesprochen. Künstler wie Rauch erweitern das Repertoire des Historienbildes im Rückgriff auf die Pop-Art, den Surrealismus und die Maler der Neuen Sachlichkeit. Es entsteht ein ganz eigenständiger Kosmos von aus vielfältigen Quellen aggregierten und komplexen Bildinhalten in einer leicht fasslichen Bildsprache, was den Erfolg im Kunstmarkt und beim Publikum begünstigt. Diese Renaissance der figürlichen Malerei lässt leicht vergessen, dass mit einem Großmeister wie **Lucian Freud** (1922–2011) die Tradition des expressiven Porträts im angelsächsischen Raum immer populär geblieben war und mit einer Künstlerin wie **Elizabeth Peyton** (* 1965) auch wieder in den USA salonfähig geworden ist.

In den 1980er und 1990er Jahren gewinnt die künstlerische Fotografie eine vorher nicht gekannte Bedeutung. Die Fotokünstler zitieren in Format und Bildausschnitt die mittlerweile klassisch gewordenen Muster des Abstrakten Expressionismus, ja greifen selbst in der Monumentalität der Präsentation auf das altmeisterliche Tafelbild zurück, so **Andreas Gursky** (* 1955) oder **Katharina Sieverding** (* 1944). Der Japaner **Hiroshi Sugimoto** (* 1948) stellt Porträts von Hans Holbein für seine Fotos nach. Seine Seestücke sind von berückender abstrakter Schönheit, darin den ähnlichen Motiven der Ölbilder Gerhard Richters vergleichbar. Die Fotografie inspiriert wiederum umgekehrt die Malerei. Sie hat ihr in jedem Fall neue Impulse gegeben.

Eine weitere Tendenz ist die Einbindung von Malerei in Werke der Installationskunst, so bei **Ilya Kabakov** (1933–2023), der als Konzeptkünstler die Stalinzeit und die Wirklichkeit des kommunistischen Russland in Form von Installationen ironisch wie sarkastisch kommen-tiert. Eigene Gemälde im Stil des Sozialistischen Rea-lismus erhöhen den Verfremdungseffekt und entlarven das darin enthaltene Pathos als banal.

Wenn man das Angebot der Kunstmessen und Galerien betrachtet, wird klar, dass in den letzten beiden Jahrzehnten die Globalisierung auch in der Malerei deutliche Spuren hinterlassen hat. Künstler aus Entwicklungs- oder Schwellenländern stehen nun neben den Malern der arrivierten Kunstnationen. Diese Maler integrieren vielfach die künstlerischen Traditionen ihrer Heimatländer in die eigene Kunst. Dies belebt den Blick auf eine sehr lebendige Malereiszene, die vielfältiger und farbiger geworden ist. Die beiden Pole der Moderne – Abstraktion versus Figuration – greifen nicht mehr. Die Malerei der Gegenwart ist weniger formalistisch als vielmehr – gerade durch die außereuropäischen und osteuropäischen Künstler bedingt – wieder sehr politisch geworden: in der (späten) Aufarbeitung der Ideologien des 20. Jahrhunderts, in der Problematisierung der gesellschaftspolitischen und globalen Probleme des 21. Jahrhunderts. Insofern gibt es zwar weiterhin Künstler, die abstrakt malen; die Tendenz geht aber gegenwärtig stark zur figürlichen Malerei, die besser dazu geeignet erscheint, die angerissenen Themen abzubilden.

Bibliografischer Hinweis

Die Literatur zum Thema und den Einzelepochen ist enorm vielfältig und umfangreich. Deshalb werden hier nur wenige ausgewählte Titel genannt, die für den Autor von zentraler Bedeutung für seinen Blick auf die Bilder sind.

Einführungen und Nachschlagewerke

Ernst H. Gombrich, Die Geschichte der Kunst, 16. Aufl., London 2005

Hugh Honour u. John Fleming, Weltgeschichte der Kunst, 6. Aufl., München 2007

Martin Kemp (Hg.), DuMont Geschichte der Kunst, Köln 2003

Heinrich Klotz u. Martin Warnke, Geschichte der deutschen Kunst, 3 Bde., München 1998-2000

Erwin Panofsky, Sinn und Deutung in der bildenden Kunst, Köln 1996

Herbert Read (Hg.), DuMont's Künstlerlexikon, Köln 1997

Robert Suckale, Geschichte der Kunst in Deutschland, 2. Aufl., Köln 2005

Jane Turner, Dictionary of Art, 34 Bde., London-New York 1996

Ingo F. Walther (Hg.), Malerei der Welt – Eine Kunstgeschichte in 900 Bildanalysen, 2 Bde., Köln 1996

Manfred Wundram, Kleine Kunstgeschichte des Abendlandes, Stuttgart 2000

Bücher zur Vertiefung – Einzelne Epochen und Kunsttheorie

Oskar Bätschmann, Einführung in die kunstgeschichtliche Hermeneutik. Die Auslegung von Bildern, Darmstadt 1992

Ders., Ausstellungskünstler. Kult und Karriere im modernen Kunstsystem, Köln 1997

Michael Baxandall, Die Wirklichkeit der Bilder. Malerei und Erfahrung im Italien des 15. Jahrhunderts, Frankfurt/M. 1984

Ders., Ursache der Bilder. Über das historische Erklären, Berlin 1990

Luciano Bellosi (Hg.), Italienische Kunst. Eine neue Sicht auf ihre Geschichte, 2 Bde., Berlin 1987

Hans Belting, Bild und Kult. Eine Geschichte des Bildes vor dem Zeitalter der Kunst, 2. Aufl., München 1990

Ders., Das unsichtbare Meisterwerk. Die modernen Mythen der Kunst, München 1998

Gottfried Boehm (Hg.), Was ist ein Bild?, München 1995

Wolfgang Braunfels, DuMont Geschichte der Kunst Italiens, Köln 2005

Horst Bredekamp, Theorie des Bildakts, Berlin 2010

Werner Busch, Das sentimentalische Bild. Die Krise der Kunst im 18. Jahrhundert, München 1993

Thomas DaCosta Kaufmann, Höfe, Klöster und Städte. Kunst und Kultur in Mitteleuropa, 1450-1800, Köln 1998

Volker Gebhardt, Das Deutsche in der deutschen Kunst, Köln 2004

Ernst H. Gombrich, Kunst und Illusion. Zur Psychologie der bildlichen Darstellung, Neuausg., London 2002

Werner Haftmann, Die Malerei im 20. Jahrhundert, 2 Bde., München 1979

Charles Harrison u. Paul Wood, Art in Theory, 1900-1990, Oxford 1992

Francis Haskell, Die Geschichte und ihre Bilder. Die Kunst und die Deutung der Vergangenheit, München 1995

Ders., Maler und Auftraggeber. Kunst und Gesellschaft im italienischen Barock, Köln 1996

Werner Hofmann, Die Moderne im Rückspiegel. Hauptwege der Kunstgeschichte, München 1998

Max Imdahl, Zur Kunst der Tradition, Gesammelte Schriften, Bd.2, Frankfurt/M. 1996

Martin Kemp, Der Blick hinter die Bilder. Text und Kunst in der italienischen Renaissance, Köln 1997

Ernst Kris u. Otto Kurz, Die Legende vom Künstler. Ein geschichtlicher Versuch, Frankfurt/M. 1995

Erwin Panofsky, Die Renaissancen der europäischen Kunst, Frankfurt/M. 1979

Ders., Deutschsprachige Aufsätze, 2 Bde., Berlin 1998

Ders., Die altniederländische Malerei. Ihr Ursprung und Wesen, 2 Bde., Köln 2006

John Shearman, Manierismus. Das Künstliche in der Kunst, Weinheim 1994

Aby Warburg, Gesammelte Schriften, 2 Bde., Berlin 1998

Martin Warnke, Hofkünstler. Zur Vorgeschichte des modernen Künstlers, Köln 1996

Beat Wyss, Der Wille zur Kunst. Zur ästhetischen Mentalität der Moderne, Köln 1996

Ders., Vom Bild zum Kunstsystem, 2 Bde., Köln 2006

Personenregister der Künstler und Kunsttheoretiker

Umschlagvorderseite bpk / Nationalgalerie der Staatlichen Museen zu Berlin / Fotograf: Jörg P. Anders **Seite 2** Bridgeman Images / National Gallery, London **9** Bridgeman Images / Vatican Museums and Galleries, Vatican City **12 o** Scala, Florenz **12 u** Bridgeman Images / De Agostini Picture Library / Casa dei Vettii, Pompei, Italy **13** Bridgeman Images / Victoria & Albert Museum, London **14** Bridgeman Images / Ancient Art and Architecture Collection Ltd. / Monastery of Saint Catherine, Mount Sinai, Egypt **15** Bridgeman Images / British Library, London / British Library Board. All Rights Reserved **16** Domkapitel Aachen **17** Bridgeman Images / The Fine Art Society, London **18** Bridgeman Images / De Agostini Picture Library **20** Bibliothèque nationale de France, Paris **21** Österreichische Nationalbibliothek, Wien **22** Bridgeman Images / Musée de la Tapisserie, Bayeux **23** LWL Museum für Kunst und Kultur, Münster **27 l+r** Bridgeman Images / Galleria degli Uffizi, Florenz **28** Bridgeman Images / Scrovegni (Arena) Chapel, Padua **29** Bridgeman Images / Museo dell'Opera del Duomo, Siena **30 o** Bridgeman Images / Galleria degli Uffizi, Florenz **30 u** Bridgeman Images / De Agostini Picture Library **32 o** Bridgeman Images / National Gallery, London **32 u** Bridgeman Images / Städelsches Kunstinstitut, Frankfurt am Main **34** Bridgeman Images / Musée Condé, Chantilly **37** Bridgeman Images / Santa Maria Novella, Florenz **38** Bridgeman Images / Brancacci Chapel, Santa Maria del Carmine, Florenz **39** Bridgeman Images / Galleria degli Uffizi, Florenz **40 o** Bridgeman Images / Santa Maria Novella, Florenz **40 u** Bridgeman Images / De Agostini Picture Library / Metropolitan Museum of Art, New York **41** Bridgeman Images / National Gallery, London **43** Bridgeman Images / Prado, Madrid **44** Bridgeman Images / De Agostini Picture Library **46** Bridgeman Images / Ashmolean Museum, University of Oxford, UK **47** Bridgeman Images / Galleria degli Uffizi, Florenz **48 + Umschlagrückseite** Bridgeman Images / Sassetti Chapel, Santa Trinità, Florenz **49 o** Bridgeman Images / Museo e Gallerie Nazionali di Capodimonte, Neapel / Mondadori Portfolio / Electa / Sergio Anelli **49 u** Bridgeman Images / Pinacoteca di Brera, Mailand (James Bradburne) **50** Bridgeman Images / Palazzo Ducale, Mantua **51** Bridgeman Images / San Francesco, Arezzo **52 o** Bridgeman Images / Galleria Nazionale delle Marche, Urbino **52 u** Bridgeman Images / Pinacoteca di Brera, Mailand **53** Bridgeman Images / Staatliche Kunstsammlungen Dresden, Gemäldegalerie Alte Meister, Dresden **58/59** Bridgeman Images / Louvre, Paris **60** Bridgeman Images / Galleria degli Uffizi, Florenz **61** Bridgeman Images / Vatican Museums and Galleries, Vatican City / Alinari **63** Bridgeman Images / Photo Tarker / Alte Pinakothek, München **64** Bridgeman Images / Vatican Museums and Galleries, Vatican City **65 o** Bridgeman Images / Vatican Library, Vatican City **65 u** Bridgeman Images / Capponi Chapel, Santa Felicita, Florenz **66 o** Bridgeman Images / De Agostini Picture Library / G. Nimatallah **66 u** Bridgeman Images / Gemäldegalerie, Staatliche Museen zu Berlin / Photo Tarker **67 o** Bridgeman Images / De Agostini Picture Library / G. Nimatallah / Kunsthistorisches Museum, Wien **67 u** Bridgeman Images / Galleria degli Uffizi, Florenz **68** Bridgeman Images / Pinacoteca, Volterra **69** Bridgeman Images / Kunsthistorisches Museum, Wien **70** Bridgeman Images / Gallerie dell'Accademia, Venedig **71 o** Bridgeman Images / Alte Pinakothek, München **71 u** Bridgeman Images / Museo Civico, Recanati **72** Bridgeman Images / Louvre, Paris / Peter Willi **73** Bridgeman Images / Camera-photo Arte Venezia **74 o** bpk / The Metropolitan Museum of Art, New York **74 u** Bridgeman Images / Isaac Sweetser Fund / Museum of Fine Arts, Boston **75** Bridgeman Images / Alte Pinakothek, München **76** Bridgeman Images / Sterling and Francine Clark Art Institute, Williamstown, Massachusetts **77** Bridgeman Images / Photo Tarker / Alte Pinakothek, München **79/80** Bridgeman Images / Musée Unterlinden, Colmar **81** Bridgeman Images / De Agostini Picture Library **82 o** Bridgeman Images / Victoria & Albert Museum, London **82 u** Bridgeman Images / Alte Pinakothek, München **83** Bridgeman Images / Gemäldegalerie, Staatliche Museen zu Berlin **84** Bridgeman Images / National Museum of Ancient Art, Lissabon **85/87** Bridgeman Images / Kunsthistorisches Museum, Wien **90** Kunsthistorisches Museum, Wien **91** Bridgeman Images / Casino dell'Aurora Ludovisi, Rom **92** Bridgeman Images / De Agostini Picture Library / Vatican Museums and Galleries, Vatican City **93** Scala, Florenz **94 o** Bridgeman Images / Prado, Madrid **94 u** Bridgeman Images / Galleria Doria Pamphilj, Rom **95** Bridgeman Images / Prado, Madrid **96** Bridgeman Images / De Agostini Picture Library / Wadsworth Atheneum, Hartford, Connecticut **97 o** Bridgeman Images / Alte Pinakothek, München / De Agostini Picture Library **97 u** Artothek, Peissenberg **98** Bridgeman Images / Louvre, Paris **99** Rheinisches Bildarchiv, Köln **100** Bridgeman Images / Artothek / Gemäldegalerie, Staatliche Museen zu Berlin **101** Bridgeman Images / Palazzo Pitti, Florenz **102** Bridgeman Images / Louvre, Paris **104** Bridgeman Images / National Gallery, London **108 o** Bridgeman Images / De Agostini Pictures Library **108 u** Bridgeman Images / Gemäldegalerie Alte Meister, Kassel / Museumslandschaft Hessen Kassel / Ute Brunzel **109 o** bpk / Staatsgalerie, Stuttgart **109 u** Bridgeman Images / Private Collection **110** Bridgeman Images / Rijksmuseum, Amsterdam, The Netherlands **111** Bridgeman Images / National Gallery of Art, Washington DC **116** Bridgeman Images / Residenz Würzburg / Bildarchiv Steffens **117** Marco Schneiders, Lindau **118 o** Bridgeman Images / De Agostini Picture Library **118 u** Bridgeman Images / Louvre, Paris **119** Bridgeman Images / Louvre, Paris **120** National Gallery of Art, Washington, 1997 Board of Trustees (Gift of Mrs. Barbara Hutton) **121** Bridgeman Images / On Loan to the Hamburg Kunsthalle, Hamburg **122** Bridgeman Images / Ca'Rezzonico, Museo del Settecento Veneziano, Venedig **123** Bridgeman Images / Private Collection **124** National Gallery of Ireland, Dublin **125 o** Bridgeman Images / National Gallery of Art, Washington **125 u** Bridgeman Images / National Gallery, London **126 o** Bridgeman Images / Private Collection / Phillips, Fine Art Auctioneers, New York **126 u** Bridgeman Images / Louvre, Paris **127** Bridgeman Images / Musées Royaux des Beaux-Arts, Reims / Roger-Viollet, Paris **130** Bridgeman Images / Prado, Madrid **131** SIK-ISEA Zürich (Philipp Hitz) **132** Bridgeman Images / Goethe-Museum, Frankfurt / Peter Willi **133 o** Bridgeman Images / Yale Center for British Art, Paul Mellon Collection **133 u, 134** Bridgeman Images / Hamburger Kunsthalle, Hamburg **135** The Hirschsprung Collection, Kopenhagen **136 o** Artothek, Peissenberg **136 u** bpk / Museum der bildenden Künste, Leipzig / Ursula Gerstenberger **137** Bridgeman Images / National Gallery, London **139, 140** Bridgeman Images / Louvre, Paris **141** The Frick Collection, New York **145** Bridgeman Images / Galerie Neue Meister, Dresden / Staatliche Kunstsammlungen Dresden **146** Bridgeman Images / Musée d'Orsay, Paris **147 o** Bridgeman Images / Hamburger Kunsthalle, Hamburg **147 u** Bridgeman Images / Private Collection / Photo Peter Nahum at The Leicester Galleries **148** Bridgeman Images / Tate Britain, London **149** Bridgeman Images / Musée d'Orsay, Paris **150** Bridgeman Images / Samuel Courtauld Trust, The Courtauld Gallery, London **152** Bridgeman Images / Musée d'Orsay, Paris **153** Bridgeman Images / Cleveland Museum of Art, OH **154** National Gallery of Art, Washington (Gift of Mr. and Mrs. Cornelius Vanderbilt Whitney) **157** Bridgeman Images / Musée Marmottan, Paris **158** Bridgeman Images / Private Collection **159** bpk / GrandPalaisRmn / Patrice Schmidt **160 o** Bridgeman Images / Samuel Courtauld Trust, The Courtauld Gallery, London **160 u** Bridgeman Images / Musée d'Orsay, Paris **161** Artothek, Peissenberg **162 o** Bridgeman Images / Neue Pinakothek, München **162 u** Bridgeman Images / Rudolf Staechelin's Family Foundation, Basel **163** Bridgeman Images / Samuel Courtauld Trust, The Courtauld Gallery, London **164** Bridgeman Images / State Hermitage Museum, St. Petersburg **165** Bridgeman Images / National Gallery, London **166 o** Bridgeman Images / Musée Gustave Moreau, Paris **166 u** Bridgeman Images / Kunstmuseum, Basel / Peter Willi **167 o** Bridgeman Images / Photo Christie's Images **167 u** Bridgeman Images / Nasjonalgalleriet, Oslo **169** Bridgeman Images / Österreichische Galerie, Wien **174** Bridgeman Images / Museum Folkwang, Essen / VG Bild-Kunst, Bonn 2026 **175** Staatliche Eremitage, Sankt Petersburg / Succession H. Matisse / VG Bild-Kunst, Bonn 2026 **176** akg-images **177** Bridgeman Images / Hamburger Kunsthalle, Hamburg **179** Bridgeman Images / Museum of Modern Art, New York / Succession Picasso / VG Bild-Kunst, Bonn 2026 **180** Bridgeman Images / The Louise and Walter Arensberg Collection, 1950 / Philadelphia Museum of Art / Association Marcel Duchamp / VG Bild-Kunst, Bonn 2026 **181 o** Scala, Florenz / The Museum of Modern Art, New York **181 u** Bridgeman Images / Hamburger Kunsthalle, Hamburg **182** bpk / Kunstsammlung Nordrhein-Westfalen, Düsseldorf / Achim Kukulies **183** Bridgeman Images / De Agostini Picture Library / E. Lessing / Kunstsammlung Nordrhein-Westfalen, Düsseldorf, Germany **185** Unknown Photographer. (Lifetime: unknown) – Original publication: 1915. Immediate source: (feed://lfef-fortposts.word-press.com/tag/art/feed/) **186** Archives Nakov, Paris / Museum Folkwang, Essen **187** Bridgeman Images / VG Bild-Kunst, Bonn 2026 / Private Collection **188** Bridgeman Images / Leemage / Museum of Modern Art, New York / Estate of George Grosz, Princeton, N.J. / VG Bild-Kunst, Bonn 2026 **189 o** Bridgeman Images / Friends of American Art Collection / The Art Insti- tute of Chicago, IL **189 u** Bridgeman Images / Whitney Museum of American Art, New York / Heirs of Josephine N. Hopper/ ARS, NY / VG Bild-Kunst, Bonn 2026 **190** Bridgeman Images / Kunstsammlung Nordrhein-Westfalen / Walter Klein / VG Bild-Kunst, Bonn 2026 **191** DACS / VG Bild-Kunst, Bonn 2026 / Tate Gallery, London **192** Bridgeman Images / Kunstmuseum Basel / VG Bild-Kunst, Bonn 2026 **193 o** Bridgeman Images / Kunstmuseum Basel / Salvador Dalí, Fundació Gala-Salvador Dalí / VG Bild-Kunst, Bonn 2026 **193 u** Successió Miró / VG Bild-Kunst, Bonn 2026 / Tate Gallery, London **196** Bridgeman Images/ Kulturgeschichtliches Museum, Osnabrück / Artothek **197** Bridgeman Images / Museo Nacional Centro de Arte Reina Sofia, Madrid / Succession Picasso / VG Bild-Kunst, Bonn 2026 **200** Gerd Köhrmann, Köln: Karl Hofer / VG Bild-Kunst, Bonn 2026 **201** Bridgeman Images / Hamburger Kunsthalle, Hamburg / VG Bild-Kunst, Bonn 2026 **202** Succession H. Matisse / VG Bild-Kunst, Bonn 2026 **203** Bridgeman Images / Private Collection / VG Bild-Kunst, Bonn 2026 **205** Bridgeman Images / Musée National d'Art Moderne, Centre Pompidou, Paris / Pollock-Krasner Foundation, New York / VG Bild-Kunst, Bonn 2026 **206 o** Privatsammlung, New York / Barnett Newman Founda-tion / VG Bild-Kunst, Bonn 2026 **206 u** Barnett Newman Foundation / VG Bild-Kunst, Bonn 2026 **207** Bridgeman Images / Private Collection / 1998 Kate Rothko-Prizel & Christopher Rothko / VG Bild-Kunst, Bonn 2026 **209** Bridgeman Images / Fondation Beyeler, Basel / The Estate of Francis Bacon. All rights reserved / VG Bild-Kunst, Bonn 2026 **210** Bridgeman Images / Whitney Museum of Modern Art, New York / VG Bild-Kunst, Bonn 2026 **211** akg-images / Stefan T. Edlis' Collection, Chicago / Robert Rauschenberg Foundation / VG Bild-Kunst, Bonn 2026 **212** The Museum of Modern Art, New York. Gift of Philip Johnson in honor of Alfred H. Barr, Jr. / Succession Yves Klein c/o Adagp, Paris / VG Bild-Kunst, Bonn 2026 **213** Lucio Fontana by SIAE / VG Bild-Kunst, Bonn 2026 **214** On Kawara, Courtesy the artist / VG Bild-Kunst, Bonn 2026 **215** Bridgeman Images / Cleveland Museum of Art, OH / Leonard C. Hanna, Jr. Fund, and Anonymous Gift **216** akg-images / Estate of Roy Lichtenstein / VG Bild-Kunst, Bonn 2026 **217** Tate Gallery, London / Tradhart Ltd, Slough Berkshire: David Hockney **218** Bridgeman Images / Photo Christie's Images **219** The Estate of Sigmar Polke, Cologne / VG Bild-Kunst, Bonn 2026 / Sammlung Froehlich, Stuttgart **220** courtesy Galerie EIGEN + ART Leipzig/Berlin und Zwirner, New York/London / VG Bild-Kunst, Bonn 2026.